职业教育电子商务专业改革创新教材

电子商务店铺运营

（项目式教材）

第 2 版

主　编　丁　莎　陆志良
副主编　黄小波
参　编　李易瑾　徐　妙　陈思佳

机械工业出版社

本书从淘宝新手卖家的视角出发，系统地介绍淘宝网店经营的过程及内容，包括寻找货源、商品上传、店铺个性化装修、商品描述页的设计与制作、店内营销活动开展、移动端店铺设置、排名优化、站内与站外的推广、会员营销以及店铺的运营与管理等内容。本书理论与实践内容丰富，工作与流程覆盖全面，可提高新手卖家网店的运营能力与水平。

本书适用于职业院校电子商务、网络营销等相关专业的"店铺运营""网店开设""网店运营"等课程教学与实训，也可作为初入网店运营行业人员及相关从业人员的自学用书或培训用书。

图书在版编目（CIP）数据

电子商务店铺运营：项目式教材/丁莎，陆志良主编．—2版．—北京：机械工业出版社，2023.8

职业教育电子商务专业改革创新教材

ISBN 978-7-111-73682-0

Ⅰ．①电…　Ⅱ．①丁…　②陆…　Ⅲ．①电子商务－商业经营－职业教育－教材　Ⅳ．①F713.36

中国国家版本馆CIP数据核字（2023）第152659号

机械工业出版社（北京市百万庄大街22号　邮政编码100037）
策划编辑：宋　华　　　　　　责任编辑：宋　华　邢小兵
责任校对：王荣庆　王　延　　封面设计：鞠　杨
责任印制：张　博
河北鑫兆源印刷有限公司印刷
2023年11月第2版第1次印刷
184mm×260mm・12.5印张・221千字
标准书号：ISBN 978-7-111-73682-0
定价：39.80元

电话服务　　　　　　　　　　网络服务
客服电话：010-88361066　　　机　工　官　网：www.cmpbook.com
　　　　　010-88379833　　　机　工　官　博：weibo.com/cmp1952
　　　　　010-68326294　　　金　书　网：www.golden-book.com
封底无防伪标均为盗版　　机工教育服务网：www.cmpedu.com

前　言

党的二十大报告指出："统筹职业教育、高等教育、继续教育协同创新，推进职普融通、产教融合、科教融汇，优化职业教育类型定位。"再次明确了职业教育的发展方向。职业教育的高质量发展对提高技术技能人才培养水平及促进经济社会发展具有重要作用和深远影响。作为职业教育工作者，我们深刻领会党的二十大对教育、科技、人才的战略部署，紧密对接新业态、新职业，服务职业院校电子商务类专业的人才培养，从职业院校学生未来就业发展所需的各项技能要求出发编写了本书。

本书结合行业与企业的实际需求，从实践型、应用型人才的市场需求出发，以培养学生的实际应用能力为主。通过分析电子商务店铺运营所需要的能力与素质模型，以职业能力分解、模块化编写、教学资源立体化为支撑，进行富媒体教材编写模式的创新尝试，以推进"互联网+教育"背景下的教材建设和课堂教学改革。通过培养学生的实践能力、创新能力和创造能力，为职业院校学生未来的就业打好坚实的基础。

一、本书的特点

第一，实用性强。本书注重实践，落实工学结合、任务引领、教学做一体化的设计思想，对接职业标准和岗位要求，以培养电商运营岗的核心技能为主线，以真实的工作任务为案例，注重教学性与可操作性相结合，通俗易懂。

第二，体系完整。本书采用项目式、活动化教学与训练的新体例组织教学内容，通过"看、做、学、思、练、评"六个学习环节，将理论知识融入每个项目实践活动，充分体现"教"与"学"的深度融合。提高学生专业技能，实现学生专业能力、职业能力与方法能力的统一。

第三，资源丰富。本书以"主体教材+拓展互动教学资源库"的"1+1"模式设计教材形态，从教学实施的"教、学、做、练"各环节入手，辅以电子教案、演示文稿、素材库、考试题库、知识点资源等多种样式呈现的富媒体资源，实现教学资源与教学内容、学习过程与工作过程、课堂学习与拓展练习的有效对接，提供了个性化、便捷化的学习资源服务，为学生自主学习和教师课堂教学提供了丰富的教学素材。

二、本书的定位及使用建议

本书是一本指导初级网店经营者的实训教程，从淘宝平台网店经营者的视角出发，详细地介绍了店铺运营中各个流程的工作内容。全书设计十个项目，每个项目下又设计若干个子活动，在注重知识、能力传授的同时，将职业能力与价值观塑造自然地融入教学内容中，让学生在学习过程中开阔视野，培育职业素养。

在使用本书的过程中，对教学使用与自主学习的安排有如下建议：

（1）教学使用：教师或培训师改变以教师为主的传统教学模式，以引导学生主动学习、操作为目标，让学生在实践过程中完成知识的学习及技能的习得，以小组完成团队任务的方式开展课堂活动，提升学生在网店运营过程中的实践能力与职业素养。

（2）自学使用：淘宝经营人员以运营为导向，通过每个项目的操作，完成对店铺基本运营流程的学习，在实操过程中完成对相关知识及操作技能的学习，从而成为一名合格的网店运营从业人员。

全书分为10个项目，共计72课时，具体分配如下：

项目	内容	建议课时
项目一	网上寻找货源	6
项目二	商品类目设置与发布	6
项目三	淘宝店铺的装修	8
项目四	商品的描述页设计	12
项目五	淘宝店内营销	4
项目六	移动端店铺的设置	8
项目七	淘宝的排名优化	8
项目八	淘宝店铺的推广	7
项目九	淘宝会员营销	5
项目十	店铺的运营与管理	8
总计学时		72

三、参加编写的单位

本书由武汉市财政学校丁莎、广州市番禺区职业技术学校陆志良担任主编，武汉工程大学黄小波担任副主编，玉溪第二职业高级中学李易瑾、仙桃市理工中等专业学校徐妙、武汉市仪表电子学校陈思佳参与本书的编写。在本书编写的过程中，参考了一些电子商务相关的资料和书籍，在此一并表示衷心的感谢！由于作者水平所限，不足之处在所难免，恳请读者提出宝贵的意见或建议。

编　者

目　录

前言

项目一　网上寻找货源 1
　　活动一　使用千牛卖家中心寻找商品 2
　　活动二　申请淘宝代销 9
　　活动三　填写货源寻找发布表 15
　　活动四　实训测评 18
　　活动五　实训总结与评价 19

项目二　商品类目设置与发布 21
　　活动一　商品类目设置 22
　　活动二　商品发布 28
　　活动三　填写商品分类与商品上传表 35
　　活动四　实训测评 37
　　活动五　实训总结与评价 38

项目三　淘宝店铺的装修 40
　　活动一　使用旺铺模板装修店铺 41
　　活动二　使用自定义模块装修页面 46
　　活动三　填写淘宝旺铺模板使用表 51
　　活动四　实训测评 53
　　活动五　实训总结与评价 54

项目四　商品的描述页设计 56
　　活动一　制作描述页图片模板 57
　　活动二　批量化制作商品描述页图片 69
　　活动三　商品描述区的模块编辑 80
　　活动四　填写商品描述页设计表 85
　　活动五　实训测评 87
　　活动六　实训总结与评价 88

项目五　淘宝店内营销 90
　　活动一　设置淘宝优惠券 91
　　活动二　操作集成式促销工具 98
　　活动三　填写店内营销计划表 104

活动四　实训测评 106
　　活动五　实训总结与评价 107

项目六　移动端店铺的设置 109
　　活动一　移动端店铺的开设与装修 110
　　活动二　设计移动端商品描述页 116
　　活动三　填写移动端店铺操作记录表 120
　　活动四　实训测评 122
　　活动五　实训总结与评价 123

项目七　淘宝的排名优化 125
　　活动一　缴纳消保保证金 126
　　活动二　优化商品标题 130
　　活动三　设置商品上下架时间 134
　　活动四　填写淘宝店铺优化计划 138
　　活动五　实训测评 140
　　活动六　实训总结与评价 141

项目八　淘宝店铺的推广 143
　　活动一　淘宝站内推广 144
　　活动二　淘宝站外引流 151
　　活动三　填写推广计划表 154
　　活动四　实训测评 156
　　活动五　实训总结与评价 158

项目九　淘宝会员营销 160
　　活动一　认识会员关系管理工具 161
　　活动二　设置会员运营活动 165
　　活动三　填写会员营销计划表 169
　　活动四　实训测评 171
　　活动五　实训总结与评价 172

项目十　店铺的运营与管理 174
　　活动一　查看运营数据 175
　　活动二　店铺的团队建设及管理 184
　　活动三　填写店铺运营管理操作实施表 188
　　活动四　实训测评 190
　　活动五　实训总结与评价 191

项目一
网上寻找货源

项目导读

商品是电商交易的关键因素，找到稳定、低价的商品货源是持续开展电子商务网店工作的前提。通过本项目的学习，学生具备在互联网上寻找商品货源的能力，能通过网络寻找适合自己网店销售的商品，为店铺的运营做好准备。

建议课时

6课时

活动设计

- 活动一　使用千牛卖家中心寻找商品
- 活动二　申请淘宝代销
- 活动三　填写货源寻找发布表
- 活动四　实训测评
- 活动五　实训总结与评价

知识目标

- 知晓新手寻找货源的常见方法
- 知晓淘宝的进货渠道
- 了解淘宝代销的含义
- 知晓淘宝代销的方法

能力目标

- 会根据相应要求挑选适合网店销售的商品
- 能够根据商品选择合适的进货渠道

- 会通过千牛寻找商品供应商并申请合作
- 能够根据店铺定位选择合适的商品进货渠道并发布商品

素质目标

- 弘扬法治、敬业、诚信等社会主义核心价值观
- 树立正确的网络经营理念
- 培养依法依规经营的职业理念
- 树立品牌意识和品牌保护意识

活动一 使用千牛卖家中心寻找商品

活动目标

➢ 熟悉千牛卖家中心下的进货渠道和进货方式
➢ 能够根据店铺定位选择合适的商品进货渠道并发布商品
➢ 培养品牌意识和品牌保护意识,养成依法经营的职业素养

建议课时

➢ 2 课时

活动准备

➢ 教学设备准备:计算机、多媒体网络教室或电子商务实训室。
➢ 教学组织形式:将学生分组,2~4人一个小组,以小组学习为主。

活动说明

开店的第一步是寻找好的商品货源,除了自己去寻找实体的货源之外,淘宝上也有很多供应商可以提供商品货源。在本活动中,我们将通过千牛卖家中心学习店铺商品货源的寻找方法。

活动步骤

步骤一: 进入淘宝官网后,使用淘宝卖家账户登录淘宝。如图 1-1 所示:

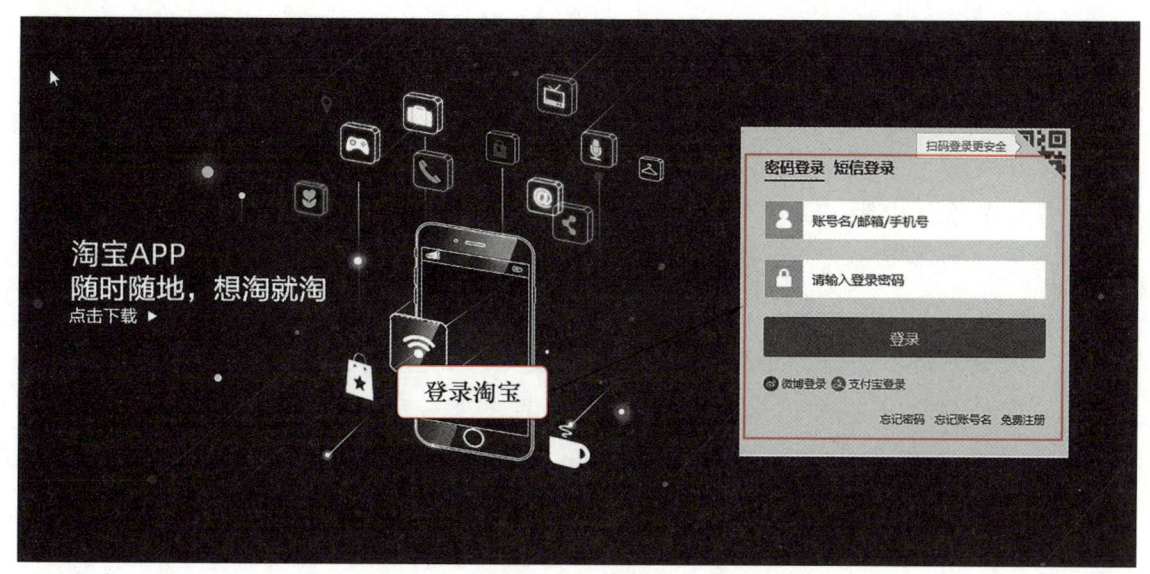

图1-1 使用淘宝卖家账户登录淘宝

步骤二：进入淘宝千牛卖家中心后，找到"商品"→"找货源/市场发现"选项。如图1-2所示：

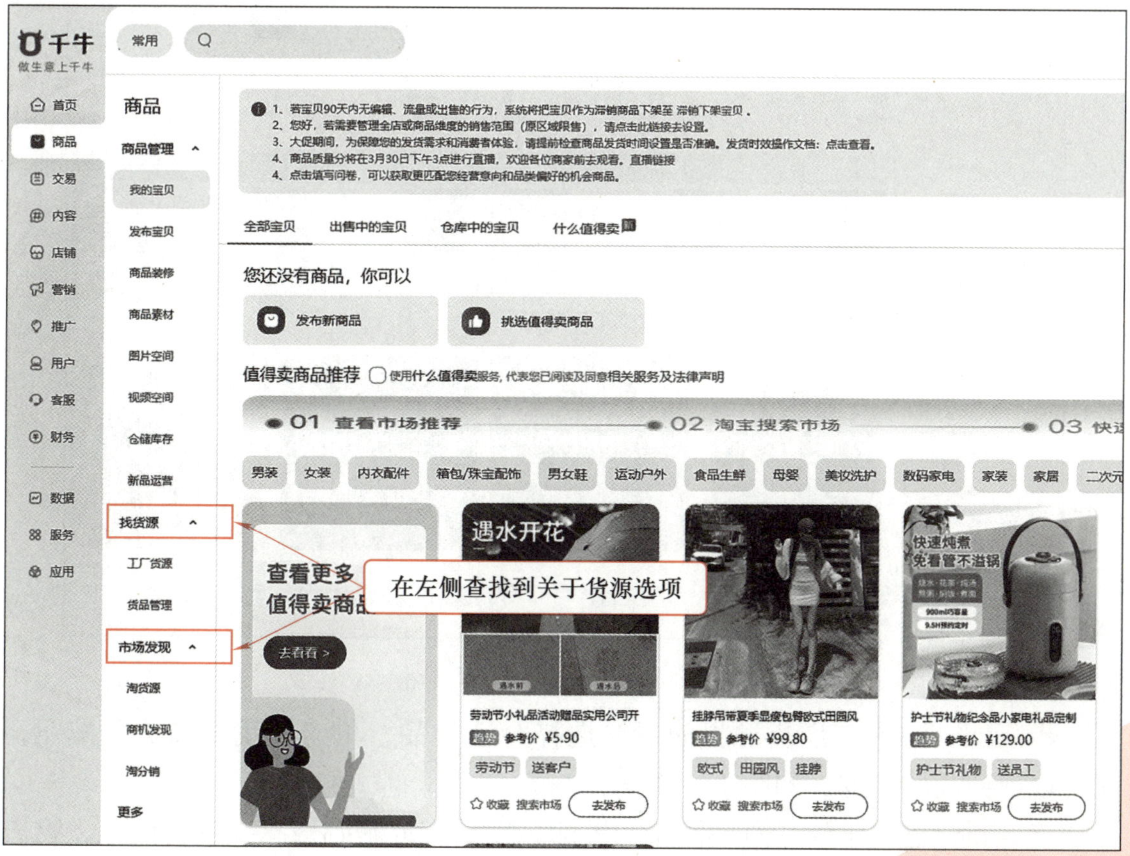

图1-2 在千牛卖家中心左侧找到"找货源/市场发现"选项

> **小提示**
>
> **千牛卖家中心的货源寻找渠道**
>
> 千牛卖家中心有"找货源"与"市场发现"两种寻找店铺货源商品的渠道。"找货源"中的"工厂货源",在选择需要上架店铺的心仪商品后,通过铺货与发布助手完成商品发布。
>
> "市场发现"中主要有"淘货源"与"淘分销"两种产品寻找途径。"淘货源"一般指的是1688货源,通过货源选择并发布之后直接完成自己店铺的商品发布;"淘分销"(也称"鲸芽")分有"供货商入驻"与"分销商入驻"两项功能。若卖家想要代理某品牌,需要与品牌签订"分销商入驻协议"并开通"代销服务",才可以铺货上架商品。

步骤三:在"找货源"选项下,单击"工厂货源"链接。如图1-3所示:

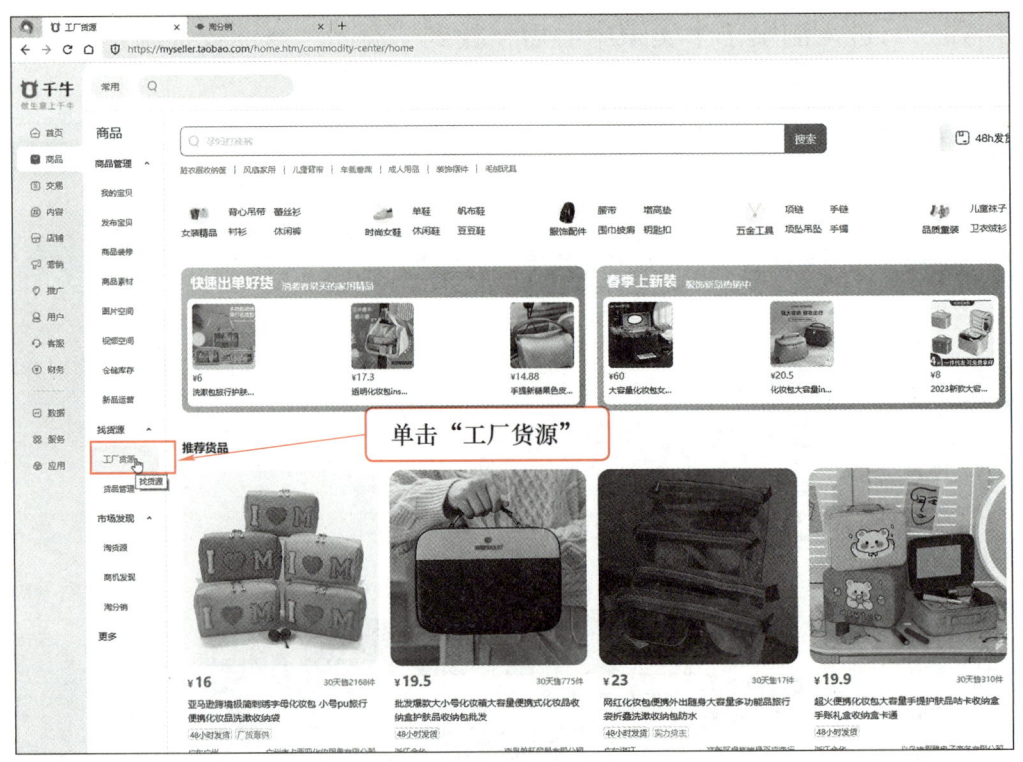

图1-3 选择"工厂货源"

步骤四:进入工厂货源界面后,选择合适货品,单击"我要铺货"按钮,就可以铺到我的店铺。如图1-4所示:

步骤五:进入千牛"商品发布"页面,然后完成基础信息、销售信息、物流信息、支付信息、图文描述、售后服务6项信息的填写。如图1-5所示:

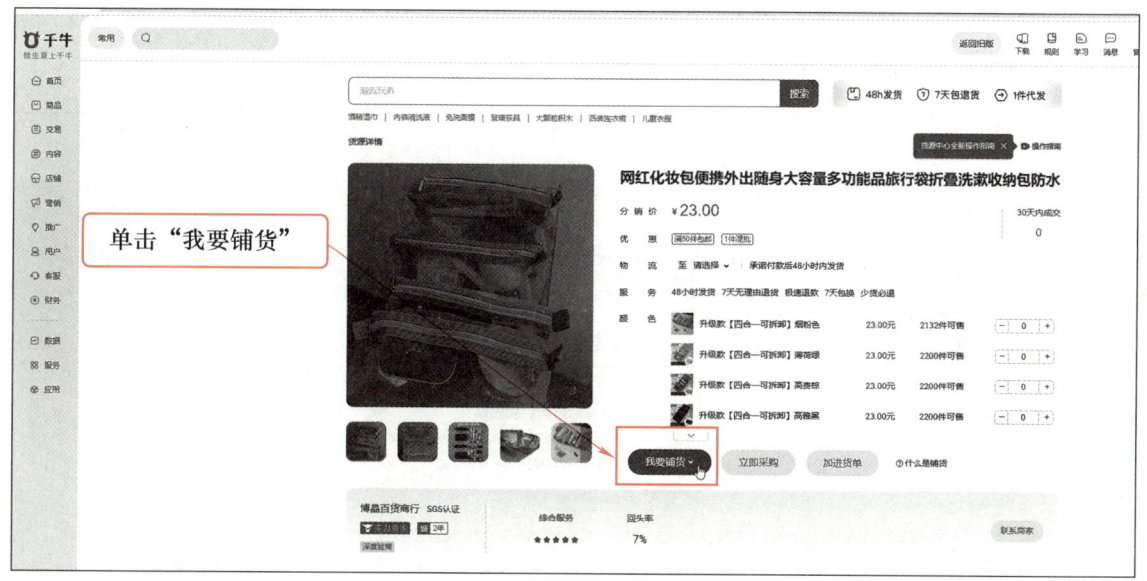

图1-4 "我要铺货"功能

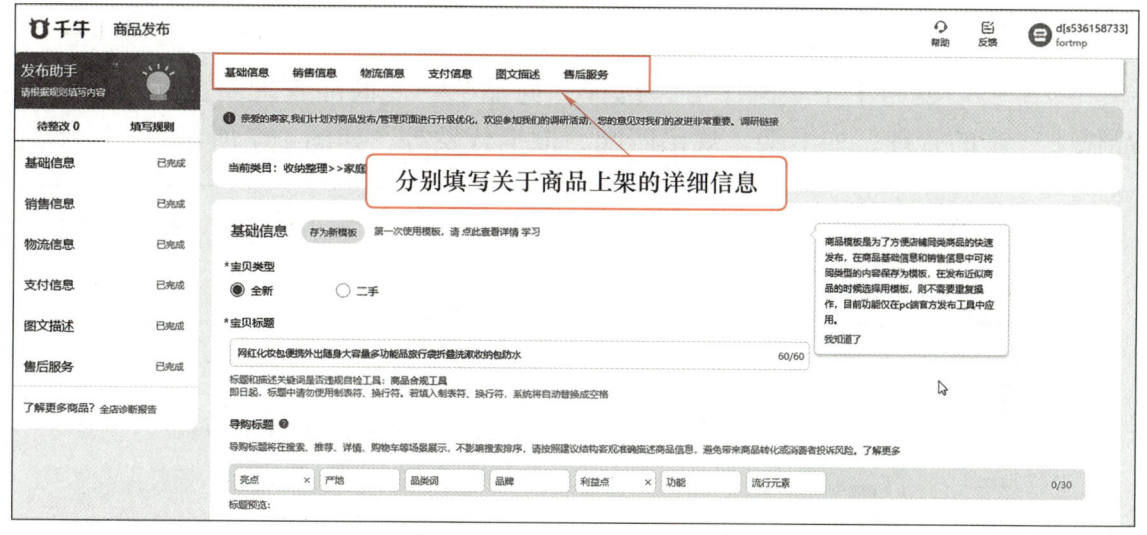

图1-5 填写商品上架信息

素养园地

品牌授权法律依据

《中华人民共和国商标法》第十五条规定，未经授权，代理人或者代表人以自己的名义将被代理人或者被代表人的商标进行注册，被代理人或者被代表人提出异议的，不予注册并禁止使用。

步骤六：完成上述 6 项信息的填写后，单击"提交商品信息"，经平台检测无误后，完成商品的上架操作。如图 1-6 所示：

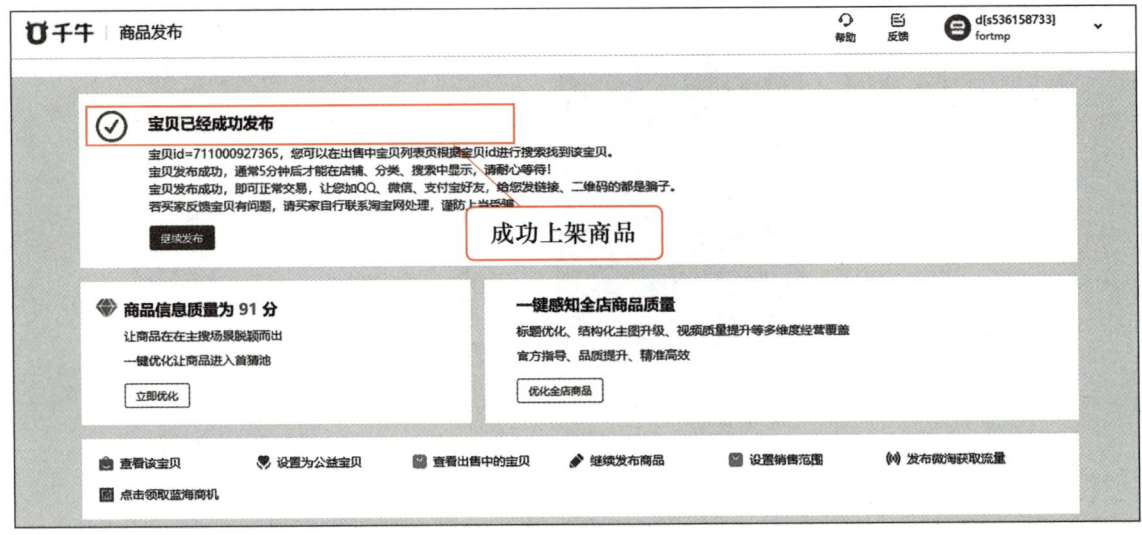

图 1-6　商品成功发布界面

步骤七：返回千牛卖家中心，选择"商品"→"商品管理"，就可以对商品做下一步的管理，如上架、规格匹配、取消代发等。如图 1-7 所示：

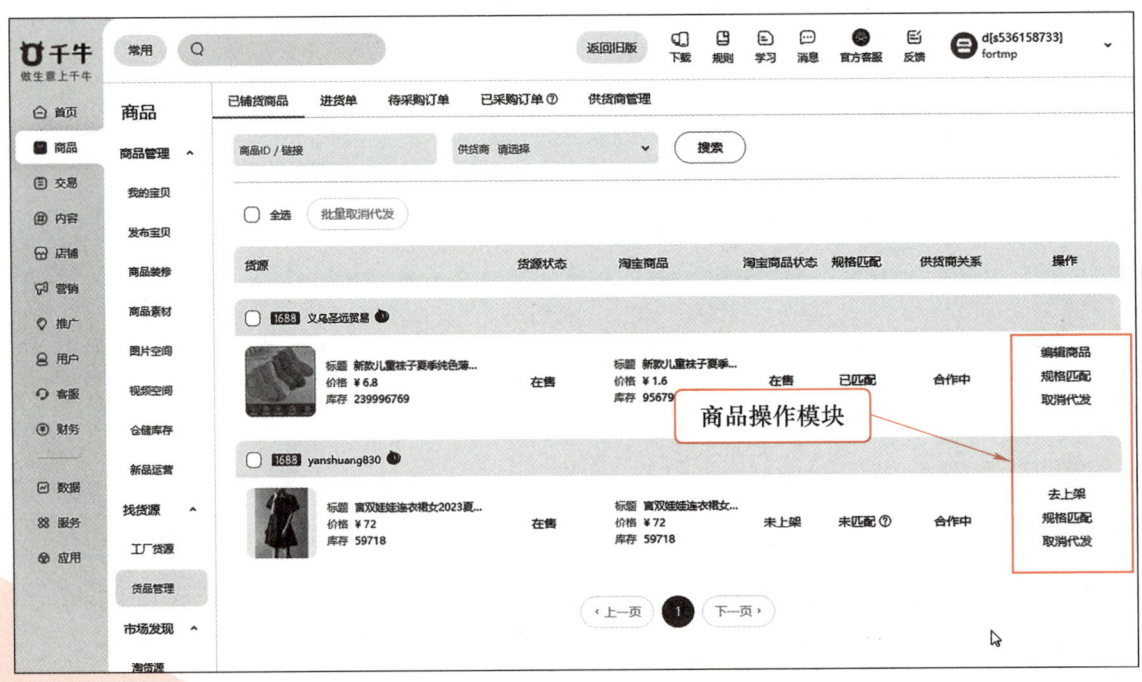

图 1-7　商品管理

步骤八：根据店铺的商品定位完成货源寻找并在商品上架完成之后，完成表 1-1 的填写。

表 1-1　使用千牛卖家中心寻找商品的记录表

千牛卖家中心	详 细 内 容
含义	
选择产品的类型	
产品的价格区间	
寻找品牌的名称	
商品的数量选择	
运费	
物流方式	

> **小提示**
>
> **如何获取帮助**
>
> 当获取货源出现问题，或需要更详细的指南时，可以打开"货源语雀"寻求帮助。打开"精选货源中心"，选择对应内容，如操作指南、如何一件代发商品、如何铺货、如何铺货关联店铺商品、如何选货、直接采购商品、如何取消一件代发、一件代发的商品如何下单支付、订单如何申请退款、理赔与投诉。

知识延展 >>>>

一、淘宝的多种进货渠道

想要开网店，首先要解决的就是货源问题。好的商品直接影响着网店生意的好坏，优质商品可以快速吸引顾客购买成交。因此，选择货源商品不能盲目。下面介绍几种常见的淘宝进货渠道。

1．批发市场进货

这是最常见的进货渠道，如果经营服装的网店，那么可以去当地一些较大型的服装批发市场进货。批发市场进货需要有强大的议价能力，力争将商品进货价压低；同时要与批发商建立良好关系，在关于调换货的问题上要与批发商有相关约定或协议，以免日后产生不必要的纠纷。

适合人群：当地有较大的商品批发市场，且具备一定议价能力的店主。

2. 厂家直接进货

正规厂家货源充足，信用度高。如果有足够的资金储备及分销渠道，能承担一定的风险，如果长期合作，一般都能争取到产品的优惠价格。但厂家的起批量较高，不太适合小规模批发客户。

适合人群：有一定的经济实力，并有其他分销渠道的店主。

3. 购进外贸产品或 OEM 产品

许多工厂在外贸订单之外的剩余产品或者为一些知名品牌的贴牌生产之外会有一些剩余产品处理，价格相较正规途径来说较低，通常为市场价格的 2～3 折，性价比较高。外贸产品供销商一般要求进货者有大量的进货要求，因此对进货者的经济实力有一定要求。

适合人群：有一定货源渠道，同时有较好经济能力、货品识别能力与议价能力的店主。

4. 购进库存或清仓产品

因商家急于处理或清仓的产品价格较低，利用地域或时间差可以获得清仓价与市场价之间的差价利润。购进库存或清仓产品，则需要对产品的质量有识别能力，同时能把握商品的销售趋势并快速售出。

适合人群：适合有一定资金实力，对产品与行业有较多了解的店主。

5. 特别的进货渠道

有独有、特定的销售产品或渠道，可以购入一些国内市场上较少销售的商品或是具备价格、特色优势的产品，树立经营店铺、经营商品的独特性。

适合人群：具有特别进货渠道的店主。

二、适合网络销售商品的特点

适合网络销售的商品一般具备以下特点：

（1）体积较小、运输成本较低；

（2）附加值较高；

（3）具备独特性或时尚性；

（4）价格比实体店优惠；

（5）通过网络了解可以激起消费者的购买欲望；

（6）线下传统市场没有，只能通过网络购买，如外贸订单产品或者海外产品；

（7）能被普遍接受的标准化产品。

三、网店内不可销售的产品

网上开店要遵守《中华人民共和国电子商务法》（以下简称《电子商务法》），网店不可销售以下产品：

（1）法律法规禁止或限制销售的产品，如武器弹药、管制刀具、文物、毒品等；

（2）假冒伪劣产品；

（3）其他不适合网上销售的产品，比如医疗器械、药品、偷盗品、走私品或其他非法来源获得的产品；

（4）用户不具备所有权或支配权的物品。

活动二　申请淘宝代销 >>>>>

活动目标

- 能够分辨平台供销商与分销商的差异
- 能够描述不同货源渠道的差异性
- 能够通过相关渠道了解合作要求并学会申请代销合作
- 培养依法依规经营的职业理念

建议课时

- 1课时

活动准备

- 教学设备准备：计算机、多媒体网络教室或电子商务实训室。
- 教学组织形式：将学生分组，2～4人一个小组，以小组学习为主。

活动说明

淘宝代销就是不需要进货囤货，而是通过帮助供货商在自己的网店中销售货品来获取商品差价的方式。在店铺起步阶段，由于资金少和经验不足，可以尝试从淘宝代销做起，也更容易上手，可以大大降低卖家的资金风险。在本活动中，我们将通过"淘分销"学习淘宝代销的操作方法。

活动步骤

步骤一：在进入淘宝千牛卖家中心后，找到"商品"→"市场发现"→"淘分销"选项。如图1-8所示：

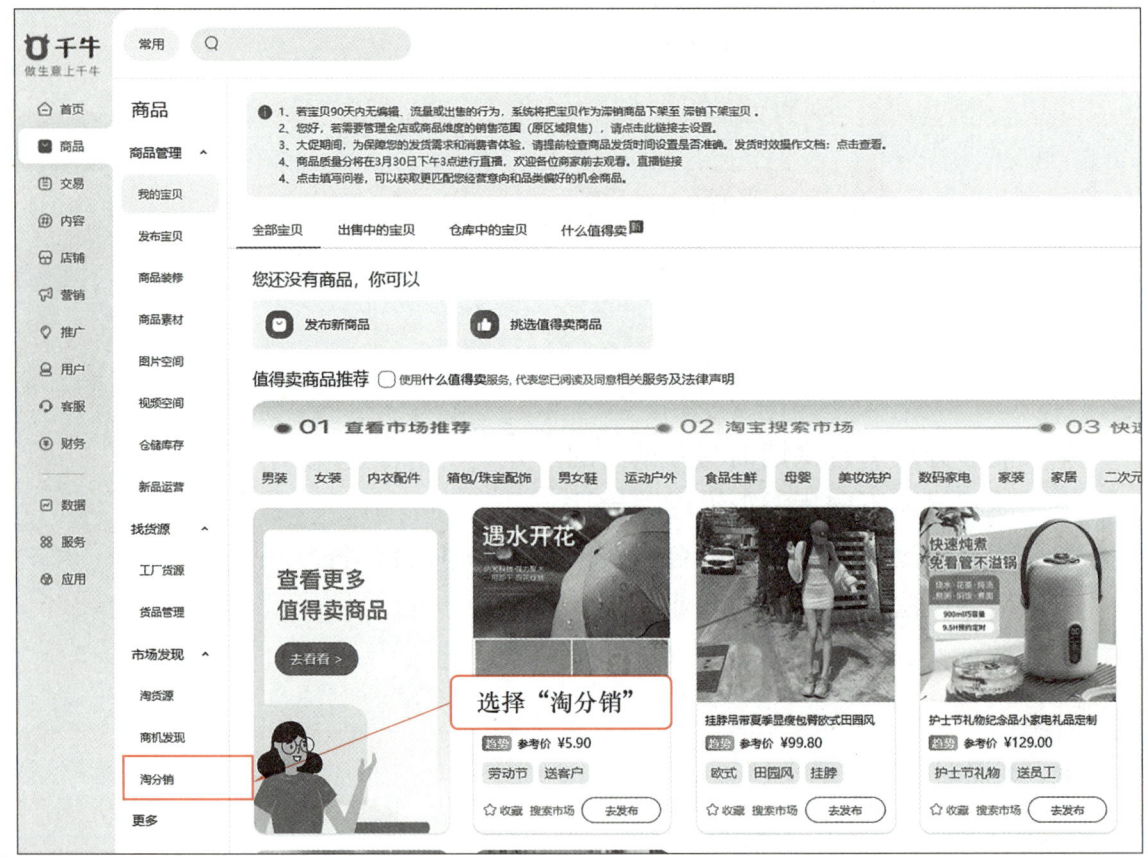

图1-8 选择"淘分销"

步骤二："淘分销"（现"鲸芽"）有"供货商入驻"与"分销商入驻"

两项功能。作为卖家首先需要签订"分销商入驻协议",然后开通"代销服务"与管理后台。如图1-9所示:

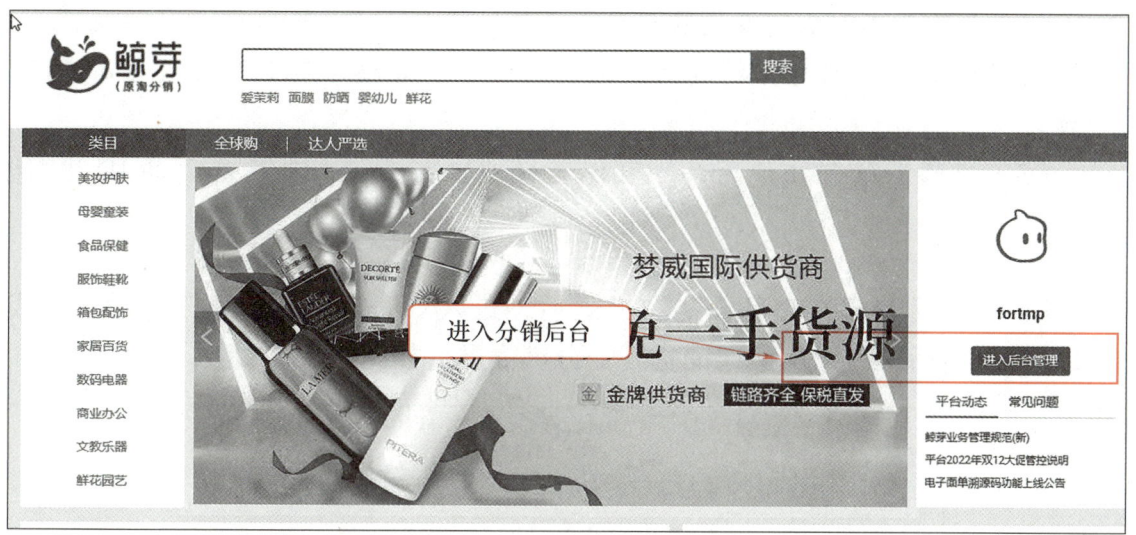

图1-9 分销商入驻后界面

步骤三: 在"淘分销"首页或后台的"商品管理"都可以进行选品操作,通过搜索框或单击图中商品进行商品分销操作。之后可选择铺货方式。如图1-10所示:

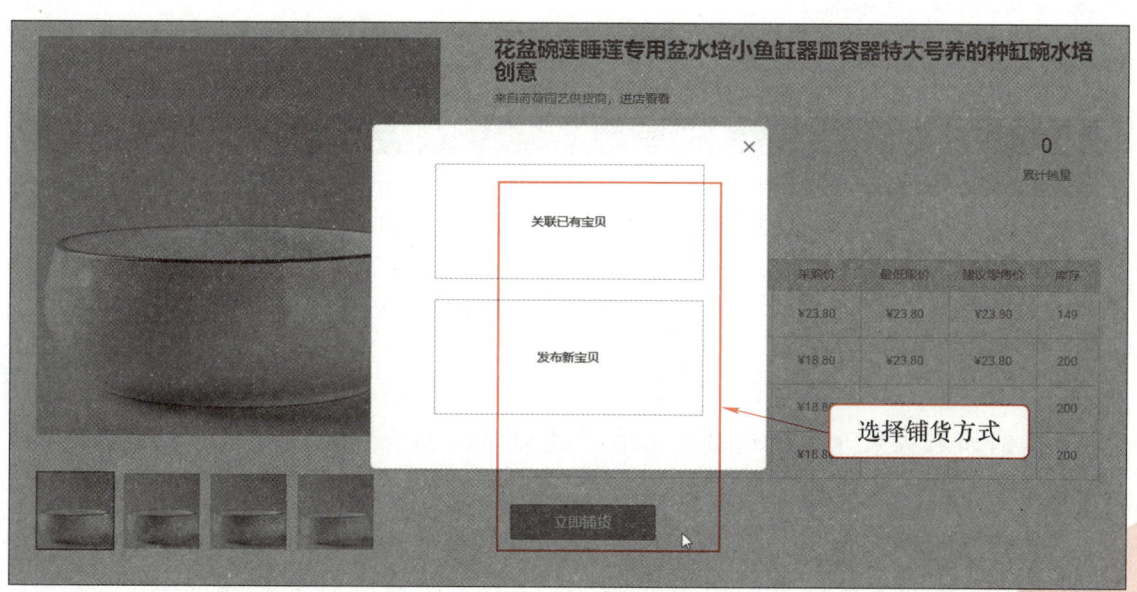

图1-10 选择铺货方式

> 💡 **小提示**

"关联商品"的相关说明

（1）关联后不影响商品销售记录。每笔订单会生成采购单流转给供应商。

（2）已关联商品会保持类目、品牌、型号、规格（SKU）与供应商产品一致。

（3）当未匹配到相似商品，可以选择"自定义"手动输入商品 ID 进行关联。

步骤四：选择"发布新商品"方式后，进入"编辑商品信息"界面。完成商品信息编辑后就可以单击"铺货"，分销商品。如图 1-11 所示：

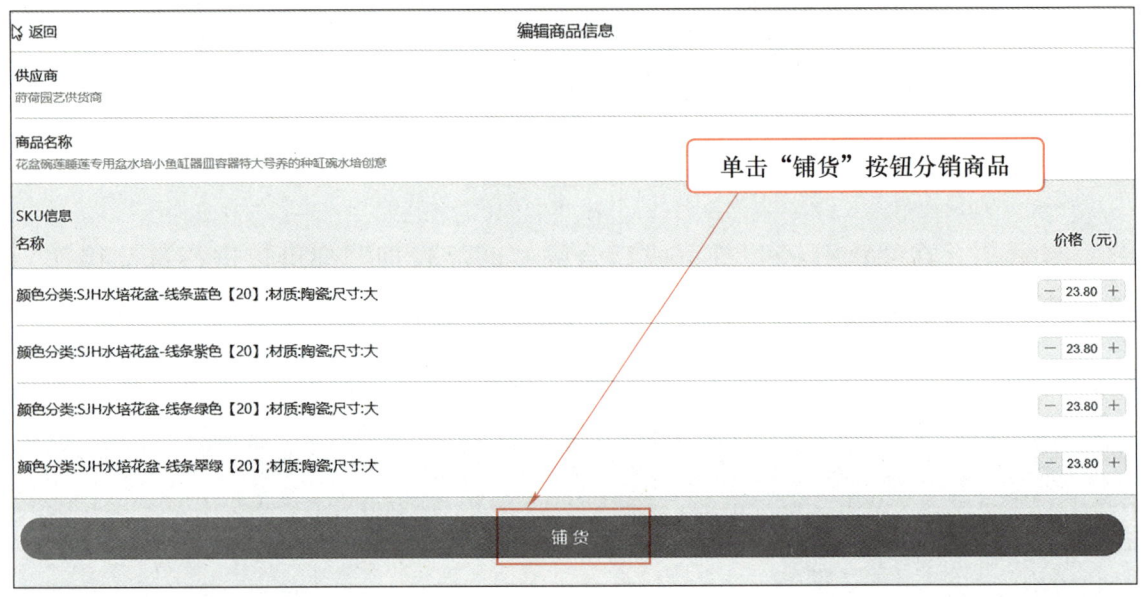

图 1-11 "编辑商品信息"界面

> 💡 **小提示**

"开通代销服务"的提示

店铺如果从未开通代销服务，在单击铺货后，会弹出"开通代销服务"的提示。

通过代销模式铺货到店铺，订单由供货商直接发货，资金自动分账而卖家无须垫资。支付宝代销分账服务开通后，可继续开通代销分账保证金服务。

当开通"支付宝账户付款"服务后，可以完成铺货操作。

步骤五：完成铺货后，选择"进入后台管理"→"商品管理"，检查已完成铺货的商品。在此界面可以对商品进行渠道商品管理，如取消关联、编辑、同步信息、上架商品等。如图1-12所示：

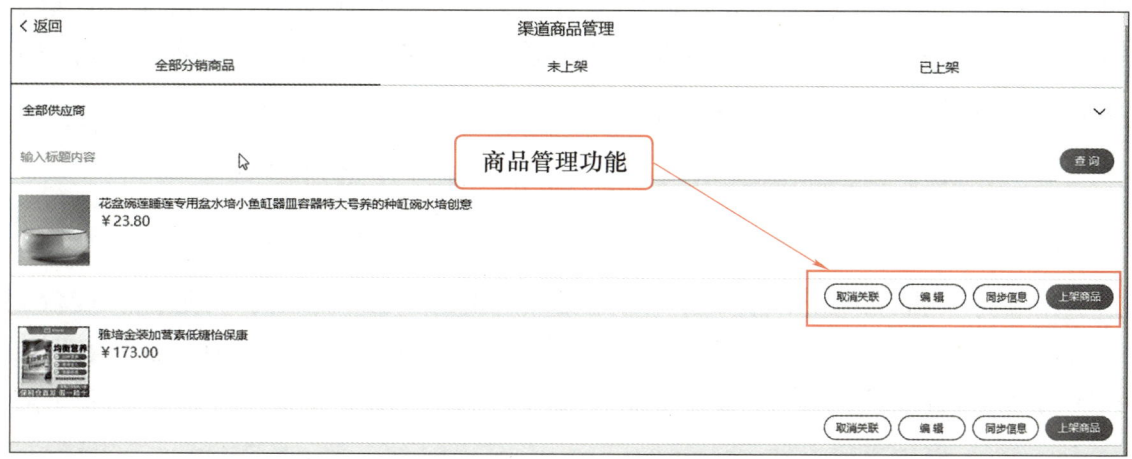

图1-12 渠道商品管理

> 💡 **小提示**
>
> **"淘分销"后台管理中的其他功能**
>
> "淘分销"后台还有名片设置、商品管理、我的交易、营销管理等功能，如名片设置可以完善企业名称、所在地、企业介绍等内容。

步骤六：完成商品分销操作后，根据操作情况，完成表1-2的填写。

表1-2 分销商品记录表

分销商品	详细内容
含义	
是否开通代销服务	
选择分销的商品	
编辑商品信息（价格）	
是否上架商品	

知识延展 >>>>

一、供应商、分销商与直营商的区别

供应商，是指通过供销平台向分销商提供产品供其销售的会员，包括品牌商、授权供应商、普通供应商。

分销商，是指在淘宝销售供应商产品的淘宝卖家（含天猫商家，以下同），是供销平台经销商、代销商、直营商及其他入驻供销平台淘宝卖家的总称。

直营商，是指与供应商建立分销关系的分销商，包括供应商自身、供应商的关联公司，或接受供应商委托以供应商名义代为运营店铺的代运营商。直营是指买家购买分销商品后，供应商直接发货给消费者的分销方式。在供销平台采用直营模式的分销商称为直营商。

二、供销平台的品牌入驻条件、发布授权及注意事项

1. 品牌入驻条件

供应商入驻后，需开通入驻时所提交品牌的品牌授权服务。开通品牌授权服务后，方可发布对应品牌的产品信息。品牌授权规则由供销平台另行发布及实施。供应商增加经营品牌，需开通新增品牌的品牌授权服务。

2. 发布授权及注意事项

供应商成功入驻供销平台后，需开通产品品牌授权后方可发布相应品牌产品或信息，发布的产品或信息必须是其自有品牌或被授权范围内的品牌产品或信息。

需要注意的是，供应商不得发布国家法律法规、淘宝规则、天猫规则及其相关规则禁止发布的产品或信息；同时供应商不得在供销平台任何类目下，发布非自有品牌或未被授权的品牌产品或信息。

三、供销平台中新增加或修订的管理规范

淘宝新修订的《供销平台管理规范》中，新增加了对于市场管理、供应商违规情形与处理等管理规范内容。

1. 市场管理中新增的规范内容

（1）品质抽检：供销平台允许天猫、淘宝对分销产品进行抽检，对存在抽检不合格产品，依据《供应商违规情形处理一览表》进行相应处理。

（2）曝光处理：针对经新闻媒体曝光、国家质监部门等行政管理部门通报，系质量不合格的线下某一品牌、品类、批次的产品，供销平台将依照其情形严重程度，采取下架产品、删除产品等处理措施对其进行临时性的市场管控，情形特别严重，对相关供应商采取账号限权，直至清退账户。

（3）其他情形：在某些特殊情形下（如短期内大量引发或持续引发消费者维权等），针对相应产品或供应商，供销平台有权依照其情形严重程度，采取下架产品、删除产品等处理措施进行临时性的市场管控，情形特别严重，采取账号限权，直至清退账户。

2. 供应商违规情形与处理

在供应商出现违规情形后，供销平台经最终认定属实，将按照《供应商违规情形处理一览表》进行处理。分销商在天猫或淘宝被处罚的，供销平台有权对分销商对应的供应商进行追溯处理。供销平台处理后，不免除供应商根据《淘宝规则》应承担的违规处理。因违规被处理的供应商，当其全部违规行为被纠正、违规处理期间届满、违规处理措施执行完毕后，方可恢复正常状态。

《电子商务法》第十条规定，电子商务经营者应当依法办理市场主体登记。但是，个人销售自产农副产品、家庭手工业产品，个人利用自己的技能从事依法无须取得许可的便民劳务活动和零星小额交易活动，以及依照法律、行政法规不需要进行登记的除外。

依据该条规定，目前活跃在各家电商平台上的网店、海淘代购等，只要不是本条款中列出的例外项，均需要办理市场主体登记。并且在日常经营中，也要依据法律约束店铺行为。

活动三 填写货源寻找发布表 >>>>>

活动过程记录 1 完成货源寻找信息登记表的填写

目的： 在完成前两个活动的基础上，熟练掌握发布商品的基本流程和方法，为新店铺寻找多种商品货源，为后面的店铺运营打好基础。

内容： 选择货源、商品并记录过程。

要求： 在对淘宝网上发布商品信息已有所了解的基础上，选择商品货源寻找与发布方式，完整地填写商品寻找与发布信息，记录商品属性的标准参数，完成表 1-3 的填写。

表 1-3 货源寻找信息登记表

货源寻找	具体描述	货源寻找	具体描述
采取的方式		进货或分销选择	
产品类目选择		是否一件代发	
产品价格区间		是否品牌授权	
主营产品项目		申请合作时间	
货源平台确定		申请通过时间	
货源关键词		是否有附加条件	
货源是否可靠		商品数量预订	
供应商信息		产品上架	
商品图片完整		其他备注	

> **小提示**
>
> **新手卖家寻找货源的注意事项**
>
> 新手卖家在寻找货源之前需要先做好店铺定位，理性分析市场情况。不能盲目寻找自认为很好的产品，花费大量人力、财力、精力做完上架，过一段时间又觉得类目不适合自己，重新寻觅货源，形成亏损或者创业失败。

活动过程记录 2　完成淘宝货源寻找操作流程表的填写

目的：了解淘宝品牌货源寻找的方法，记录操作方式，为熟练掌握该技术进行记忆练习。

内容：选择品牌货源和分销货源，并记录寻找过程。

要求：在基本掌握寻找货源的方式方法的基础上，完整地记录流程，同时完成表 1-4、表 1-5 的填写。

表 1-4　淘宝货源寻找——品牌货源寻找的体验报告

序　号	品牌货源寻找步骤	体 验 感 受
1		
2		
3		
4		
5		
6		
7		
8		
9		
10		

表 1-5　淘宝货源寻找——分销货源寻找的体验报告

序　号	分销货源寻找步骤	体 验 感 受
1		
2		
3		
4		
5		
6		
7		
8		
9		
10		

> **💡 小提示**
>
> **"品牌资质审核"的流程**
>
> 待授权完成之后，完成选择品牌过程。申请发出后，分销平台工作人员会对申请的供货商进行品牌资质审核；审核通过后，供应商缴纳保证金3000元，分销平台给供货商进行打标。分销商必须要加入基础消保，并且缴纳过保证金才能够对"授"字标进行传承，不符合条件的分销商不能从供货商处传承该标识。经销关系下的分销商，只有供应商授权给该分销商品牌授权服务后，经销模式下的产品才能传承该服务标识；代销关系不需要授权，代销模式下的产品自动传承服务标识。

知识延展 >>>>

一、寻找货源的"一件代发"模式

1. 阿里巴巴寻找货源

在阿里巴巴上搜索产品名+"一件代发"，找到合适的产品并向厂家咨询，按照厂家的合作方式或流程发货即可。

2. 寻找网络上自有分销网站的供应商

我们可以直接在搜索引擎上搜索产品名+"一件代发"，进入网站咨询，审核之后获取合作方式或流程。需要注意的是，这类网站的交易资金是直接转账，具有一定的风险。为保证资金安全，卖出一件就付一次款，最好不要把资金预存到网站的支付系统中。

二、淘宝新店主寻找货源需要注意的事项

新店主在开店初期需要在货源、价格和品类之间进行平衡。

1. 资金与进货量

新店经营难度大，资金回笼较慢，因此进货时要少量多次，不至于产生库存压仓的问题。

2. 商品品类

新店经营初期，不易展开多品类销售，以免影响店铺的垂直度和权重。

3. 供货商的选择

挑选供货商时要多查看其品牌、口碑与相关公司诚信信息，尽量选择规模大一些、品类多一些的批发商。保证在交易过程中若遇到纠纷等问题也能更有保障的解决。

新店主在通过前期的店铺商品销售后，可基本确定店铺内的优势产品，达到最终实现优势产品批量进货的目的。当店铺的信用达到一定级别时，在商品品类的扩充上就要谨慎了，要形成稳定的销售基础，才能实现店铺销量的增长。

活动四　实训测评 >>>>>

一、判断题

1. 适合网络销售的商品一般具备体积较小、可降低运输成本的特点。（　　）
2. 网上开店可以销售的产品，包括武器弹药、管制刀具、文物、毒品等。（　　）
3. 分销商是指供销平台经销商、代销商、直营商及其他入驻供销平台淘宝卖家的总称。（　　）
4. 在淘宝分销平台上，一定要取得代理权才可以在本店内销售有品牌的产品。（　　）
5. 供应商，是指通过供销平台向分销商提供产品供其销售的会员，包括品牌商、授权供应商和普通供应商。（　　）

二、单项选择题

1. 不适合进行网上销售的商品为（　　）
   A. 新奇类商品　　　　　　　　B. 地域性强的商品
   C. 未经许可的药品　　　　　　D. 容易邮寄的商品
2. 常见的淘宝进货渠道为（　　）。
   A. 批发市场进货　　　　　　　B. 精选货源中心
   C. 货源语雀　　　　　　　　　D. 千牛卖家中心
3. 千牛卖家中心的货源寻找渠道是（　　）。
   A. "找货源"　　　　　　　　　B. "我要铺货"
   C. "淘分销"　　　　　　　　　D. "厂家"

4. "淘分销"后台还有名片设置、商品管理、我的交易、（　　　）等功能设置。

　　A. 营销管理　　　　　　　　B. 账户付款
　　C. 开通代销服务　　　　　　D. 编辑商品信息

5. 品牌资质审核时，供应商应缴纳保证金（　　　）。

　　A. 3000 元　　B. 2500 元　　C. 1800 元　　D. 2300 元

三、简答题

1. 直营的定义是什么？
2. 供销平台的品牌入驻条件、发布授权及注意事项都有哪些？
3. 淘宝分销的其他途径都有哪些？
4. 网上开店不可销售的产品有哪些？
5. 适合网上销售的商品特点有哪些？

活动五　实训总结与评价

活动目标

- 能以小组形式对学习过程和实训成果进行汇报总结
- 完成对学习过程的综合评价

建议课时

- 0.2 课时

活动实施

一、任务总结

以小组为单位，选择演示文稿、展板、海报、录像等形式中的一种或多种，向全班展示、汇报学习成果。汇报的内容应包括：

（1）淘宝货源寻找的一般流程；
（2）品牌货源分销申请步骤；
（3）与厂家协商申请的流程；

（4）一件代发、品牌授权产品的寻找过程；
（5）如何通过厂家的商品页面，上架商品信息到自己的店铺。

二、综合评价

学习成果汇报完成后，请完成淘宝货源寻找项目实训综合评价表的填写，见表1-6。

表1-6 淘宝货源寻找项目实训综合评价表

评价项目	分值/分	自我评价	小组评价	教师评价	标　　准
基本了解淘宝货源寻找的一般流程	10				熟练掌握：85～100分 基本掌握：75～84分 部分掌握：60～74分 没有掌握：60分以下
掌握品牌货源分销申请步骤	20				
掌握与厂家协商申请的流程	10				
掌握一件代发、品牌授权产品的寻找过程	20				
能通过厂家的商品页面，上架商品到自有店铺	20				
能完整无误地用口语表述两种寻找货源的方法和流程	20				
合　　计	100				

学生姓名：_____ 综合评价等级：_____ 教师姓名：_____ 日期：_____

项目二
商品类目设置与发布

⌄ 项目导读

商品的上传和分类是一名网店店主必须了解的店铺运营技能。合理的商品类目设置与正确的商品信息发布会大大提升店铺运营效果。通过本项目的学习，掌握商品的正确归类方式及商品的发布技巧，为店铺的运营提供基础保障。

⌄ 建议课时

6 课时

⌄ 活动设计

- 活动一　商品类目设置
- 活动二　商品发布
- 活动三　填写商品分类与商品上传表
- 活动四　实训测评
- 活动五　实训总结与评价

⌄ 知识目标

- 熟悉电商平台商品销售的基本规则
- 熟悉通用的行业类目分类情况
- 知道商品发布的工作内容
- 知道商品标题的写作方法
- 理解商品上传信息与商品的相关性

⌄ 能力目标

- 能够分辨常见商品的类目归属
- 能按照不同分类方式对商品进行适当归类
- 能使用千牛平台完成商品发布等售前操作

- 能够熟练使用平台辅助工具编辑美化商品发布页
- 能按照网店运营需要对商品进行分类

素质目标

- 养成严谨、诚信、遵守法律的电商经营观念
- 树立正确的网络营销推广职业观
- 培养精益求精的工匠精神
- 树立品牌意识，养成尊重品牌保护的职业意识

活动一 商品类目设置

活动目标

➢ 掌握通过千牛平台上传商品主图的方法
➢ 能使用千牛平台确认商品类目
➢ 了解商品的类目相关性
➢ 培养严谨认真、不断学习的岗位精神

建议课时

➢ 1课时

活动准备

➢ 教学设备准备：计算机、多媒体网络教室或电子商务实训室。
➢ 教学组织形式：将学生分组，2～4人一个小组，以小组学习为主。

活动说明

商品发布是网店运营的必备技能，合理的商品分类可以使店铺的商品类目更加清晰，方便买家快速浏览与查找自己想要的商品。在本活动中，我们将通过千牛管理后台学习在商品发布过程中设置商品类目的方法。

活动步骤

步骤一：打开千牛管理后台，单击"商品"→"商品管理"→"发布宝贝"。

如图 2-1 所示：

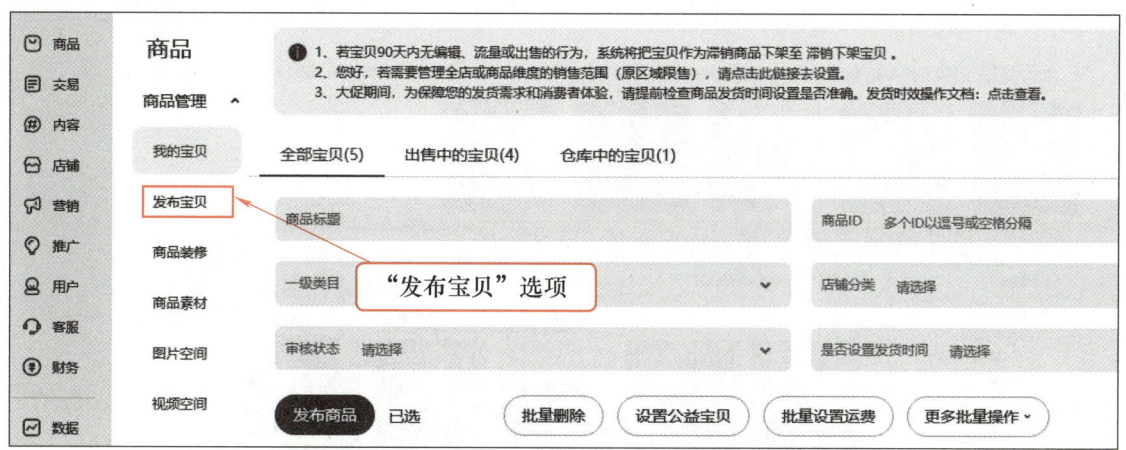

图 2-1 "发布宝贝"选项

步骤二：单击"发布宝贝"后，会打开上传商品主图与确认商品类目的页面。如图 2-2 所示：

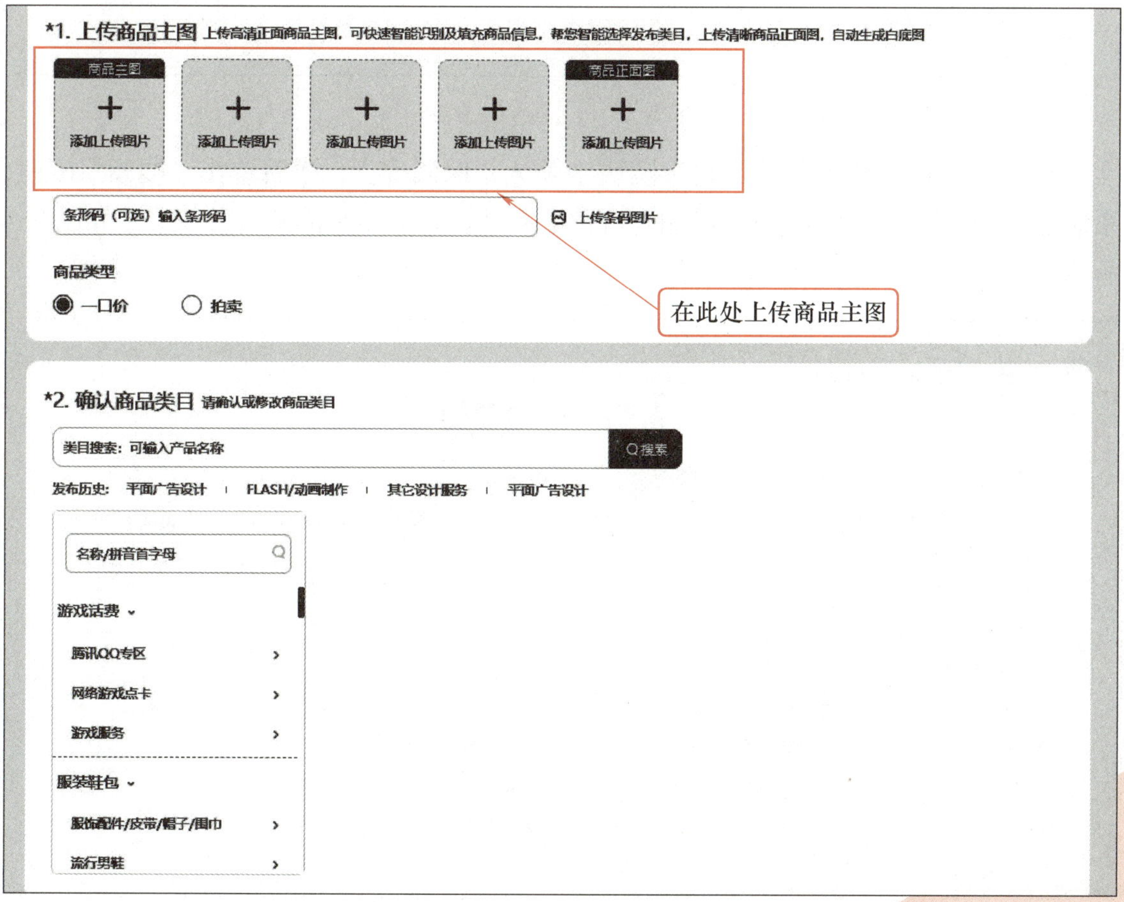

图 2-2 上传商品主图与确认商品类目页面

步骤三：通过"图片空间"选择主图图片，上传5张主图。如图2-3所示：

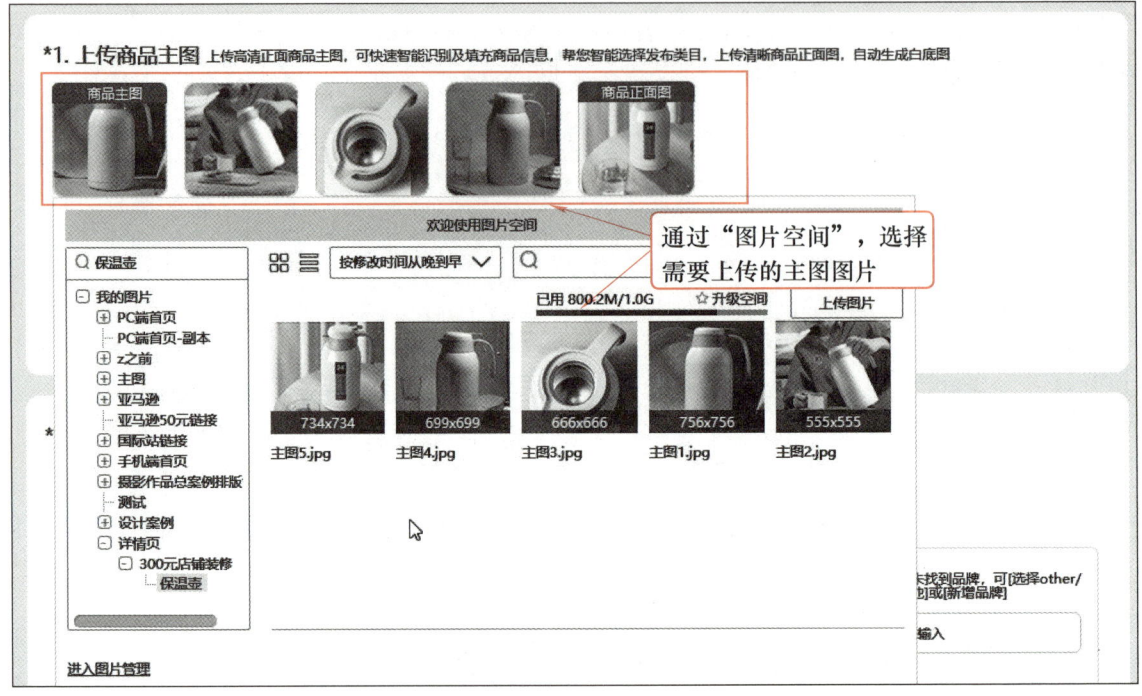

图2-3　上传商品主图

步骤四：在"确认商品类目"模块中输入"保温壶"，然后单击"搜索"按钮，系统会自动识别并列出数个相关的商品类目，选择商品所属类目并确认。如图2-4所示：

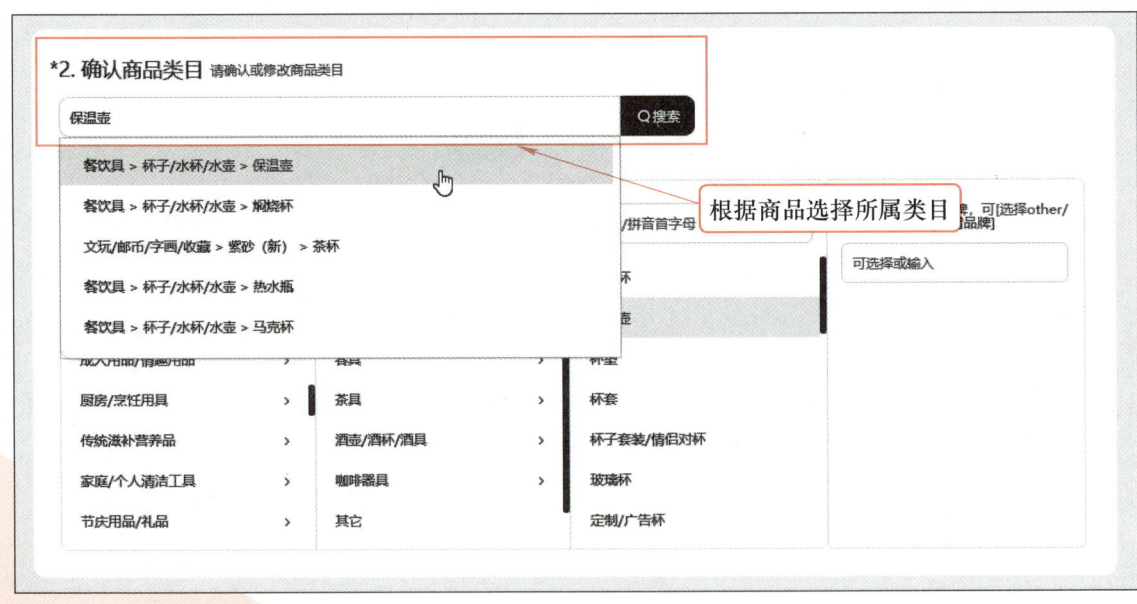

图2-4　确认商品类目

> **小提示**
>
> **商品类目的相关性**
>
> 用户搜索的关键词若与店铺商品所属类目相匹配，则商品在搜索时有机会被展现。在用户通过关键词进行商品搜索时，平台优先展示与搜索关键词相关性最大的类目商品，放错类目将不被展示，甚至会被除权。

步骤五： 确认商品类目后，可以输入品牌名称，若没找到可以输入"other/其他"。如图2-5所示：

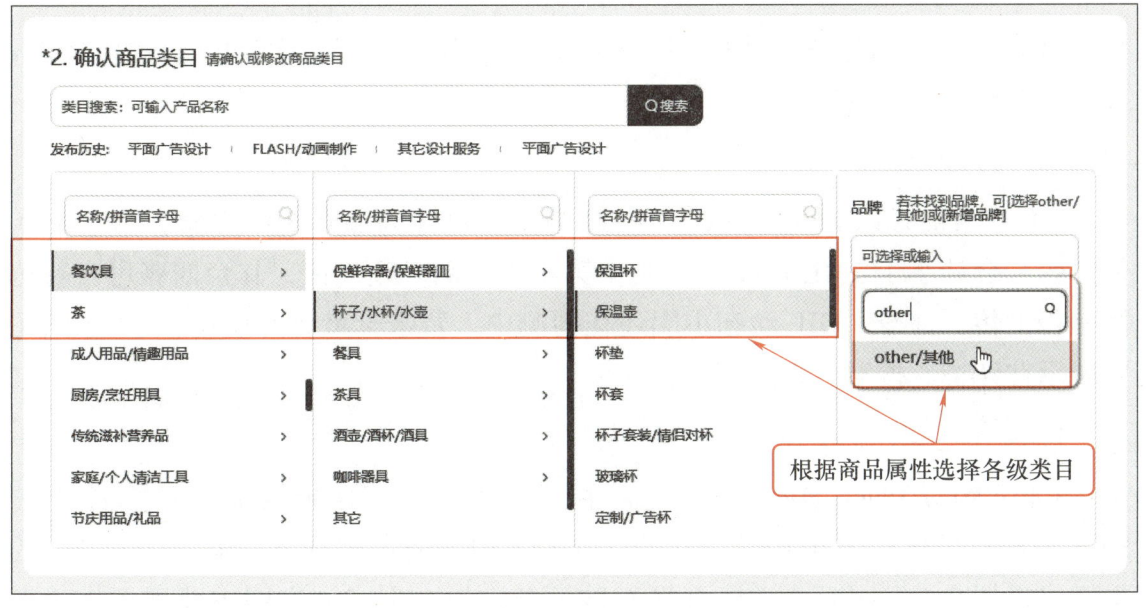

图2-5　输入品牌名称

步骤六： 在页面下方单击"确认类目，继续完善"按钮。如图2-6所示：

图2-6　确认类目

步骤七： 在设置完商品类目后，完成表2-1的填写。

表 2-1 确认商品类目的记录表

项　　目	详 细 内 容
主图尺寸设置为多少（平台会自动提供放大镜功能）	
已上传主图数量	
商品所属具体类目	

知识延展 >>>>

一、主图图片格式与大小

目前，千牛平台支持 3 种尺寸主图，分别是有 1:1 主图、3:4 主图、9:16 主图。卖家可以根据具体商品属性确定。

1. 1:1 主图

1:1 主图格式以 PNG、JPG、JPEG 为主，尺寸为 800×800 像素，最多能上传 5 张、合计小于 3MB 的图片，其中第一张主图必须上传，其余四张可自行选择是否上传。注意，GIF 动态主图还在内测中，暂未全量放开使用。1:1 主图主要展示在详情、搜索、直通车中。

2. 3:4 主图

3:4 主图以 PNG、JPG、JPEG 为主，尺寸为 750×1000 像素，最多能上传 5 张、合计小于 3MB 的图片。注意，上传了 3:4 的主图视频，必须上传 3:4 的主图；设置 3:4 主图后，详情页将不显示 1:1 的主图。3:4 主图主要展示在手淘推荐、详情、微详情、搜索中。

3. 9:16 主图

9:16 主图以 PNG、JPG、JPEG 为主，尺寸为 900×1600 像素，最多能上传 5 张、合计小于 3MB 的图片。上传了 9:16 的主图视频，不强制上传 9:16 的主图（建议尺寸保持一致）。9:16 主图主要展示在手淘推荐、详情、微详情中。

二、品牌申请

在确定类目模块中，如果平台中还没有对应的品牌，可以进行"品牌申请"，

项目二
商品类目设置与发布

其中包括商标注册地区、品牌名、商标注册号、品牌所有人、所属类目、相关证明材料等，具体如图 2-7 所示。

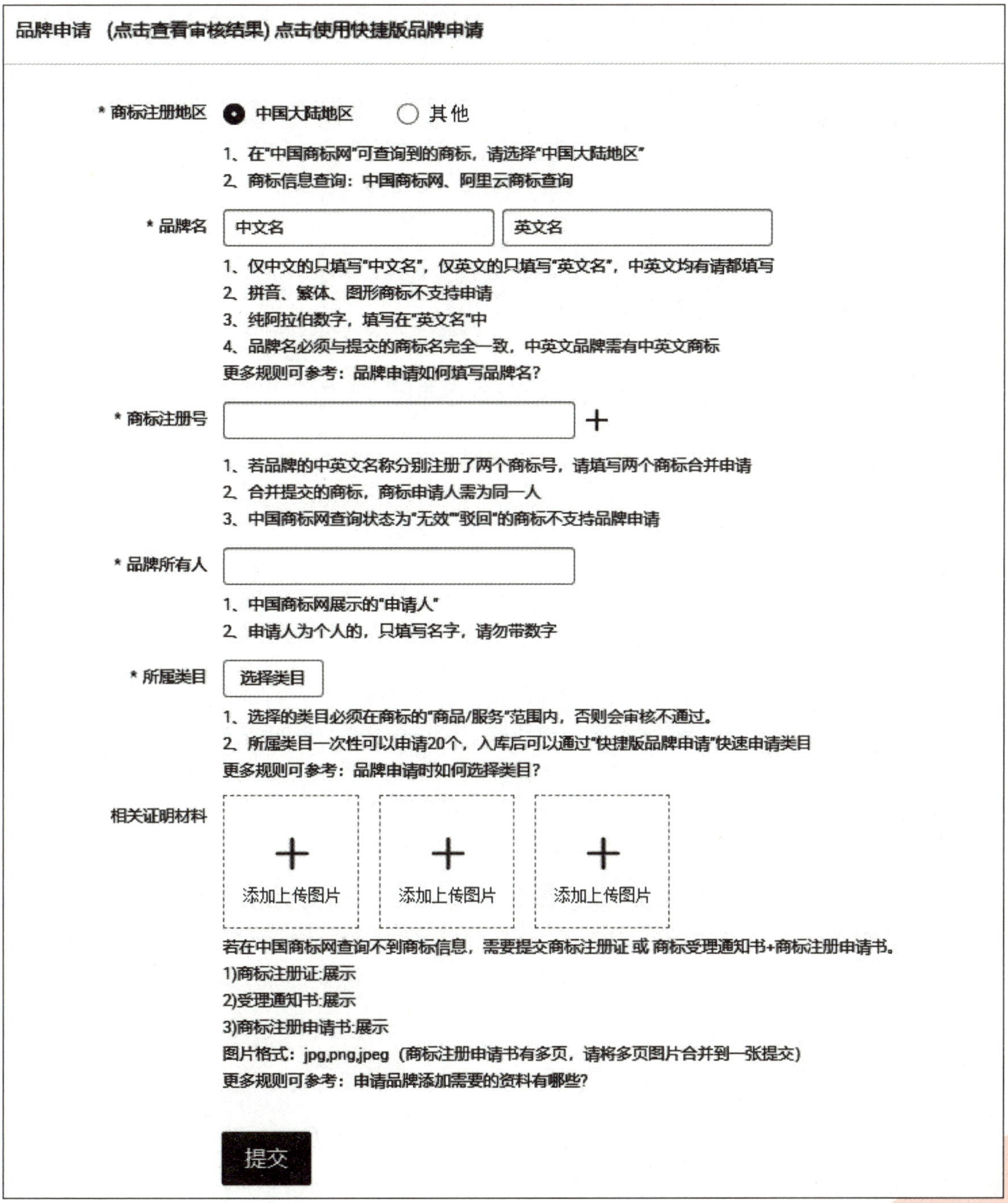

品牌申请（点击查看审核结果）点击使用快捷版品牌申请

* 商标注册地区 ● 中国大陆地区 ○ 其他
1、在"中国商标网"可查询到的商标，请选择"中国大陆地区"
2、商标信息查询：中国商标网、阿里云商标查询

* 品牌名 [中文名] [英文名]
1、仅中文的只填写"中文名"，仅英文的只填写"英文名"，中英文均有请都填写
2、拼音、繁体、图形商标不支持申请
3、纯阿拉伯数字，填写在"英文名"中
4、品牌名必须与提交的商标名完全一致，中英文品牌需有中英文商标
更多规则可参考：品牌申请如何填写品牌名？

* 商标注册号 [   ] ＋
1、若品牌的中英文名称分别注册了两个商标号，请填写两个商标合并申请
2、合并提交的商标，商标申请人需为同一人
3、中国商标网查询状态为"无效""驳回"的商标不支持品牌申请

* 品牌所有人 [   ]
1、中国商标网展示的"申请人"
2、申请人为个人的，只填写名字，请勿带数字

* 所属类目 [选择类目]
1、选择的类目必须在商标的"商品/服务"范围内，否则会审核不通过。
2、所属类目一次性可以申请20个，入库后可以通过"快捷版品牌申请"快速申请类目
更多规则可参考：品牌申请时如何选择类目？

相关证明材料
[＋添加上传图片] [＋添加上传图片] [＋添加上传图片]
若在中国商标网查询不到商标信息，需要提交商标注册证 或 商标受理通知书+商标注册申请书。
1) 商标注册证：展示
2) 受理通知书：展示
3) 商标注册申请书：展示
图片格式：jpg,png,jpeg（商标注册申请书有多页，请将多页图片合并到一张提交）
更多规则可参考：申请品牌添加需要的资料有哪些？

[提交]

图 2-7　品牌申请

活动二 商品发布

活动目标

- 了解商品发布模块的内容
- 掌握千牛平台发布商品的方法
- 能根据商品特性正确填写发布的信息
- 掌握商品标题的写作方法
- 树立品牌意识,养成尊重品牌保护的职业意识

建议课时

- 2课时

活动准备

- 教学设备准备:计算机、多媒体网络教室或电子商务实训室。
- 教学组织形式:将学生分组,2~4人一个小组,以小组学习为主。

活动说明

商品的发布是对商品信息的上传与展示,它不仅是网店运营的基础,更关系到平台对商品的综合评分,是网店运营的重中之重。在本活动中,我们将学习商品发布与添加商品页面描述的方法与技能。

活动步骤

步骤一: 在完成实训活动一后,可确认当前类目为"餐饮具＞杯子/水杯/水壶＞保温壶"。若类目出错,可以单击选择其他类目进行更改。如图2-8所示:

图 2-8　切换类目

步骤二： 根据保温壶的商品材料填写销售信息，其中商品为白色，数量 100 件，商家编码为 100012927600，发货时效默认为 48 小时。如图 2-9 所示：

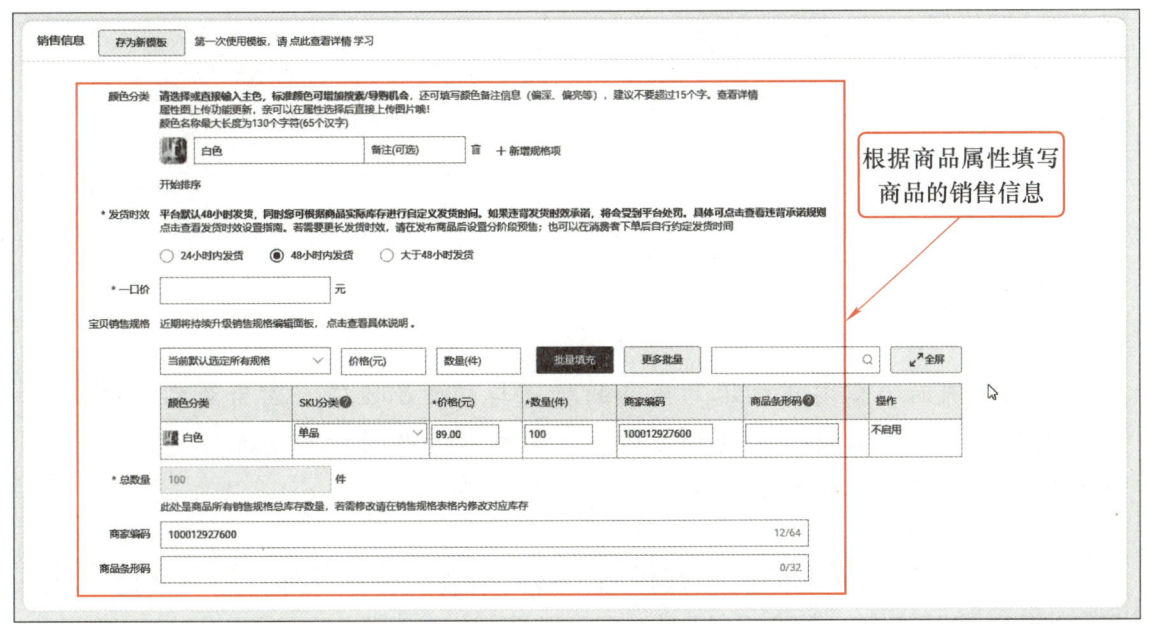

图 2-9　填写销售信息

步骤三： 根据保温壶的商品材料填写基础信息，特别是宝贝类型、宝贝标题、导购标题、类目属性等内容。如图 2-10 所示：

29

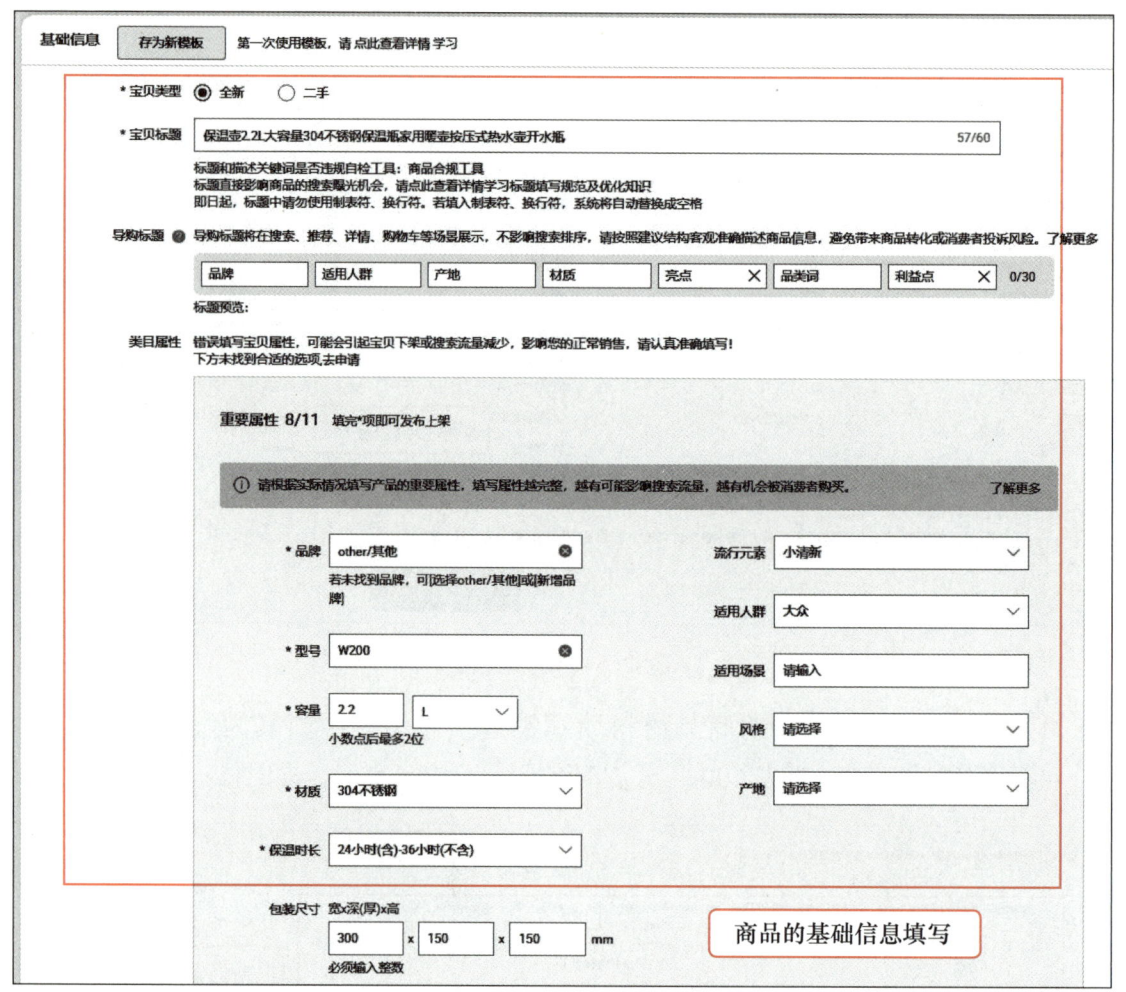

图 2-10　填写基础信息

> **💡 小提示**
>
> **商品标题、属性的相关性**
>
> 　　商品发布时，需要正确填写商品的标题与相关属性值，因为商品的权重与商品的标题、属性具有一定的相关性，用户搜索的关键词与商品标题、属性之间的匹配程度越高，则相关性越大，将被优先展示。

　　步骤四：根据保温壶的商品材料填写物流信息，设置包邮；填写支付信息，设置买家付款减库存。如图 2-11 所示：

　　步骤五：根据保温壶的商品材料填写图文描述信息。主图已在实训活动一中上传，如果有相关主图视频与导购视频，可以继续上传。单击"图片"按钮，上传已制作好的详情页。如图 2-12 所示：

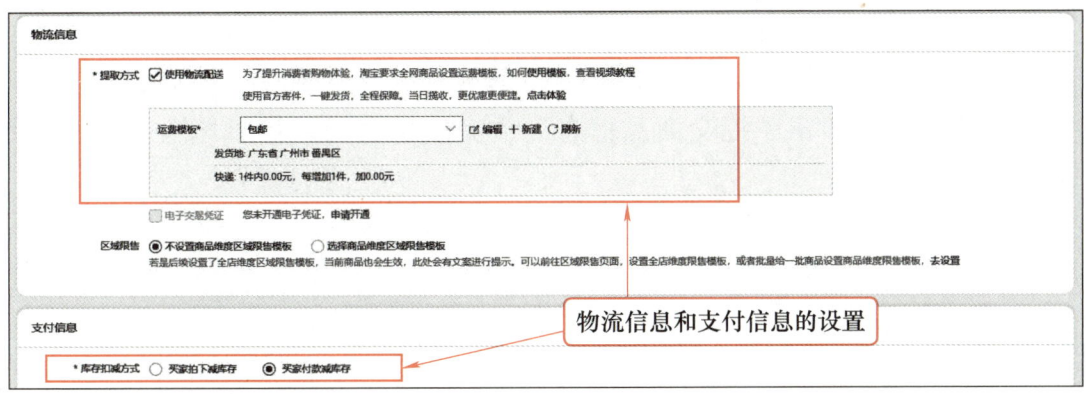

图 2-11　填写物流信息和支付信息

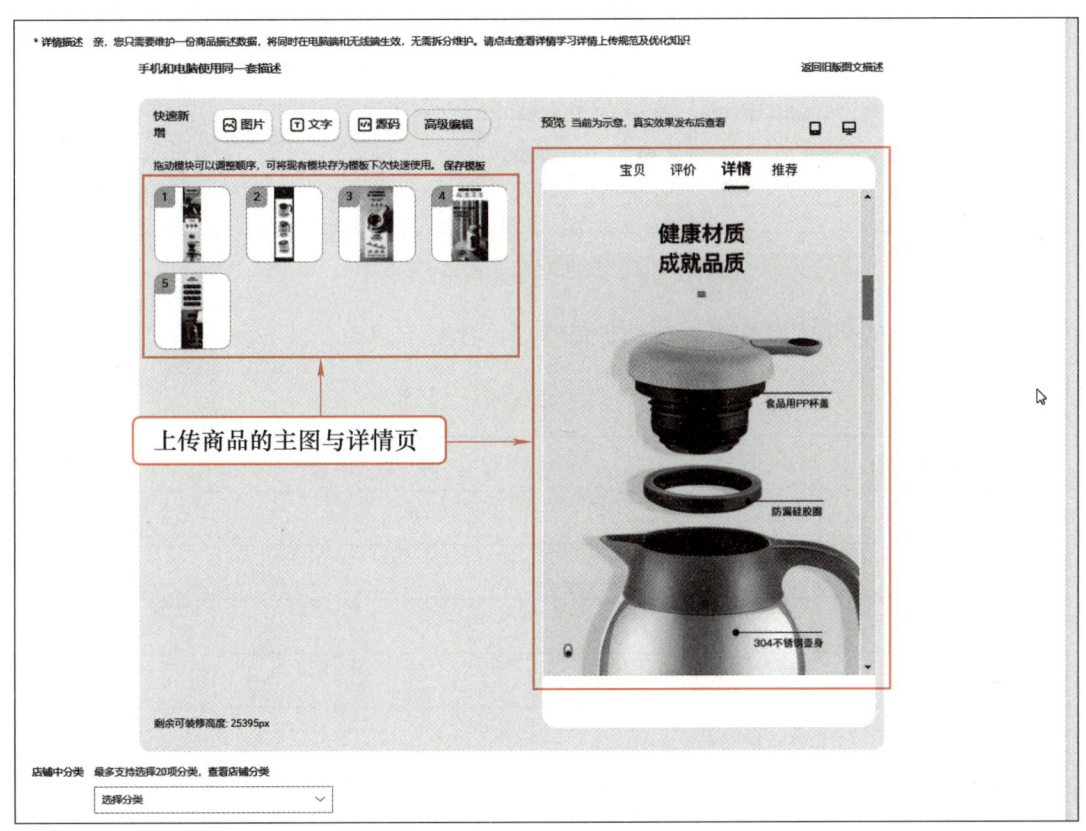

图 2-12　填写图文描述信息

> 💡 **小提示**
>
> **自动生成手机端详情页的注意事项**
>
> 手机端详情编辑入口："商品编辑页"→"图文描述"→"手机端描述"。
>
> 手机端详情页图片上传要求：宽度 750px，高度 ≤ 2500px，大小 ≤ 10MB，文字字数 ≤ 5000 字，摘要 ≤ 140 字。

步骤六：根据保温壶的商品材料填写售后服务信息，勾选"提供发票""保修服务""退换货承诺"，上架时间选择"放入仓库"。待店长检查确认后正式上架。最后单击"提交商品信息"，完成所有商品信息填写。如图2-13所示。

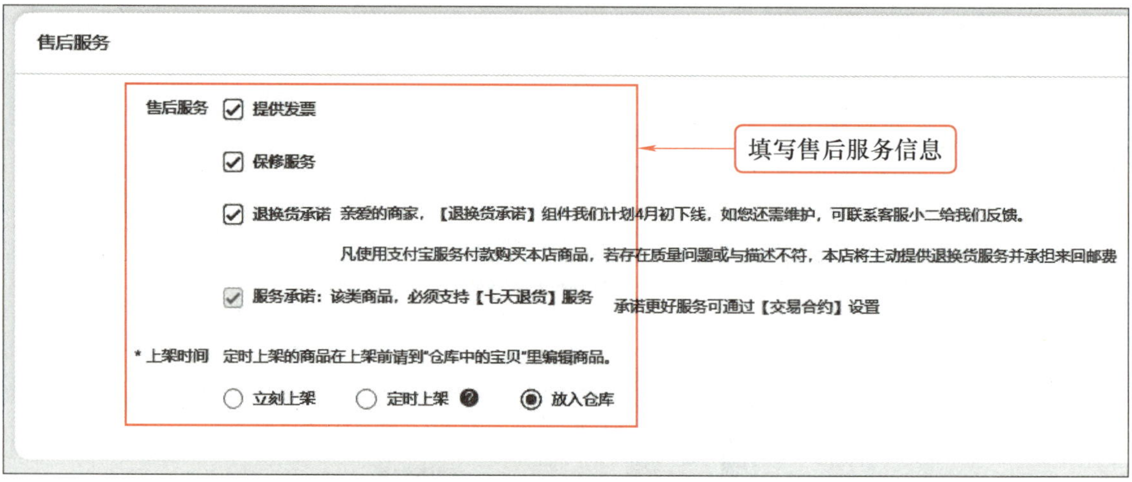

图2-13　填写售后服务信息

步骤七：完成商品发布后，完成表2-2的填写。

表2-2　商品发布记录表

商品发布	详细内容
商品发布含义	
列出基础核心信息	
列出销售核心信息	
列出物流核心信息	
列出支付核心信息	
列出图文核心信息	
列出售后核心信息	

知识延展 >>>>

一、商品标题优化

商品标题分长标题（宝贝标题）与导购标题两种形式。长标题可以提升搜索曝光度，字数控制在 30 个汉字内；导购标题有利于提升搜索点击率（不影响搜索曝光度），字数控制在 15 个汉字以内。

1. 长标题

长标题遵循"224 法则"，即"2 有 2 无 4 匹配"法则。

"1 有"：标题要有"热搜词"。就是市场搜索热度比较高的词，获取方式可以通过"生意参谋→市场→搜索排行→搜索词→热搜"来查看，选择"搜索人气"比较高的关键词。

"2 有"：标题要有"蓝海词"。也称"长尾词"，指具备一定的搜索热度，但供应商发布的商品较少，从而竞争度较低。即更容易获得点击率和曝光度。

"1 无"：标题无重复词。标题中多次出现同一个词，系统在搜索匹配时只会出现一个，所以重复使用关键词属于浪费。

"2 无"：标题无违禁词。标题中不要填写其他品牌的品牌词，或者违反广告法的违禁词，比如"论文代写""身份证"等，否则有可能会被系统强制下架。

"1 匹配"：关键词要匹配买家搜索习惯。在编辑标题时，千万不要凭借个人喜好来选择关键词。比如"好吃的午餐肉"这个词，虽然能描述产品，但是在"搜索分析"中会发现它搜索量很低，这种词放在标题中很难为商品引来流量。

"2 匹配"：关键词要匹配产品所在类目。关键词如果不是本类目的词，即便出现在标题中，也不会为商品带来搜索流量。

"3 匹配"：关键词要匹配商品发布时填写的属性。属性是在发布商品时在"类目属性"处勾选或填写的内容，如服装，需要选择面料、领型等信息。

"4 匹配"：关键词要匹配系统拆语逻辑。标题中的关键词在填写时，要注意不要把一些核心关键词拆开填写。

2. 导购标题

平台现有的长标题模式可读性不高，也影响了商品卖点的直观表达，消费者体验不佳。为了改善此类问题，提升商家的标题吸引力，吸引消费者点击，平台推出了标题新模式——导购标题。

导购标题是一种结构化的文字表达，具备精炼简短、可读性高的优势，并且支持商家自定义填写商品卖点，可以帮助消费者更快认知产品，做出购买决策。经过平台内测发现，这类较短文字的标题模式，更易吸引消费者的点击及转化。

商家填写的导购标题,审核通过后将在平台各渠道展现,以替代现有的长标题。目前主要的应用场景有搜索端、新版商品详情页(无线端即将逐步扩量)、购物车、全屏微详情等。

商家可在商品发布页面的商品基础信息或商品描述模块填写对应商品的导购标题。填写导购标题时,如存在异常情况,系统也会在填写框下方及发布助手侧进行提醒。为提高导购标题效率及质量,商家可根据系统推荐的标题结构填写。

3. 导购标题填写小技巧

(1)清晰表达这是一件什么商品,表达出商品的重要属性,建议添加该商品对应的品类词。

- 手机:品牌+型号。
- 口红:品牌+品类+别称。

(2)尽可能提取商品的卖点和优势进行表达,提升搜索点击率。

- 突出商品核心点:比如手机壳需要突出适用机型,如iphone14 Pro手机壳。
- 突出商品特殊卖点:商品功能卖点如持久续航、免费刻字;商品特殊卖点如2023年新款、兔年纪念款等。

(3)导购标题的填写要求。

- 字数要求10～15个字(即20～30个字符)。
- 无重复词、同义词(如行李箱、拉杆箱、旅行箱即为同义词)。
- 禁止输入特殊字符(如标点等)。
- 需要添加对商品卖点的描述,如商品特色描述等。
- 不能出现和商品本身描述无关的内容。

如不符合填写要求,系统将会报错,并在发布助手侧有对应的提示文案,按照错误提示信息进行修改后提交即可。

二、商品描述中对图片文字的要求

1. 电脑端描述(PC端)

商品描述的图文要求如下:

- 图片宽度≤750px,图片高度未限制(不建议太长,容易导致消费者打开页面卡顿)。
- 图片大小≤3MB,支持JPG、JPEG、PNG格式。
- 文字字数≤25000字。

- 源代码≤200000 字符。

提醒：不要复制他人图片或是他人图片源代码编辑，务必在编辑页进行"上传图片"或选择已上传"图片空间"的图片，否则系统会拦截发布，并提示"引用了他人图片"。

2. 手机端描述（无线端）

商品描述的图文要求如下：

- 80px≤图片宽度≤1500px（手机端上传图片宽度建议为750px），0＜图片高度≤2500px。
- 图片大小≤3MB。
- 文字字数≤5000 字。
- 摘要≤140 字。
- 音频大小≤200K，仅支持 MP3 格式。

活动三 填写商品分类与商品上传表 >>>>>

活动过程记录 1 完成商品分类管理记录表的填写

目的：在完成前两个活动目标的基础上，对店铺的商品进行分类，并根据各商品的属性放置在相应的类目下方，熟练掌握店铺内商品分类管理的操作过程。

内容：进行商品分类管理操作。

要求：对分类管理操作的过程进行记录，并简略地填写商品分类的各项步骤描述，完成商品分类管理，同时完成表 2-3 的填写。

表 2-3 商品分类管理记录表

商品分类选择	具体描述
商品的数量	
商品的价格分类	
商品的功效分类	
商品的类目分类	
商品的分类设置	
进入淘宝，进行商品分类操作	

(续)

商品分类选择	具体描述
进入商品分类管理	
建立新的商品分类	
增加一级分类	
增加二级分类	
将商品按设置好的类别归类	

活动过程记录 2 完成使用千牛平台批量上传商品体验报告的填写

目的： 通过多个商品的上传了解千牛平台批量上传商品的方法和步骤。

内容： 使用千牛平台上传多个商品。

要求： 完成商品批量上传流程的操作，同时完成表 2-4 的填写。

表 2-4 使用千牛批量上传商品体验报告

序 号	使用千牛批量上传商品的步骤	体 验 感 受
1		
2		
3		
4		
5		
6		
7		
8		
9		
10		

知识延展 >>>>

一、商品的挑选原则

选择好的商品是店铺营销成功的关键，商品的挑选原则如下：

（1）性价比高的商品：将在同类商品中具有一定优势的商品作为优选商品；

（2）人气商品：已经有很多买家购买并且持续有市场的商品；

（3）包装精美的商品：装的精美会直接影响商品的感受度，漂亮的商品可以吸引更多买家的注意，同时也给店铺的其他商品争取了展示机会。

二、商品图片的获取渠道

获取商品图片的方式有以下三种：

（1）厂商直接提供或从商品厂商的网站上下载；

（2）扫描商品或商品手册；

（3）用数码相机拍摄后用图片处理工具进行处理编辑。

活动四 实训测评 >>>>>

一、判断题

1. 千牛平台支持 3 种尺寸主图类型，分别是有 1:1 主图、3:4 主图、9:16 主图。（   ）

2. 商品通常上传 5 张主图。（   ）

3. 确认商品类目时，可以输入关键词自动识别。（   ）

4. 手机端上传图片宽度为 750px，高度≤2500px，图片大小≤10MB，文字字数≤5000 字，摘要≤140 字。（   ）

5. 目前，常见商品发布模块包括：基础信息、销售信息、物流信息、支付信息、图文描述、售后服务等。（   ）

二、选择题（可单选，可多选）

1. 新版千牛平台，需要上传（   ）张主图。
   A. 3　　　　B. 4　　　　C. 5　　　　D. 6

2. 1:1 主图尺寸为（   ）像素。
   A. 800×800　　B. 750×1000　　C. 900×1600　　D. 750×900

3. PC 端上传图片宽度≤（   ）。
   A. 750px　　B. 600px　　C. 900px　　D. 850px

4. 商品发布时填写商品标题最多（   ）个汉字。
   A. 10　　　　B. 20　　　　C. 30　　　　D. 60

5. 手机端详情上传图片宽度建议为（　　　）。
   A. 750px　　　　B. 700px　　　　C. 1050px　　　　D. 950px

三、简答题

1. 生成手机端详情页的注意事项有哪些？
2. 长标题"224法则"是什么？
3. 商品的选择原则有哪些？
4. 商品图片的获取渠道有哪些？
5. 请简述商品发布的完整流程。

活动五　实训总结与评价

活动目标

➢ 能以小组形式对学习过程和实训成果进行汇报总结
➢ 完成对学习过程的综合评价

建议课时

➢ 0.2课时

活动实施

一、任务总结

以小组为单位，选择演示文稿、展板、海报、录像等形式中的一种或多种，向全班展示、汇报学习成果。汇报的内容应包括：

（1）能上传商品主图；
（2）能根据商品特性选择合适的分类；
（3）能填写商品销售信息；
（4）能填写商品物流信息；
（5）能填写商品支付信息；
（6）能填写商品图文描述信息；
（7）能填写商品售后服务信息。

二、综合评价

学习成果汇报完成后,请完成淘宝商品分类与产品上传项目实训综合评价表的填写,见表2-5。

表2-5 淘宝商品分类与产品上传项目实训综合评价表

评价项目	分值/分	自我评价	小组评价	教师评价	标准
能上传商品主图	10				
能根据商品特性选择合适的分类	20				熟练掌握:85~100分
能填写商品销售信息	10				基本掌握:75~84分
能填写商品物流信息	10				部分掌握:60~74分
能填写商品支付信息	20				没有掌握:60分以下
能填写商品图文描述	20				
能填写商品售后服务信息	10				
合计	100				

学生姓名:_____ 综合评价等级:_____ 教师姓名:_____ 日期:_____

项目三
淘宝店铺的装修

项目导读

美观的网店是吸引更多用户流量的重要因素，想要让自己的店铺无论在功能上还是装修上都更加便捷和更具吸引力，我们就需要对网店进行装修，增加一些店铺的高级功能。通过本项目的学习，学生将掌握通过淘宝卖家提供的旺铺与模块自由地对网店进行装修，实现店铺的美观与功能升级。

建议课时

8课时

活动设计

- 活动一　使用旺铺模板装修店铺
- 活动二　使用自定义模块装修页面
- 活动三　填写淘宝旺铺模板使用表
- 活动四　实训测评
- 活动五　实训总结与评价

知识目标

- 理解网店装修的意义
- 掌握网店装修的工作内容
- 知道网店装修的常用模块及模块内容
- 知道根据店铺风格和商品需要选择合适的店铺装修风格
- 了解店铺装修的常见方法

项目三 淘宝店铺的装修

能力目标

- 能够借助平台工具使用模板快速装修店铺
- 能够合理布局店铺模块
- 能够设计制作店铺首页和宝贝详情页等
- 能够个性化设计店铺，提升用户购物体验
- 能够对店铺进行视觉和调性设计

素质目标

- 培养以服务用户需求为中心的职业理念
- 培养会欣赏文化之美的网店运营从业者从业素质
- 树立创新意识，传承发扬传统文化
- 养成终身学习、精益求精的工匠精神
- 培养积极进取、团结合作的团队精神

活动一　使用旺铺模板装修店铺

活动目标

- 能够根据店铺经营类目选择合适的店铺装修风格
- 能够套用模板快速完成店铺装修
- 能够熟练使用旺铺基础版装修网店

建议课时

- 1课时

活动准备

- 教学设备准备：计算机、多媒体网络教室或电子商务实训室。
- 教学组织形式：将学生分组，2～4人一个小组，以小组学习为主。

活动说明

淘宝旺铺是淘宝网开辟的一项增值服务和功能，对于卖家来说，它可以让店铺拥有更加个性化、更加美观的界面。允许卖家使用淘宝提供的计算机软件和网

络技术，实现区别于淘宝一般店铺展现的个性化店铺页面，使得顾客购物体验更好，更容易产生购买欲望；也使得卖家的店铺更有特色，在众多店铺中脱颖而出。在本活动中，我们将学习淘宝旺铺的装修操作方法。

活动步骤

步骤一：登录淘宝后台，进入千牛卖家中心，打开千牛管理后台，单击"店铺"→"店铺装修"→"PC端装修"，然后单击"装修模板"；或者打开"千牛工作台"，在PC端登录后台的管理面板，可以实现同样的操作。如图3-1所示：

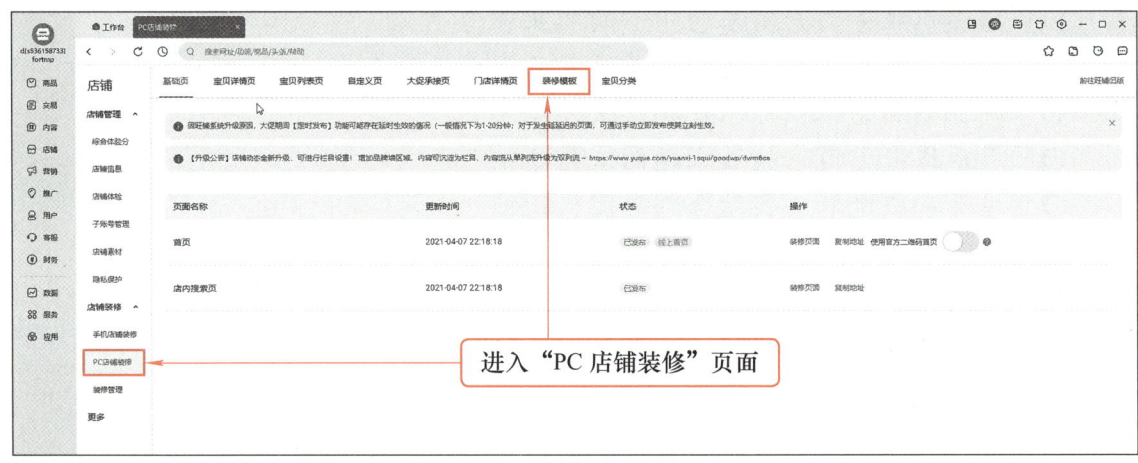

图3-1　进入"PC店铺装修"页面

步骤二：在"装修模板"中可以看到官方自带模板。若想要更多模板，可以单击并查看"装修模板市场"页面。如图3-2所示：

图3-2　进入"装修模板市场"

步骤三：打开"装修模板市场"，选择"PC店铺模板"→"行业分类"→

"食品茶饮"。左侧上方显示，现在店铺是旺铺基础版，需要升级成专业版，单击右侧的"免费升级专业版"按钮。如图3-3所示：

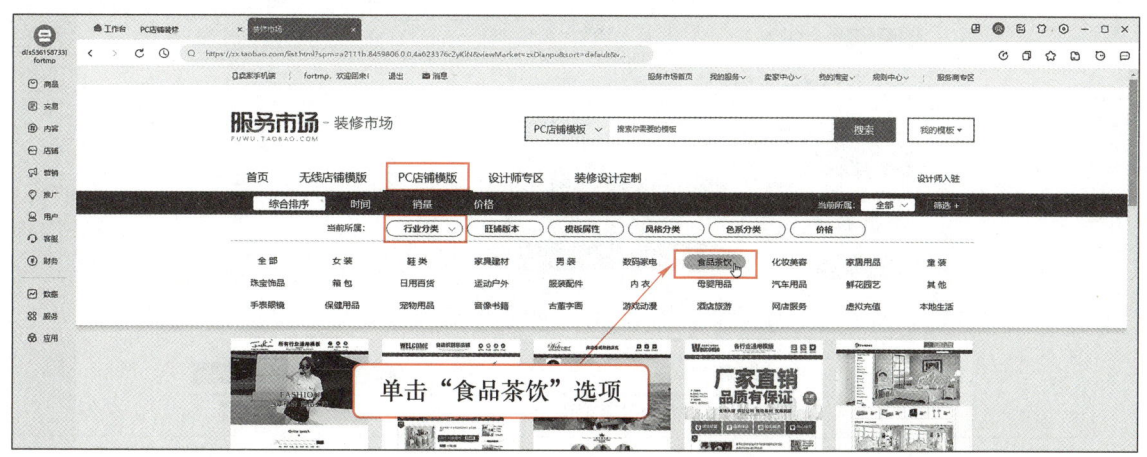

图3-3　装修模板市场界面

步骤四：打开"食品茶饮"模板界面后，可以浏览选择适用的模板。如图3-4所示：

图3-4　进入店铺装修市场

步骤五：打开"茶具"模板，可以在商品详情页界面浏览PC端与移动端的效果。为了进一步了解"茶具"模板的适用性，可以单击"马上试用"，查看适配效果。如图3-5所示：

步骤六：在试用界面左侧，可以调试"模块"大小和位置、配色方案、页头与页面功能。高级用户还可以设置"旺铺CSS"样式。如图3-6所示：

步骤七：如果满意可以直接购买模板，选择使用周期，然后付款，修改后可以单击"发布站点"使用该模板。如图3-7所示：

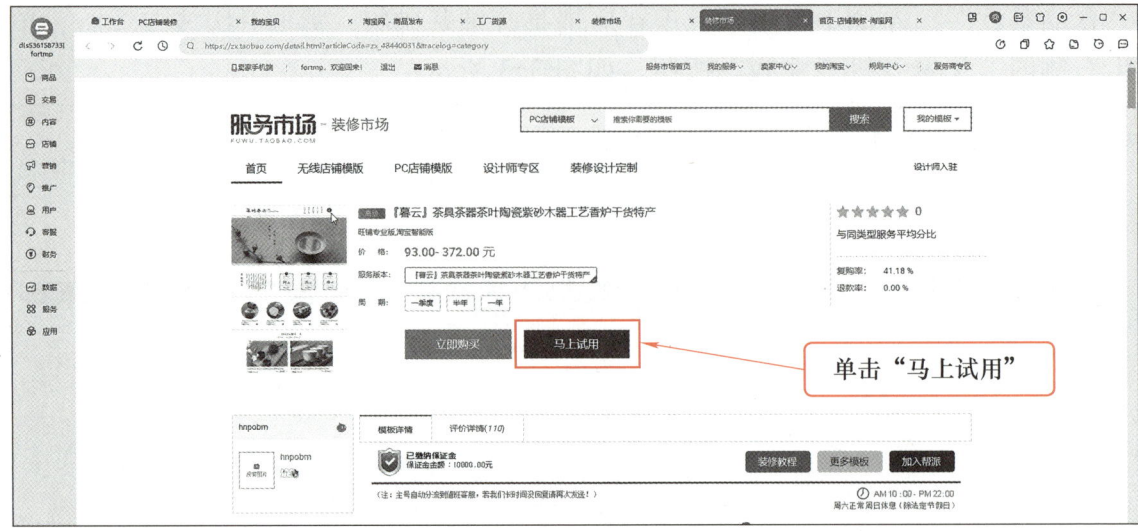

图 3-5　查看"茶具"模板

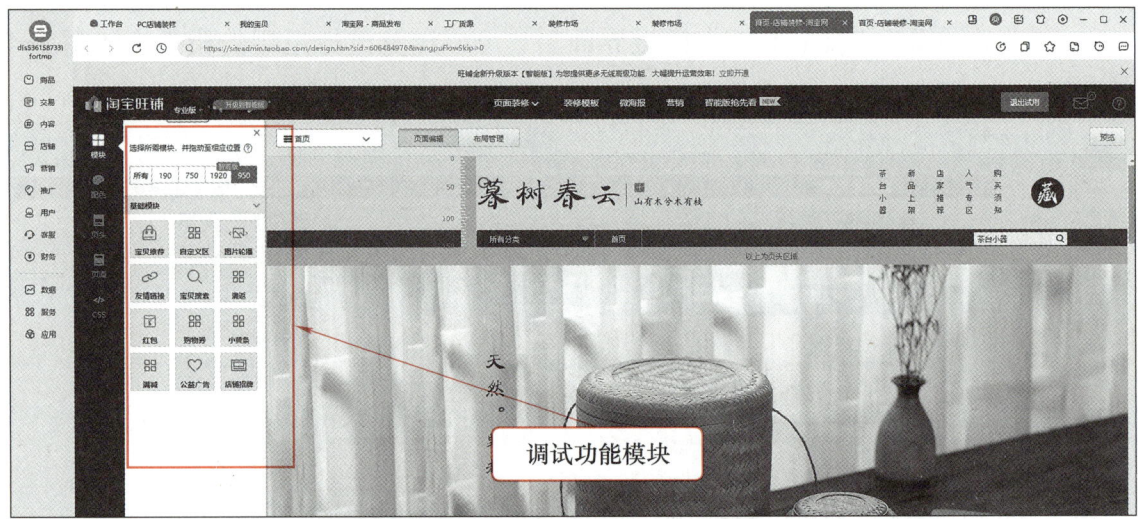

图 3-6　调试模板中各模块的功能

图 3-7　完成发布

步骤八： 旺铺装修完成后，填写表 3-1 的内容。

表 3-1　淘宝旺铺装修记录表

旺铺装修	详细内容
含义	
装修模板选择关键词	
装修模板试用	
购买模板并发布	

知识延展 >>>>

一、关于淘宝旺铺的分类

淘宝旺铺分为专业版旺铺和基础版旺铺两种，而且模板也分为专业版模板和基础版模板。我们简单介绍一下两者的差别：

专业版旺铺：专业版旺铺是付费版的旺铺，价格为 50 元／月，但是一钻以下是可以免费使用专业版旺铺的。基础版和专业版在一钻以下是可以随意切换的。

基础版旺铺：基础版旺铺是永久免费的，功能类似于淘宝以前的扶植版旺铺，只有两栏结构而没有通栏布局。

二、专业版和基础版旺铺的区别

基础版适合新手卖家，宝贝数量相对会比较少，并且不收费。专业版适合中大型卖家，宝贝数量多，且会请专业装修人员维护。两者在功能上有一定的区别：

（1）专业版新增的特有的页头背景装修填充，列表页模板有 15 个，预置 SDK 免费试用模板有 10 个，而详情页宝贝描述模板有 25 个，基础版仅有 3 个。

（2）专业版可添加的自定义页面数有 50 个，而基础版只有 6 个。首页、列表页、详情页、自定义可添加模块数量两版本相同。

（3）功能上，专业版特有悬浮旺旺装修、分享组件、二级域名，而基础版没有。

（4）专业版支持旺铺 CSS、应用中心、麦麦协作、营销中心、装修分析、支持 JS 模板、店铺后院等特有功能。

无论是基础版还是专业版，好的用户体验才能带来更高的转化率。影响用户体验的因素有图片美感、店铺装修逻辑、模块组合等。近年来，随着弘扬传统文化热潮的掀起，具有文化之美的视觉设计也成为业内新宠。

活动二　使用自定义模块装修页面

活动目标

- 掌握自定义模块装修的技能
- 掌握页头区域店铺招牌的自定义设置
- 掌握页面区域图片轮播、宝贝展示等的自定义设置
- 掌握客服中心、友情链接等自定义模块设置的方法

建议课时

- 3课时

活动准备

- 教学设备准备：计算机、多媒体网络教室或电子商务实训室。
- 教学组织形式：将学生分组，2～4人一个小组，以小组学习为主。

活动说明

自定义模块装修，是淘宝卖家选择自己定义网店装修风格的方法，通过在淘宝旺铺中自定义模块的选择与搭配、灵活的页面编辑方法，将每个页面都设置成独立的风格和模块区，形成独具特色的网店装修风格。在本活动中，我们将通过自定义模块的运用，学习自定义模块装修店铺的方法。

活动步骤

步骤一： 登录千牛后台，单击"店铺"→"店铺装修"→"PC店铺装修"，便可以进入自定义装修界面。如图3-8所示：

项目三
淘宝店铺的装修

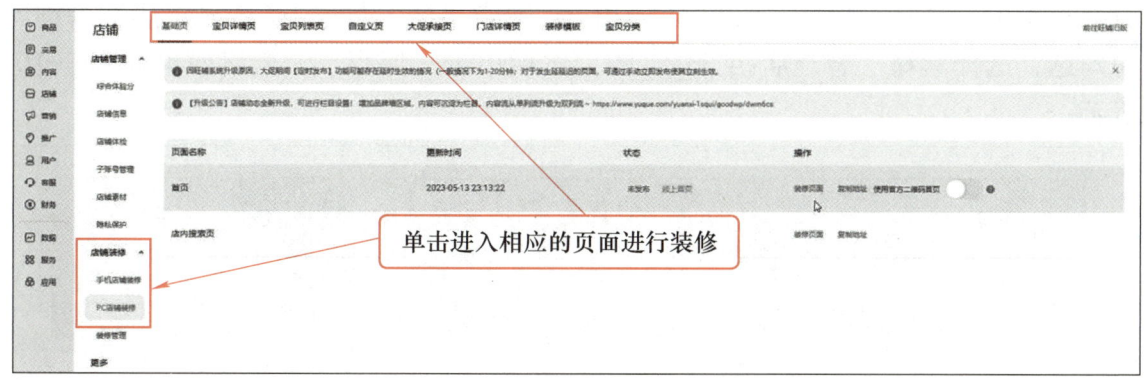

图 3-8　进入 PC 店铺装修页面

步骤二：进入"首页"自定义界面，有模块、配色、页头、页面、CSS 样式等 5 个部分。如图 3-9 所示：

图 3-9　"首页"自定义界面

💡 小提示

首页布局管理示例

单击"模块"按钮旁的问号，会出现布局管理示例图。一个经典的首页布局图，包括页头、宝贝分类、宝贝推荐、页尾等多个基础模块。

页头 店招、导航	
950 px 图片轮播、搜索店内宝贝等	
190 px 宝贝分类 宝贝排行等	750 px 宝贝推荐等
页尾 自定区域等	

47

步骤三：拖动"店铺招牌"模块到"页头"区域。然后在"店铺招牌"模块右上角单击"编辑"按钮，弹出"店铺招牌"编辑界面。去除"是否显示店铺名称"的勾选，选择素材"合一店招.jpg"图，然后单击"保存"。最终效果如图3-10所示：

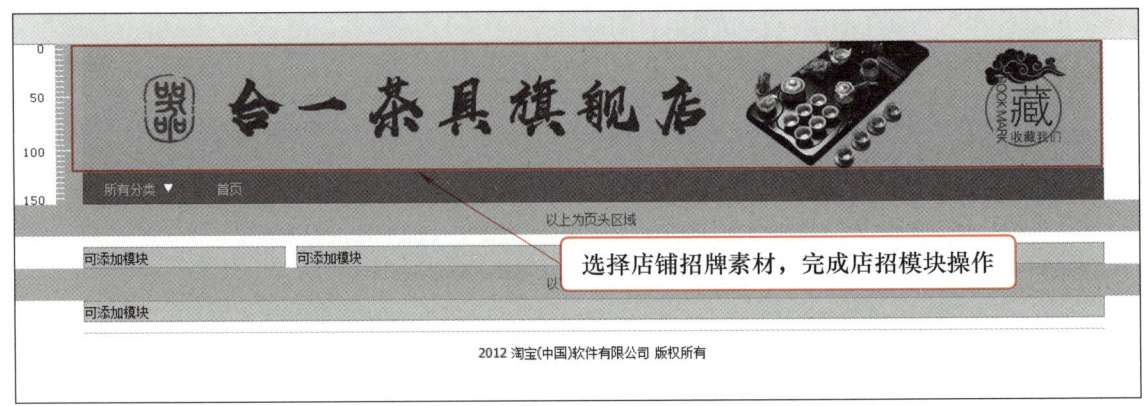

图3-10　店铺招牌效果图

步骤四：拖动"图片轮播"模块到"页面"顶部区域。然后在"图片轮播"模块右上角单击"编辑"按钮，弹出"图片轮播"编辑界面，选择素材中三个轮播图然后单击"保存"。继续拖动"宝贝搜索"模块到"图片轮播"模块下方。最终效果如图3-11所示：

图3-11　图片轮播及宝贝搜索效果图

💡 小提示

布局设置的注意事项

当拖动某一个模块到页面中而尺寸不能调整时，可以在"布局设置"中进行拖动设置，包括950px、750px、190px三个尺寸可供调整。

步骤五： 拖动"宝贝分类"模块到"宝贝搜索"左侧下方，并确认尺寸为190px。然后拖动"宝贝排行榜"模块到"宝贝分类"模块正下方。拖动"宝贝推荐"模块到"宝贝搜索"右侧下方。最终效果如图 3-12 所示：

图 3-12　宝贝推荐模块

步骤六： 可以根据实际需要添加"客服中心""无线二维""满减""友情链接"等模块。完成自定义模块的装修操作后，完成表 3-2 的填写。

表 3-2　自定义模块装修操作记录表

自定义模块	详 细 内 容
店铺招牌	
图片轮播	
宝贝搜索	
宝贝分类	
宝贝排行榜	
宝贝推荐	
友情链接	
客服中心	
自定义区	

> 知识延展 >>>>

一、自定义模块设置的注意事项

淘宝在店铺装修功能上提供了很多模块,但不要盲目堆砌,以免导致页面加载速度过慢,不利于顾客体验,顾客会很难找到需要的宝贝。因此,要根据自己店铺的风格、促销活动、产品类型等清晰布局,合理利用模块,以提高点击率、购买率、客单价等。

二、合理布局模块的建议

(1)店铺的活动、优惠信息,要放在非常重要的位置,比如海报、轮播图或活动导航等位置。活动图片的内容设计要清晰、一目了然、可读性强。

(2)推荐爆款、新款不宜太多,可以用关键字、导航等把流量引到相应的分类里面。

(3)收藏、关注、客服、微博、博客等互动性模块必不可少,这是增加店铺黏性、提升忠诚度、提高二次购买率、与顾客互动的营销利器。

(4)在搜索栏或产品导航模块,尽量把产品类目详细地列举出来,有助于顾客进行搜索,或快速地找到喜欢的类目及产品。

(5)页面下方的模块布局要错落有致,可使用列表式和图文搭配,以减少视觉疲劳。同时模块结构和产品系列要清晰明了。

三、店铺装修的必备模块

(1)海报、轮播图。可以带给顾客震撼性的视觉效果,是开展促销活动的必备模块。

(2)页头活动导航。店铺的促销活动要摆在页头位置,让进店的顾客第一时间了解店铺活动,以增加活动效果。

(3)页头导航及搜索。店铺的活动以及店铺的相关规划信息等,要加上搜索以及关键字,以方便顾客点击和搜索店内宝贝。

(4)客服中心。店铺的客服中心模块,在页头、中间及页尾部都要添加,特别是在首页很长的情况下,要让顾客能够快速地找到客服,以便咨询。

(5)排行榜。此模块可以起到一种流行向导的作用,是店铺营销、打造爆款的必备模块。

此外,还有收藏模块、掌柜说、左右栏的搜索模块,也都是必备模块。在增强顾客体验、增加店铺黏性、促进二次购买等方面有很大作用。

从提升用户购物体验的角度出发，遵循认识的基本规律，合理布局模块，进行店铺总体视觉设计，力求给予顾客舒适、合理的浏览感受，是店铺运营岗位不断改进和钻研的方向。

活动三 填写淘宝旺铺模板使用表

活动过程记录 1　填写淘宝店铺的首页模块选择记录表

目的：在完成前两个活动目标的基础上，对整个店铺进行页面的装修工作，并设计首页的基础模块。

内容：设计首页的基础模块。

要求：在对首页模块的布局基础之上，了解首页模块类型的选择方式，并实践操作一遍，完成表 3-3 的填写。

表 3-3　首页模块选择记录表

店铺首页模块类型	是 否 选 择	具体用途描述
图片轮播		
爆款		
宝贝排行榜		
客服中心		
无线二维		
宝贝中心		
宝贝分类		
友情链接		

活动过程记录 2　填写淘宝店铺的宝贝详情页模块选择记录表

目的：在完成前面首页的自定义模块的基础上，对宝贝详情页模板中的模块进行选择。

内容：设计宝贝详情页的基础模块。

要求：在对宝贝详情页模块的布局基础之上，实践操作一遍，同时完成表 3-4 的填写。

表 3-4　宝贝详情页模块选择记录表

店铺宝贝详情页模块类型	是 否 选 择	具体用途描述
图片轮播		
爆款		
宝贝排行榜		
客服中心		
无线二维		
宝贝中心		
宝贝分类		
友情链接		

知识延展

一、淘宝店铺中模块的选择

店铺模块间的相互组合，决定了店铺的用户体验。有的模块是整个宝贝描述中最重要的组成部分，而有的模块则只起到修饰的功能，让宝贝看上去更加诱人。

通常来讲，标准化的产品，如手机、相机、平板电脑类目的产品，买家是理性购买，对商品的功能需求关注度非常高，这就要求卖家在进行宝贝描述时，更偏向于能展现出细节、参数、功能等的模块。这些信息内容越丰富、越详细，就越能吸引买家的注意力，花更多的时间停留在宝贝页面上，转化率自然就更高一些。

对于非标准化产品，如女装、鞋包、饰品等类目，冲动消费对于买家购物的影响更大一些。这时，就需要格外强大的宝贝展示模块，比如场景图、氛围等，能快速抓住目标群体眼球。

对于个性化的模块，能做好的尽量做好，买家对于店铺的认可度越高，店铺的发展前景越好。

二、店铺装修必须注意的问题

1．清晰的思路

想要做好店铺装修，首先要有一个清晰的设计思路。店铺的特色是什么？主营产品是什么？目标客户是哪些？先确定装修的思路和想要达到的效果，这是店铺装修的第一步。

2．风格与形式的统一

店铺装修除了色彩要协调外，风格与形式也要整体统一。在选择分类栏、店铺公告、音乐、计数器等项目的时候，风格上要有整体考虑，风格不搭是装修大忌。

3．做好文字和图片的前期准备

店铺公告、店名、店标、签名等文字性的资料和商品相关图片要事先准备好，这样不但可以提高装修效率，还可以有效避免返工。

4．分清主次，切忌花哨而无用

店铺装修得漂亮，确实能吸引买家眼球，但是，店铺的装修不能抢了商品的风头，店铺装修没有主次、重点不突出，反而会影响商品的销售效果。

活动四　实训测评 >>>>>

一、判断题

1．五心以下的旺铺可以自动续费，并且保留数据。（　　）
2．开通旺铺的卖家必须支付淘宝旺铺费用。（　　）
3．店铺模块间的相互组合，决定了店铺的用户体验。有的模块是整个宝贝描述中最重要的组成部分，而有的模块则只起到修饰的功能，让宝贝看上去更加诱人。（　　）
4．店铺的活动、优惠信息，要放在非常重要的位置，比如海报、轮播图或活动导航等位置。活动图片的内容设计要清晰、一目了然、可读性强。（　　）
5．旺铺的自定义模块中，可以设置自动推荐宝贝，提升购物体验。（　　）

二、单项选择题

1．店铺装修的非必备模块是（　　）。
  A．页头活动导航　　　　　　　B．排行榜
  C．图文混排　　　　　　　　　D．掌柜说
2．淘宝旺铺的订购价格为（　　）元/月。
  A．0　　　　B．50　　　　C．30　　　　D．10
3．以下哪项不是淘宝旺铺的版本（　　）。
  A．扶植版　　　B．专业版　　　C．付费版　　　D．高级版

4. 以下不是淘宝旺铺订购周期的是（　　　）。
   A. 1个月　　　B. 3个月　　　C. 9个月　　　D. 1年
5. 旺铺的宝贝缩略图默认为（　　　）像素。
   A. 80×80　　　B. 120×120　　　C. 150×150　　　D. 100×100

三、简答题

1. 简述淘宝旺铺的特点。
2. 简述淘宝旺铺的功能。
3. 请通过网络查阅相关资料，简述使用旺铺的好处有哪些。
4. 店铺装修必须注意哪些问题？
5. 淘宝旺铺专业版与普通版的区别在哪里？

活动五　实训总结与评价

活动目标

> 能以小组形式对学习过程和实训成果进行汇报总结
> 完成对学习过程的综合评价

建议课时

> 0.2 课时

活动实施

一、任务总结

以小组为单位，选择演示文稿、展板、海报、录像等形式中的一种或多种，向全班展示、汇报学习成果。汇报的内容应包括：

（1）能将普通店铺升级为旺铺专业版；
（2）能根据店铺版本选择合适的装修模板；
（3）会购买并使用模板装修店铺；
（4）能使用自定义模块装修店铺；
（5）了解自定义模块的基本使用场景；

（6）能使用自定义模块装修淘宝店中的首页、宝贝详情页。

二、综合评价

学习成果汇报完成后，请完成淘宝旺铺模板使用项目实训综合评价表的填写，见表3-5。

表3-5　淘宝旺铺模板使用项目实训综合评价表

评价项目	分值/分	自我评价	小组评价	教师评价	标　　准
能将普通店铺升级为旺铺专业版	10				熟练掌握：85～100分 基本掌握：75～84分 部分掌握：60～74分 没有掌握：60分以下
能根据店铺版本选择合适的装修模板	20				
会购买并使用模板装修店铺	10				
能使用自定义模块装修店铺	10				
了解自定义模块的基本使用场景	10				
能使用自定义模块装修淘宝店中的首页、宝贝详情页	40				
合　　计	100				

学生姓名：_____　综合评价等级：_____　教师姓名：_____　日期：_____

项目四
商品的描述页设计

项目导读

商品描述页，又称商品详情页，是指淘宝卖家所出售商品的核心页面，美观且图文并茂的描述页是顾客购买商品的前提。商品详情页包括对商品功能、卖点、质量、优势等多个方面的设计。通过本项目的学习，学生将掌握使用图像处理软件 Photoshop 对商品描述页图片模板的制作方法，理解商品描述页模块的设置，从而完成对商品描述页的整体设计。

建议课时

12 课时

活动设计

- 活动一　制作描述页图片模板
- 活动二　批量化制作商品描述页图片
- 活动三　商品描述区的模块编辑
- 活动四　填写商品描述页设计表
- 活动五　实训测评
- 活动六　实训总结与评价

知识目标

- 理解商品描述页的作用
- 掌握商品描述页常用的营销图片类型
- 掌握商品描述页的图片规格参数
- 掌握商品描述区应该具备的内容
- 了解商品描述区设计要点

项目四
商品的描述页设计

能力目标

- 能够熟练使用 Photoshop 设计制作描述页图片模板
- 能够根据不同的描述页图片设计相应模板
- 能够为描述页图片选择合适的素材图
- 能够批量处理商品图片素材
- 能够编辑美化网店商品描述页

素质目标

- 养成规范、细致的职业习惯
- 培养积极思考、大胆探索的职业素养
- 树立正确的价值观和审美观
- 培养精益求精、尽善尽美的工匠精神
- 培养学生自主学习、协作学习能力

活动一　制作描述页图片模板

活动目标

- 能够合理规划商品描述页中的各个商品展示模块
- 能够熟练使用图片处理软件设计制作商品图片模板
- 能够按照页面尺寸设计规划商品图片的文案内容
- 培养学生观察和分析数据，利用认知规律优化设计的能力

建议课时

- 3 课时

活动准备

- 教学设备准备：计算机、多媒体网络教室或电子商务实训室。
- 教学组织形式：将学生分组，2～4人一个小组，以小组学习为主。

活动说明

商品详情页模板是根据店铺商品总体的风格与需求设计的一套可套用店铺多个商品的图片模板。在本活动中，我们将通过一套商品的完整图片设计，完成对商品详情页模板制作的学习。

活动步骤

一、商品主图模板设计

步骤一：进入 Photoshop 软件后，新建一个 800×800 像素的图像，其他参数不变，单击"确定"按钮。如图 4-1 所示：

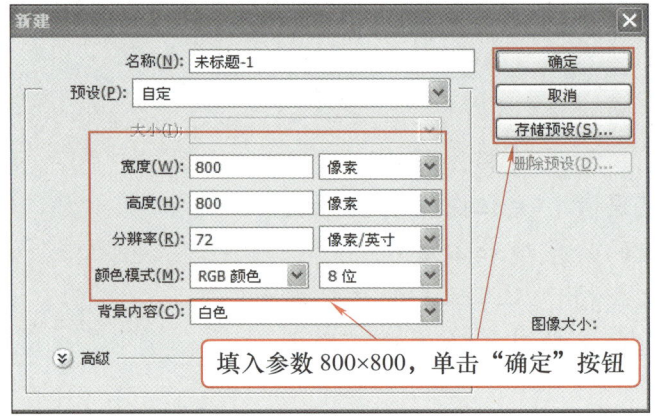

图 4-1　新建主图设计模板

步骤二：全选整张图，新建一个图层，单击左上角"编辑"→"描边"，宽度为 30 个像素，颜色自定义。如图 4-2 所示：

图 4-2　新建图层

步骤三：单击左上角"文件"→"存储为"，将图片存储到桌面的"淘宝模板"文件夹，存储文件名为"主图"，格式为PSD，单击"保存"按钮。如图4-3所示：

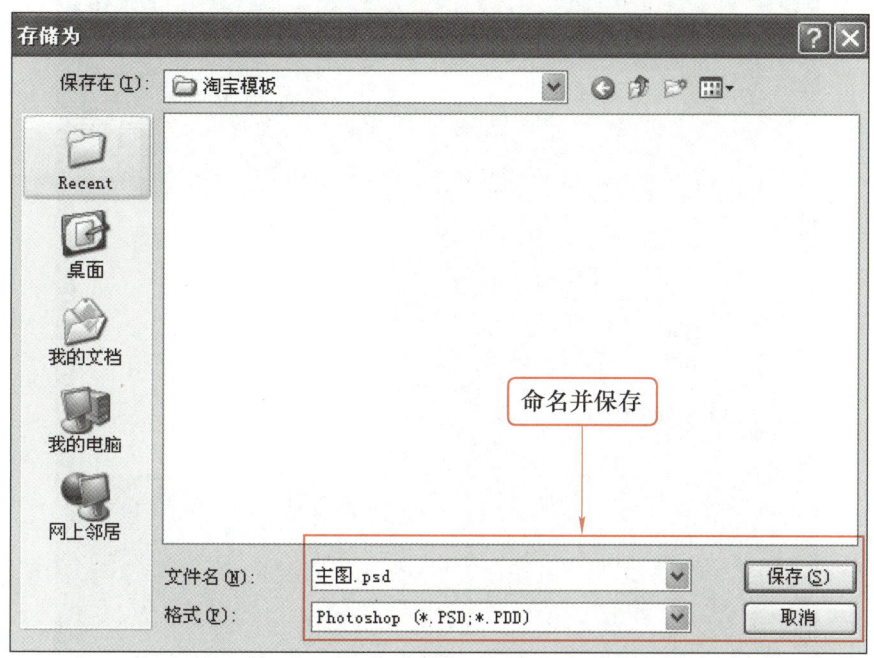

图4-3　保存主图模板

二、参数图模板设计

步骤一：新建一个750×350像素大小的图像，单击"确定"按钮。如图4-4所示：

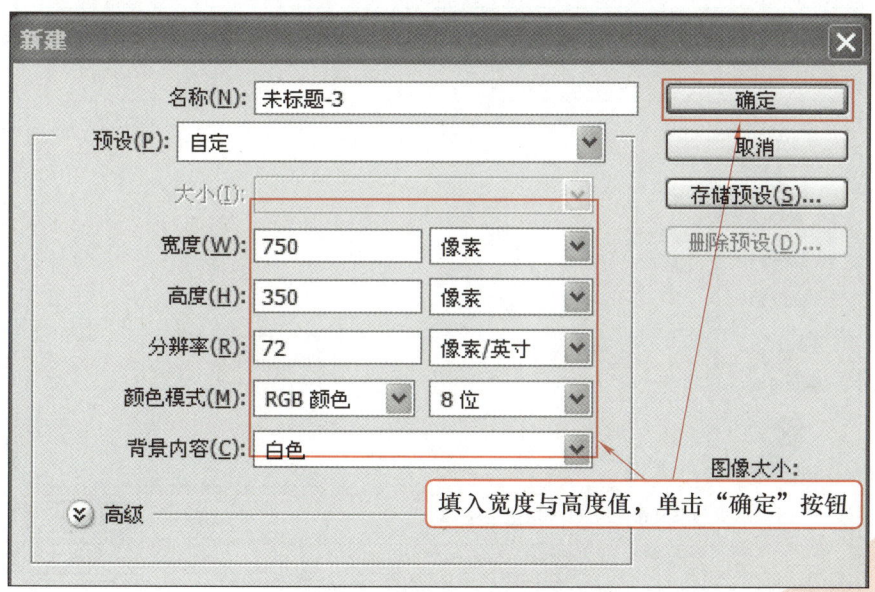

图4-4　新建参数图设计模板

步骤二：新建一个图层，利用矩形选框工具，选中如图所示区域，用来放置商品的图片。前景色设为红色，使用快捷键"Shift+F5"填充前景色。如图4-5所示：

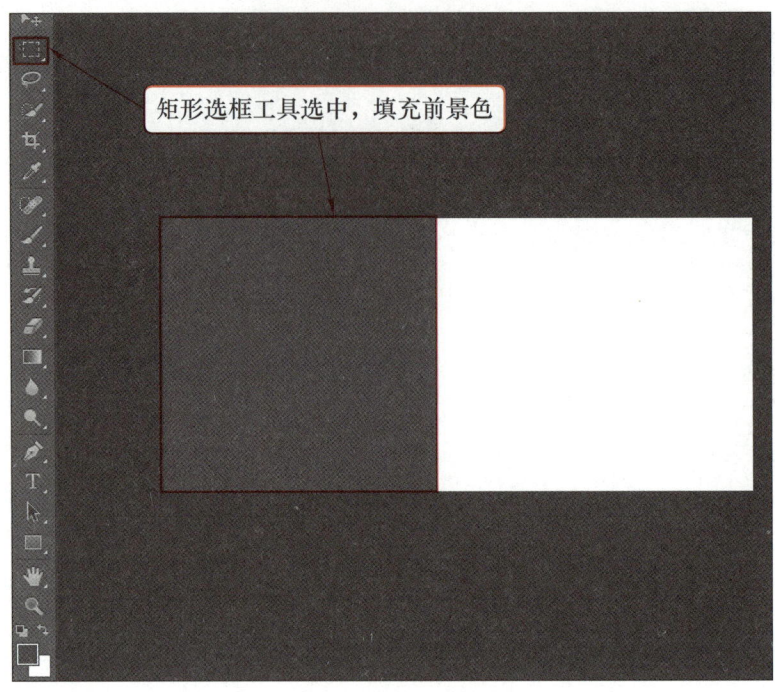

图4-5　新建图层

步骤三：单击左上角"文件"→"存储为"，将图片存储到桌面的"淘宝模板"文件夹，存储文件名为"参数图"，格式为PSD，单击"保存"按钮。如图4-6所示：

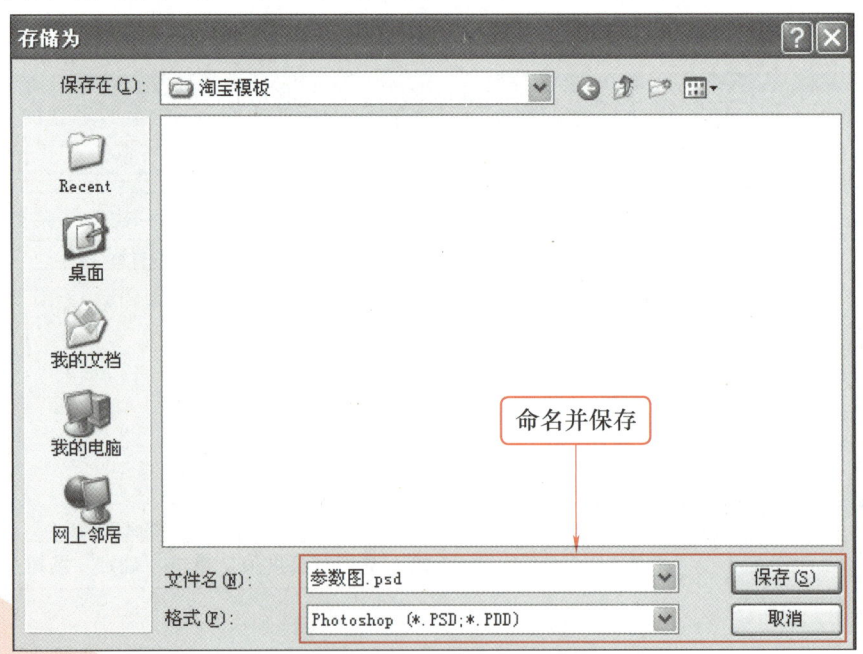

图4-6　保存参数图模板

三、广告图模板设计

步骤一： 新建一个 750×400 像素大小的图像，单击"确定"按钮。如图 4-7 所示：

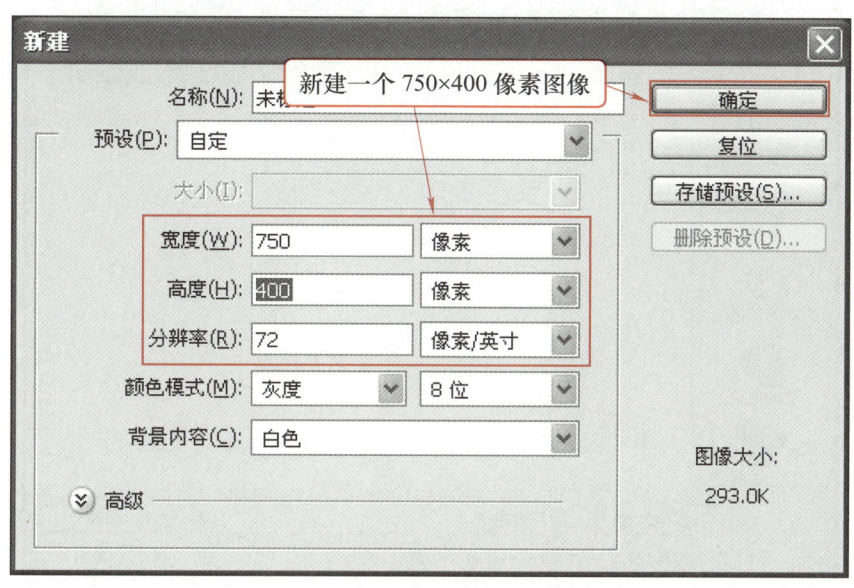

图 4-7　新建广告图设计模板

步骤二： 新建一个图层，利用矩形选框工具，选中如图所示区域。前景色设为红色，使用快捷键"Shift+F5"填充前景色。如图 4-8 所示：

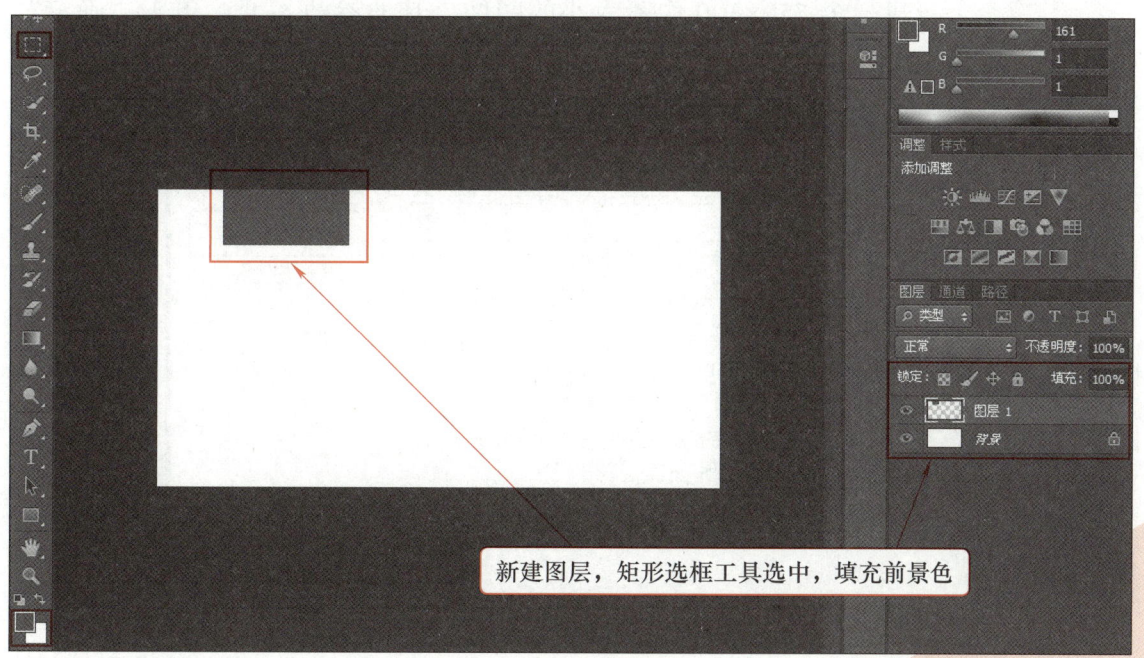

图 4-8　新建图层

步骤三：单击左上角"文件"→"存储为",将图片存储到桌面的"淘宝模板"文件夹,存储文件名为"广告图",格式为PSD,单击"保存"按钮。如图4-9所示：

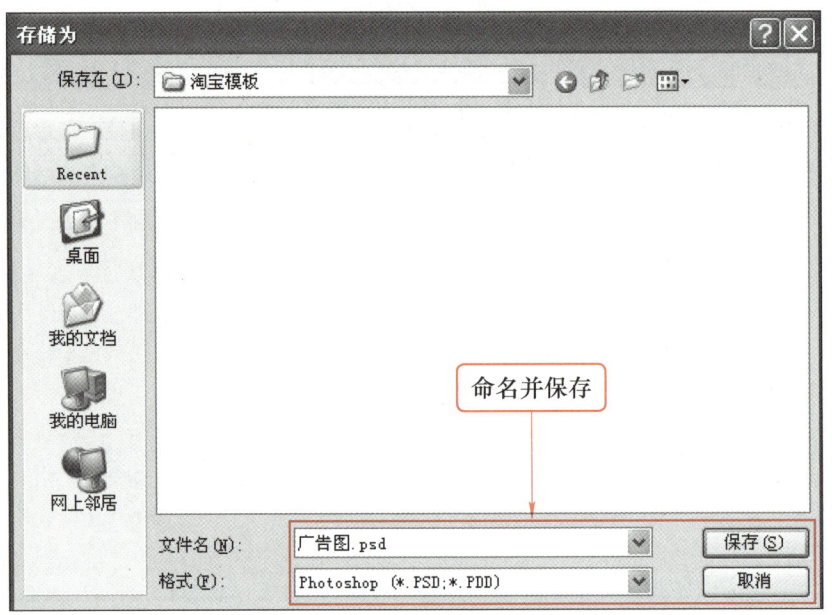

图4-9 保存广告图模板

四、产品特色图模板设计

步骤一：新建一个750×300像素大小的图像,其他参数不变,单击"确定"按钮。如图4-10所示：

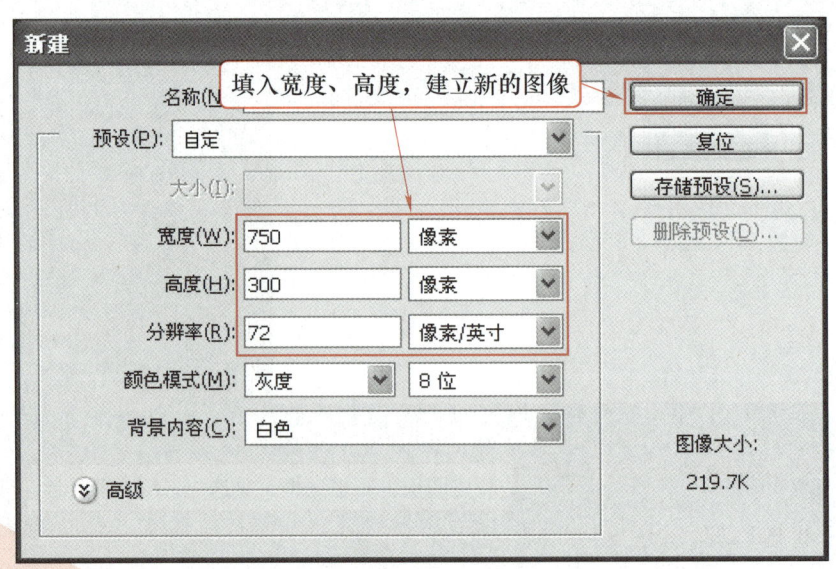

图4-10 新建产品特色图设计模板

步骤二： 新建一个图层，利用矩形选框工具，选中如图所示区域。前景色自定义，使用快捷键"Shift+F5"填充前景色。如图4-11所示：

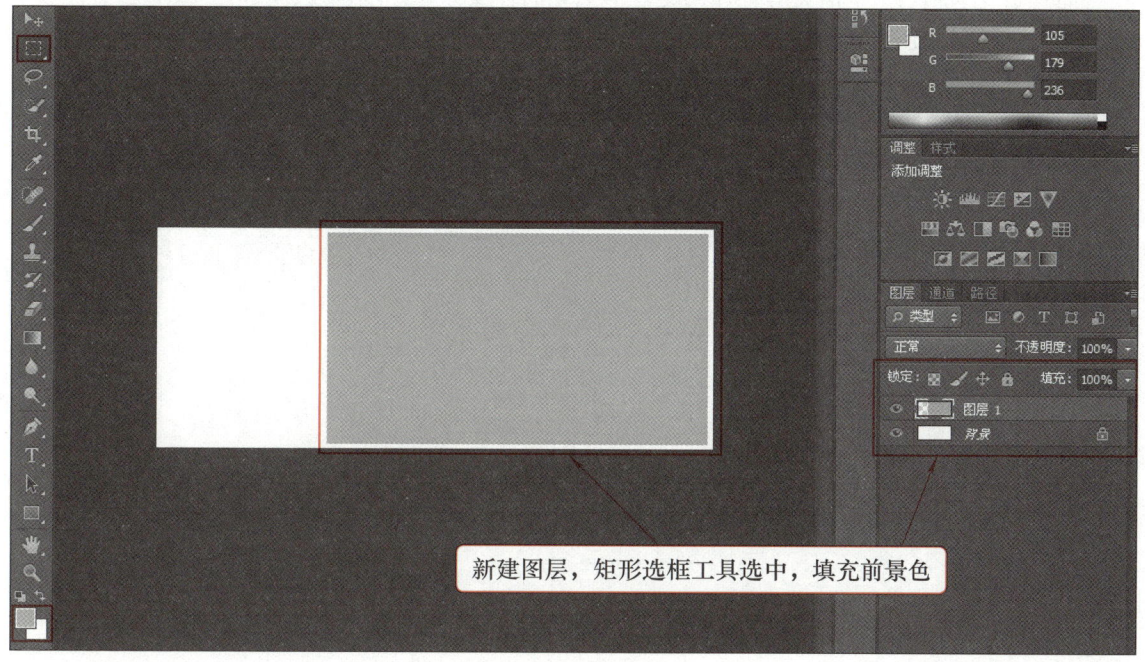

图4-11 新建图层

步骤三： 单击左上角"文件"→"存储为"，将图片存储到桌面的"淘宝模板"文件夹，存储文件名为"产品特色图"，格式为PSD，单击"保存"按钮。如图4-12所示：

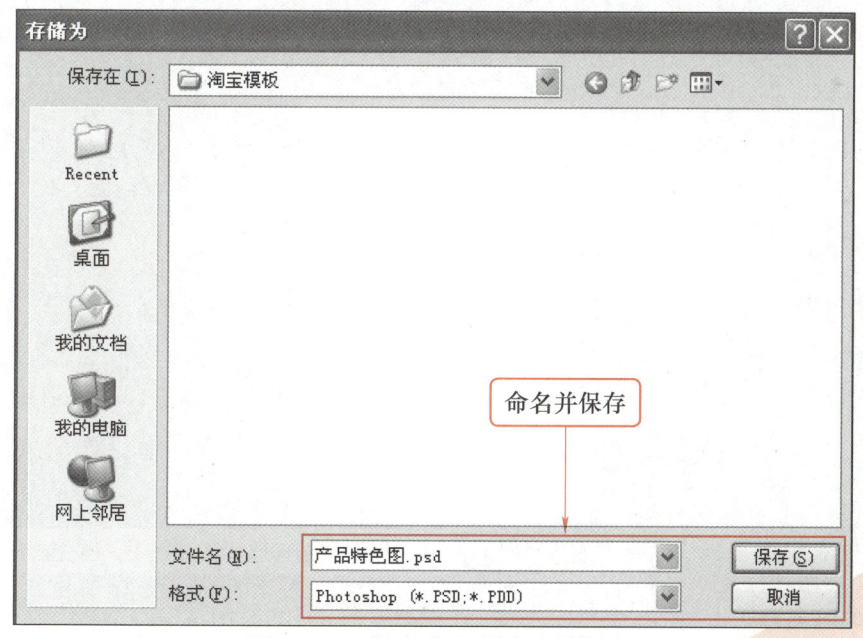

图4-12 保存产品特色图模板

五、实景图模板设计

步骤一： 新建一个 750×560 像素大小的图像，其他参数不变，单击"确定"按钮。如图 4-13 所示：

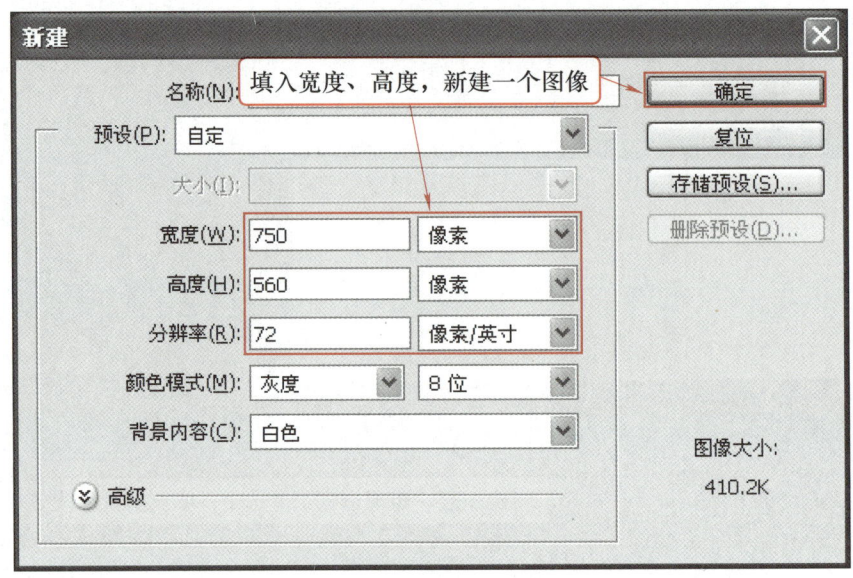

图 4-13　新建实景图设计模板

步骤二： 新建一个图层，利用矩形选框工具，选中如图所示区域。前景色自定义，使用快捷键"Shift+F5"填充前景色。如图 4-14 所示：

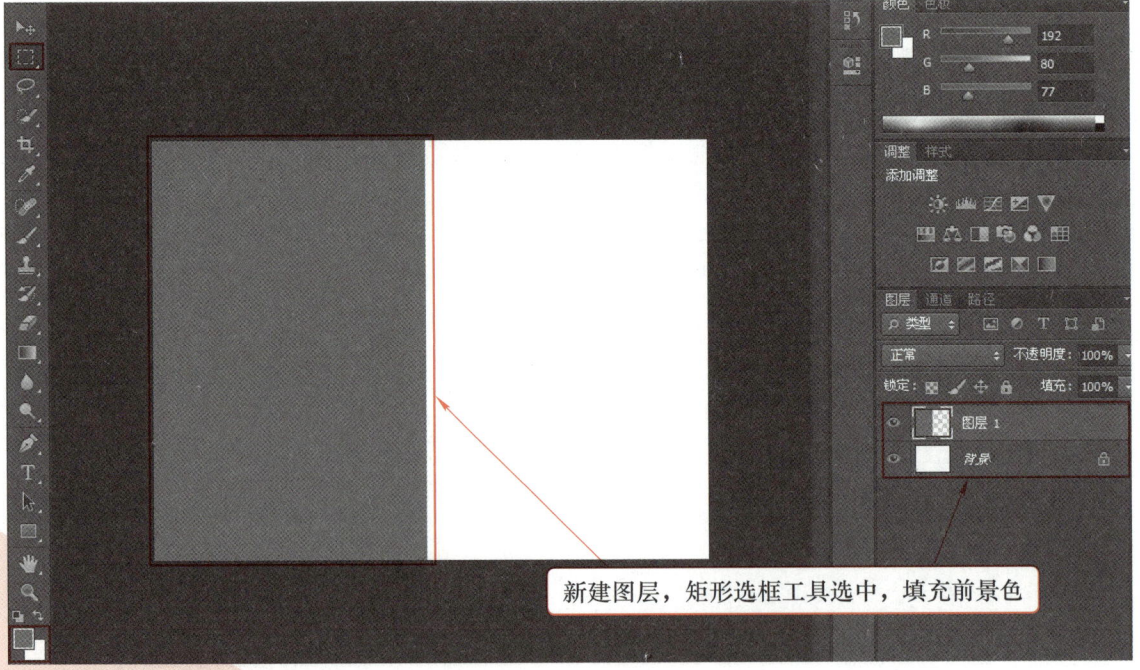

图 4-14　新建图层

步骤三： 单击左上角"文件"→"存储为"，将图片存储到桌面的"淘宝模板"文件夹，存储文件名为"实景图"，格式为PSD，单击"保存"按钮。如图4-15所示：

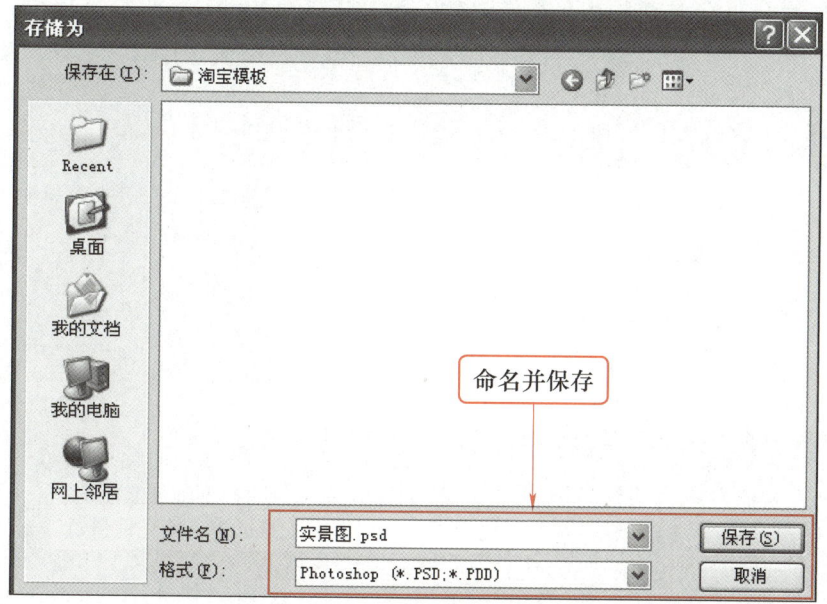

图4-15　保存实景图模板

六、品牌宣传图模板设计

步骤一： 新建一个750×350像素大小的图像，其他参数不变，单击"确定"按钮。如图4-16所示：

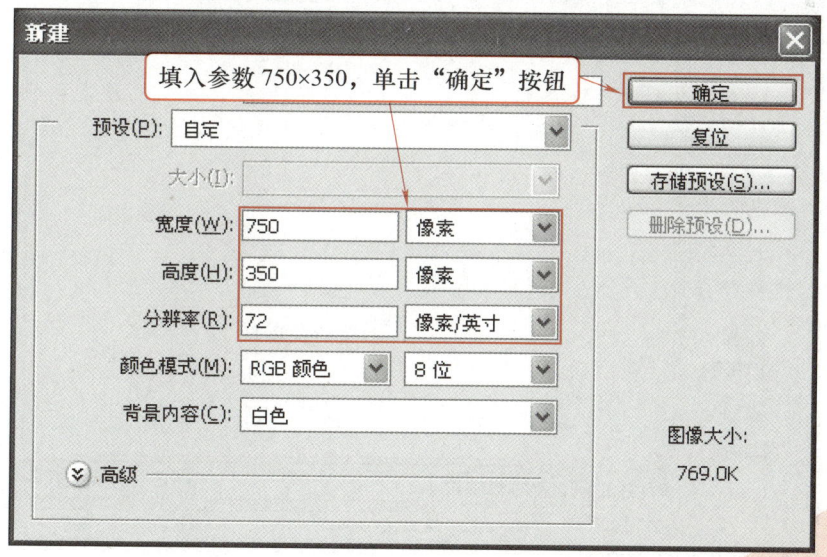

图4-16　新建品牌宣传图设计模板

步骤二：新建一个图层，利用矩形选框工具，选中如图所示区域。前景色设为红色，使用快捷键"Shift+F5"填充前景色。如图4-17所示：

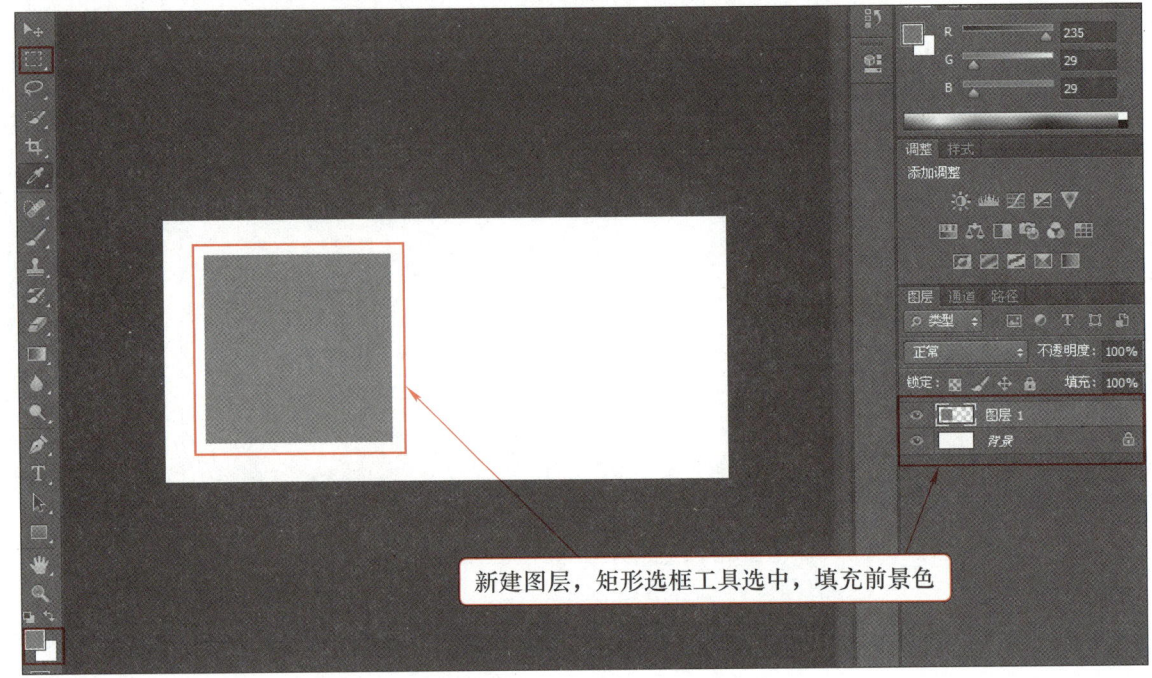

图4-17　新建图层

步骤三：单击左上角"文件"→"存储为"，将图片存储到桌面的"淘宝模板"文件夹，存储文件名为"品牌宣传图"，格式为PSD，单击"保存"按钮。如图4-18所示：

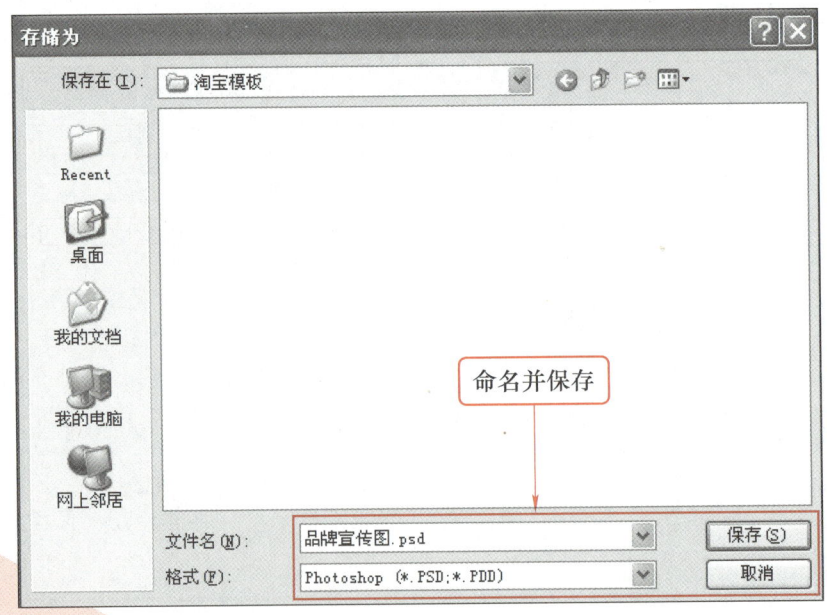

图4-18　保存品牌宣传图模板

步骤四：在完成所有模板操作的基础之上，完成表 4-1 的填写。

表 4-1　商品描述页图片模板制作记录表

商品描述页图片模板	图片模板的用途
主图	
参数图	
广告图	
产品特色图	
实景图	
品牌宣传图	

> **小提示**
>
> **商品描述页中的图片类型**
>
> 商品展示类：色彩、细节、优点、卖点、包装、搭配效果。
> 吸引购买类：卖点打动、情感打动、买家评价、热销盛况。
> 促销说明类：热销产品、搭配产品、促销产品、优惠方式。
> 实力展示类：品牌、荣誉、资质、销量、生产、仓储。
> 交易说明类：购买、付款、收货、验货、退换货、保修。

知识延展

商品描述页图片模板的一般制作方法

商品描述页，主要包括主图、参数图、广告图、产品特色图、实景图和品牌宣传图，各图片模板的标准及制作方法一般如下：

1. 主图

通常尺寸为宽度、高度各 800 像素，上下或左右各留 70 像素左右的空白，主图的尺寸过小会导致在商品查看的时候无法放大。如图 4-19 所示：

2. 参数图

参数图主要表明商品的基本情况，一般采用左边图片、左侧说明文字的形式，尺寸为宽度 750 像素，高度不低于 350 像素、不高于 500 像素。如图 4-20 所示：

3. 广告图

广告图可以起到对产品的广告宣传作用，里面一般要配上产品的 LOGO 和广告语。尺寸为宽度 750 像素，高度不低于 350 像素、不高于 500 像素。如图 4-21 所示：

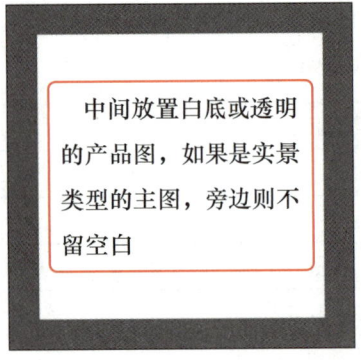

图 4-19　主图模板参考示例

图 4-20　参数图模板参考示例

图 4-21　广告图模板参考示例

4. 产品特色图

特色图是表明产品与其他产品有别的图片，通常是 2～4 张不等，所以在模板的设计上必须有特色的解说文字位和产品的细节展示位。如图 4-22 所示：

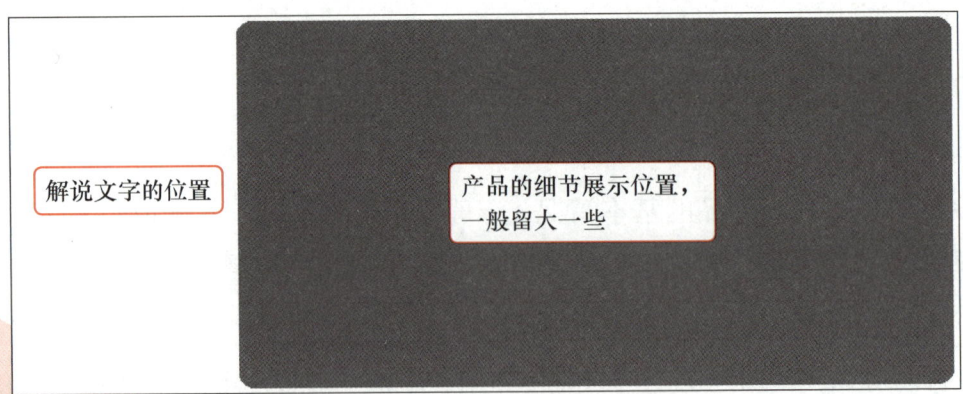

图 4-22　产品特色图模板参考示例

5. 实景图

实景图也可以起到广告宣传作用，引导在特定场景下的消费，所以实景图也是商品描述页中的重要内容。

6. 品牌宣传图

品牌宣传图包含两个部分：品牌的形象展示及品牌的介绍说明。在有品牌的情况下，应使用该类型的图片。

活动二 批量化制作商品描述页图片

活动目标

- 能够根据图片用途选择合适的素材源
- 能够根据素材情况进行必要的技术处理
- 能够高效批量处理素材，迅速完成工作目标
- 弘扬劳模精神、奋斗精神、奉献精神

建议课时

- 4课时

活动准备

- 教学设备准备：计算机、多媒体网络教室或电子商务实训室。
- 教学组织形式：将学生分组，2～4人一个小组，以小组学习为主。

活动说明

通过让多个商品共用相似模板的方法，可实现商品描述页制作效率的提升与店铺商品风格统一的双重效果。在本活动中，我们将学习通过商品描述页模板快速、批量制作商品描述页中各图片的方法。

活动步骤

一、主图做法

步骤一：打开之前存放模板的文件夹，在Photoshop中打开"主图.psd"文件。如图4-23所示：

图 4-23　打开主图模板

步骤二：将准备好的素材文件夹打开，选择其中需要作为主图的一张图片，也用 Photoshop 打开。如图 4-24 所示：

图 4-24　打开素材文件

步骤三：通过键盘上的"Ctrl+A"执行全选，单击"编辑"菜单栏下的"拷贝"选项，复制该图层。如图 4-25 所示：

图 4-25　拷贝素材文件

步骤四：回到主图模板文件，执行"编辑"菜单栏下的"粘贴"选项，将刚才复制的图层粘贴进来；单击"文件"菜单栏下的"导出"，选择"存储为 Web 所用格式"选项。如图 4-26 所示：

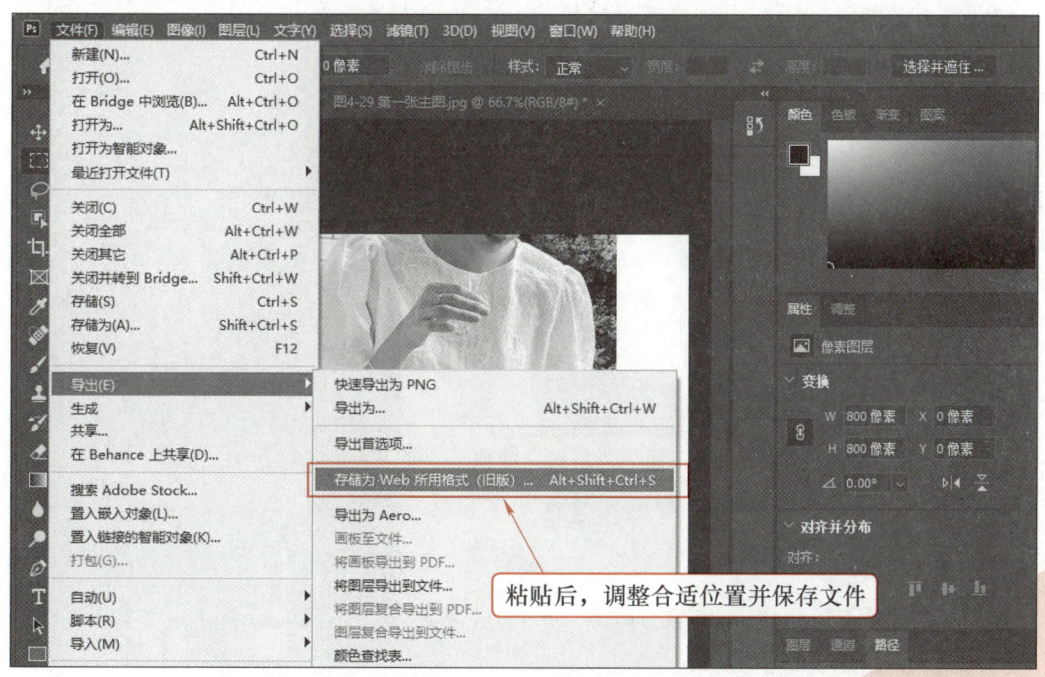

图 4-26　粘贴并保存素材文件

步骤五：在弹出的选项窗口，将格式调整为"JPEG"并保存在指定的文件夹中。如图4-27所示：

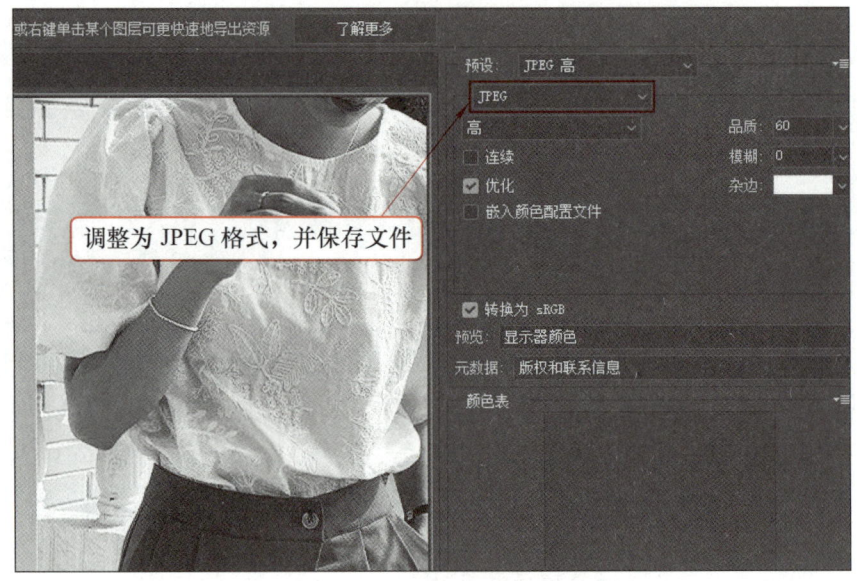

图4-27　保存为指定格式

步骤六：回到主图模板文件，在"图层"面板中，将刚才生成的图层隐藏掉，按照前面所述的步骤，拖入第二张素材，保存为第二张主图。如图4-28所示：

图4-28　第二张主图制作

步骤七：依次完成五张主图的设计，以"宝贝名+主图+序号"的方式命名并保存图片。如图 4-29 所示：

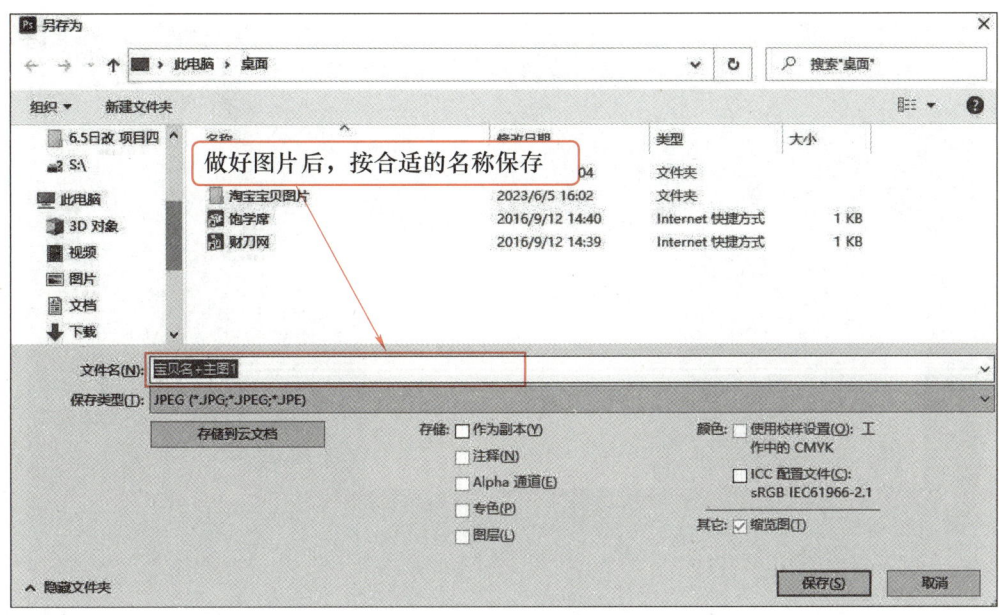

图 4-29　依次保存图片

二、参数图做法

步骤一：打开参数图模板和所需要的图片素材，将图片素材复制到"参数.psd"模板之中，调整其大小和比例，使其显示区域与"产品区域"图层适应。在图层面板中调整两个图层的顺序，使"产品区域"图层在产品图片下方。如图 4-30 所示：

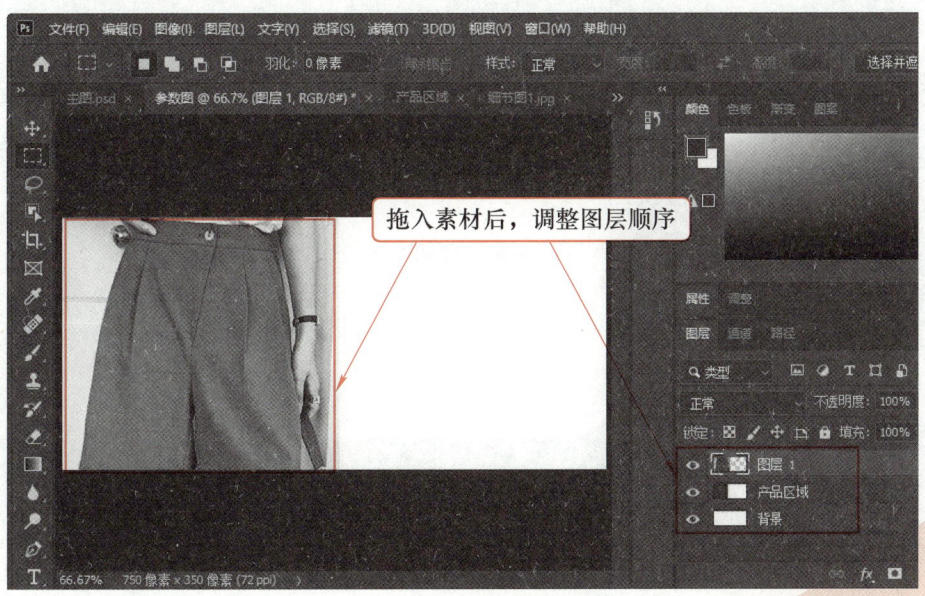

图 4-30　调整图层顺序

步骤二：选中产品素材的图层，在键盘上执行"Ctrl+Alt+G"操作，将产品素材变为图层蒙板，以自动适应"产品区域"图层大小。如图4-31所示：

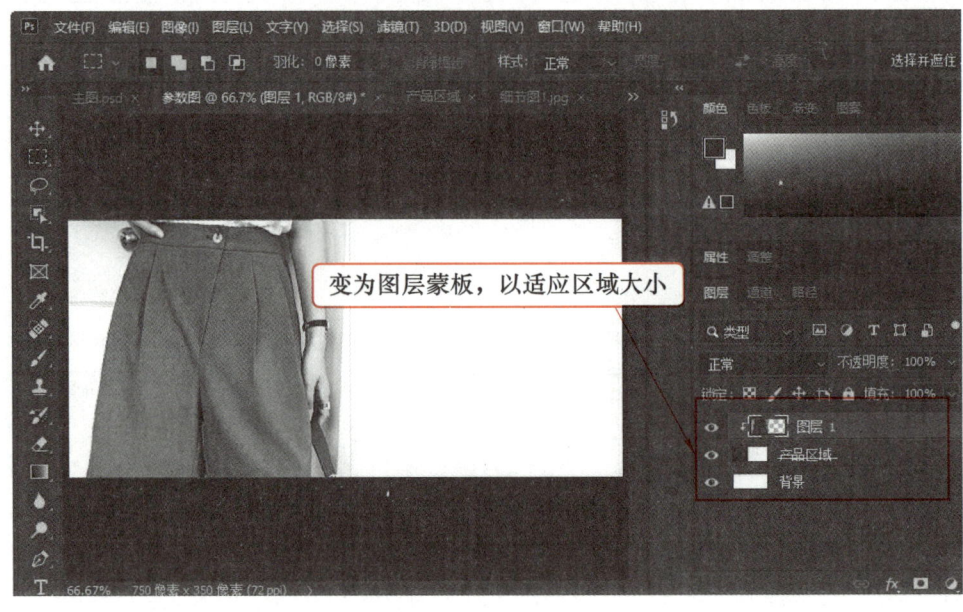

图4-31 适应参数图片的区域大小

步骤三：在工具面板上，选中"横排文字"工具，在图层上新建一个文本说明图层，将产品的说明文字输入进去。如果所有的文字格式统一，也可提前将文字加在参数图模板之中。如图4-32所示：

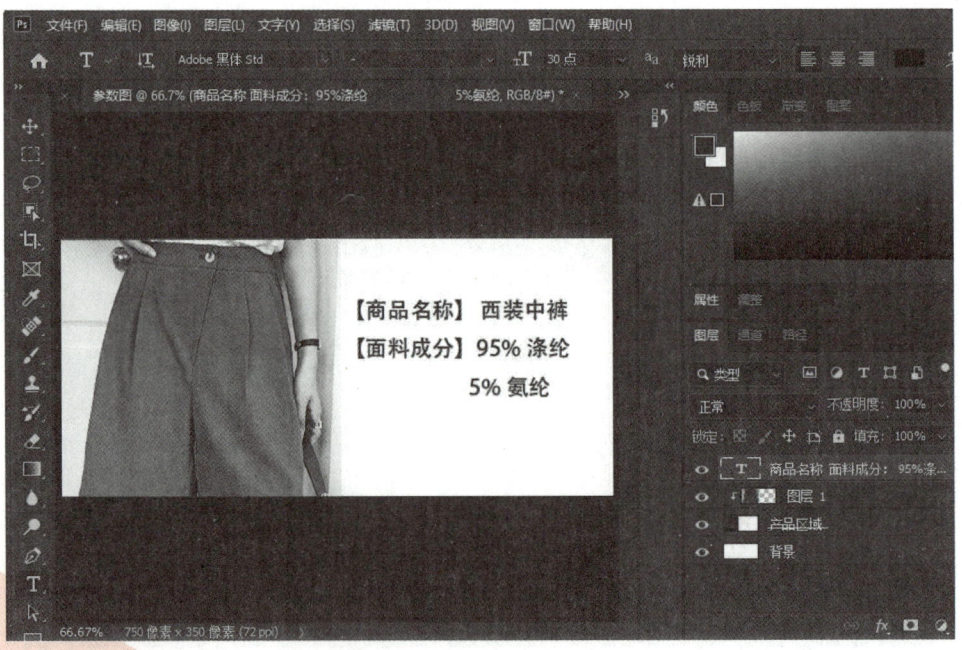

图4-32 加入文本说明文字

步骤四：保存参数图，以"宝贝名+参数图"的方式命名图片。如图4-33所示：

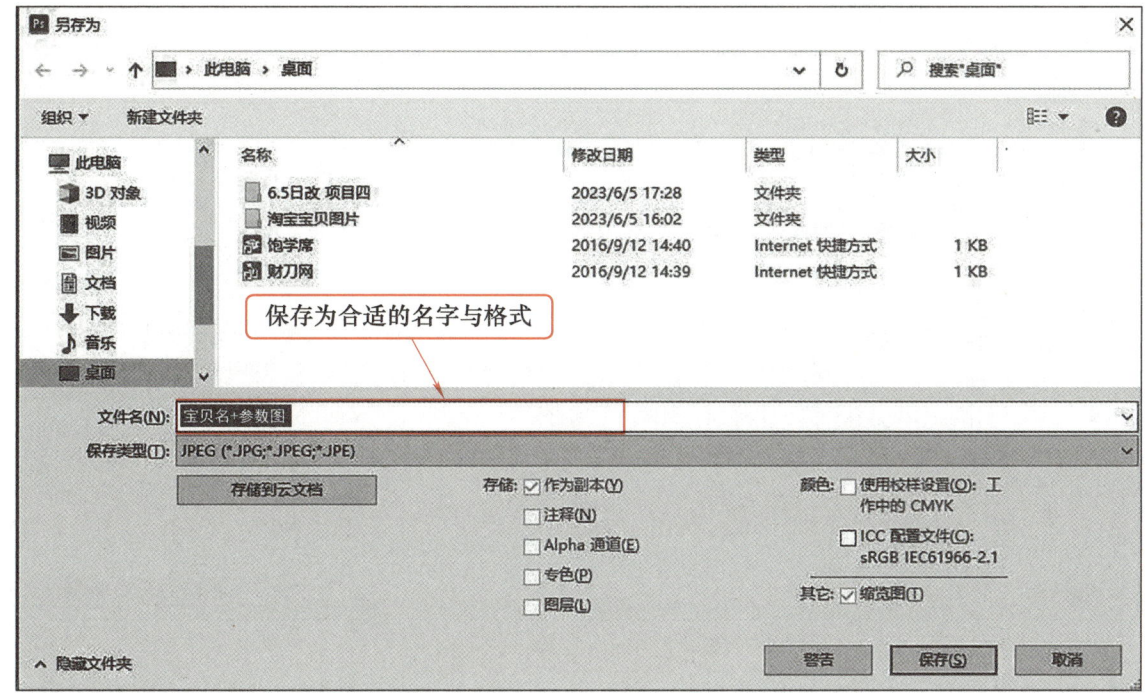

图4-33　保存图片

三、广告图做法

步骤一：打开广告图模板及所需要的图片，包括商品LOGO和广告图原始素材，将素材复制到"广告图.psd"模板中，并将LOGO放置到合适位置。如图4-34所示：

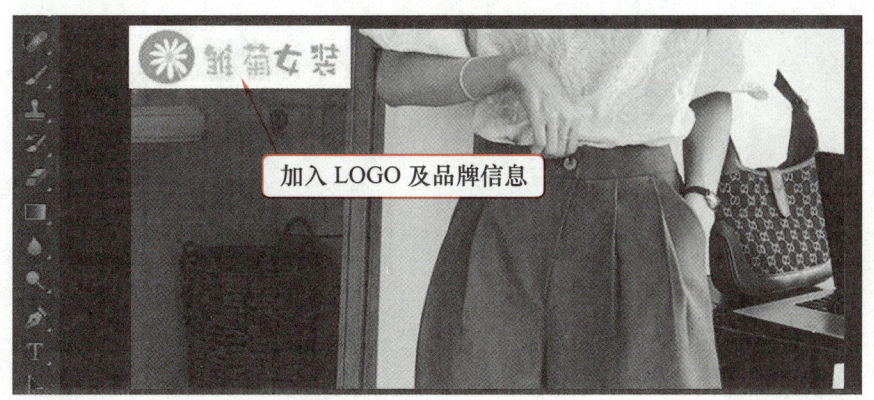

图4-34　广告图加入LOGO信息

步骤二：若需要，可以适当在合适位置添加广告语等相关说明文字，以"宝贝名称+广告图"的方式命名并保存图片。如图4-35所示：

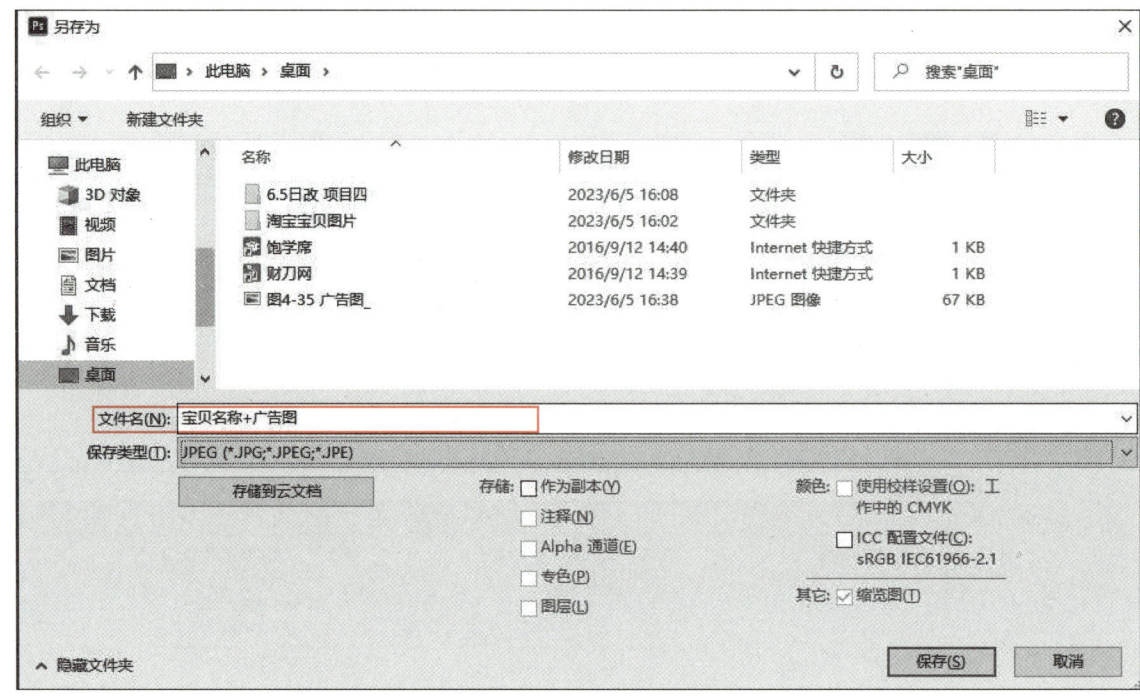

图 4-35　保存广告图

四、产品特色图做法

步骤一： 打开产品特色图模板和所需要的图片素材，利用移动工具将图片拖到模板合适的位置，调整比例到合适大小，执行图层蒙板操作，将产品的特色图片放入模板中。如图 4-36 所示：

图 4-36　将特色图放入模板中

步骤二： 在图片蒙板旁边的空白处，使用文本工具添加特色说明文字。以"宝贝名称＋特色图＋序号"的方式命名并保存图片。如图4-37所示：

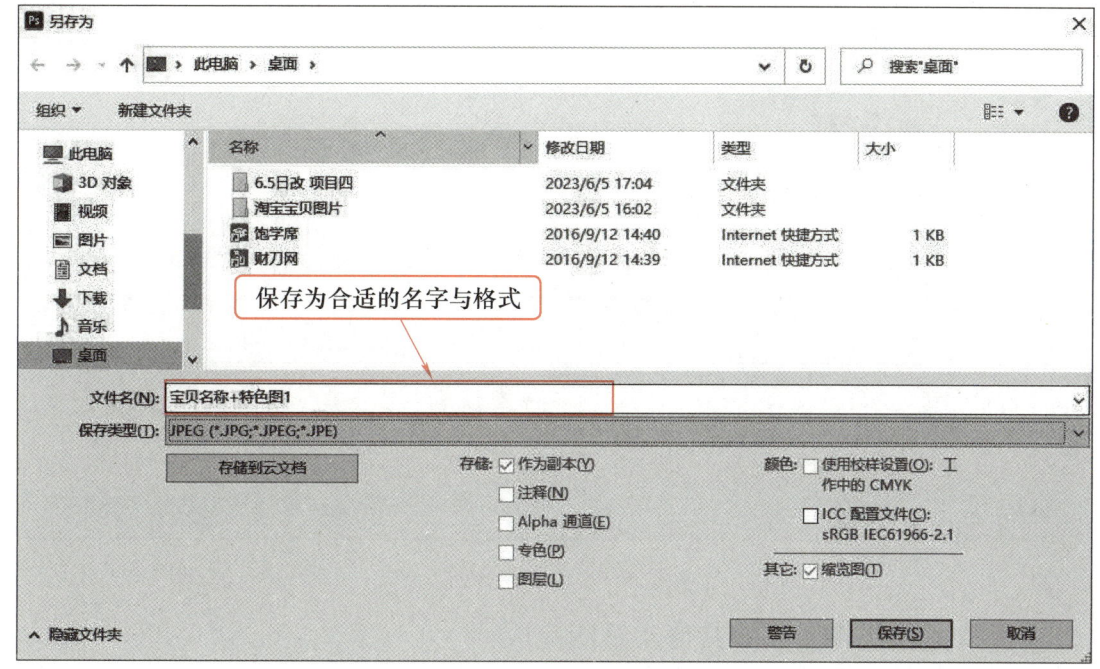

图4-37　保存图片

步骤三： 依次完成多张产品特色图的制作。

> **素养园地**
>
> 弘扬劳模精神、劳动精神、工匠精神
>
> 2020年11月24日，习近平总书记在全国劳动模范和先进工作者表彰大会上的讲话中说："大力弘扬劳模精神、劳动精神、工匠精神。'不惰者，众善之师也。'在长期实践中，我们培育形成了爱岗敬业、争创一流、艰苦奋斗、勇于创新、淡泊名利、甘于奉献的劳模精神，崇尚劳动、热爱劳动、辛勤劳动、诚实劳动的劳动精神，执着专注、精益求精、一丝不苟、追求卓越的工匠精神。"追求劳模精神、劳动精神、工匠精神，也是电商从业人员职业精神的一部分，需要我们每个人在学习、工作中发扬光大。

五、实景图做法

步骤一： 打开实景图模板和所需要的图片素材，利用移动工具将图片拖到模板合适的位置，调整到合适大小（由于实景图不需要对图片进行特殊处理，只需要更改为实景图模板的合适大小，故此处未做具体的操作）。以"宝贝名称＋实景图＋序号"的方式命名并保存图片。如图4-38所示：

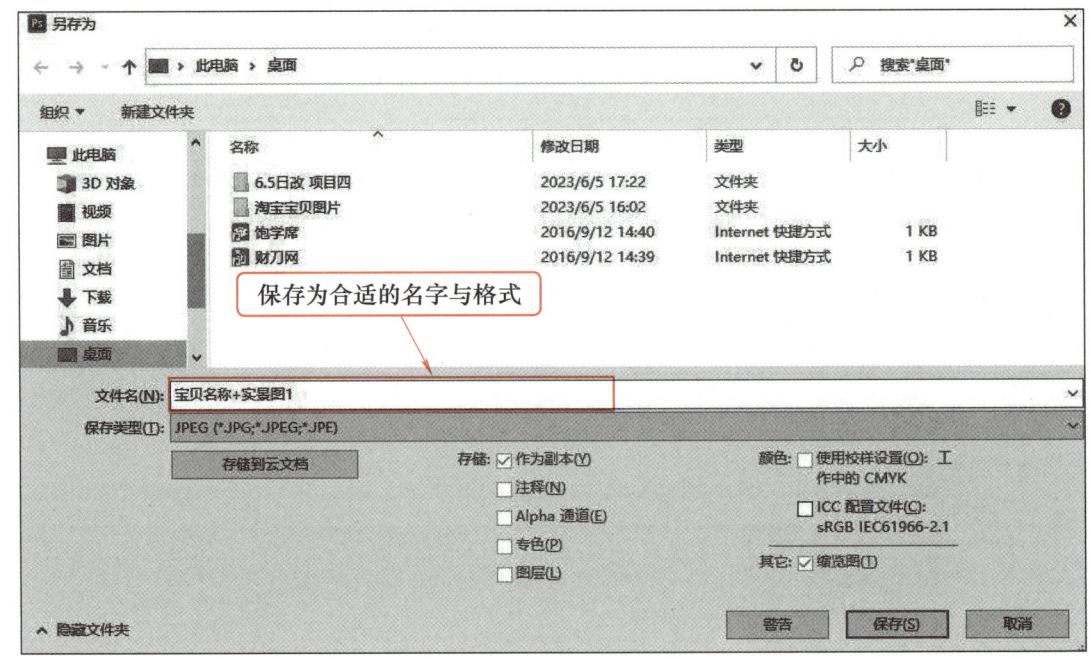

图 4-38 保存图片

步骤二：依次将商品的其他实景图完成。

六、品牌宣传图做法

步骤一：打开品牌宣传图模板和所需要的图片素材，将品牌的 LOGO 放入模板文件中，并添加品牌的说明文字。如图 4-39 所示：

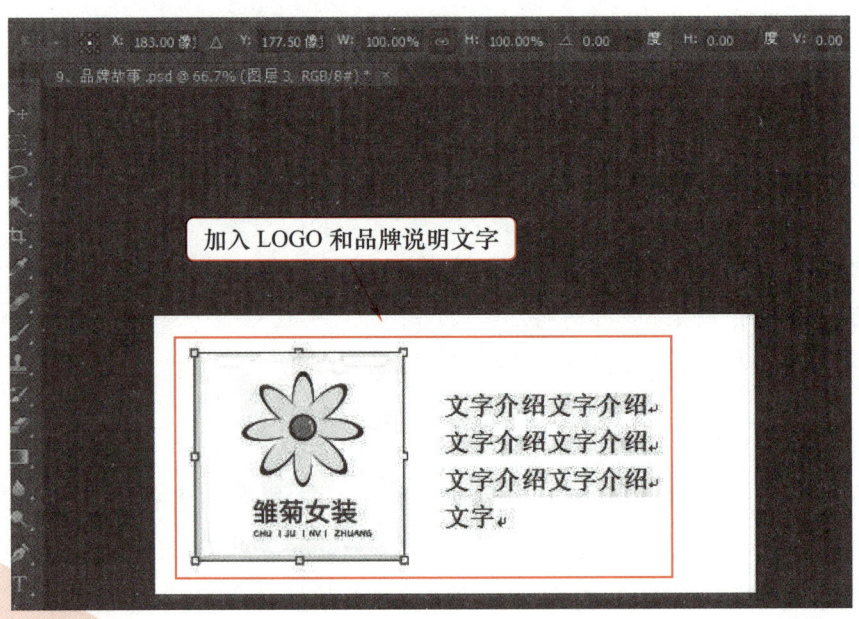

图 4-39 加入 LOGO 和品牌说明文字

项目四
商品的描述页设计

步骤二：保存图片，并以"宝贝名称+品牌宣传图"的方式命名图片。如图 4-40 所示：

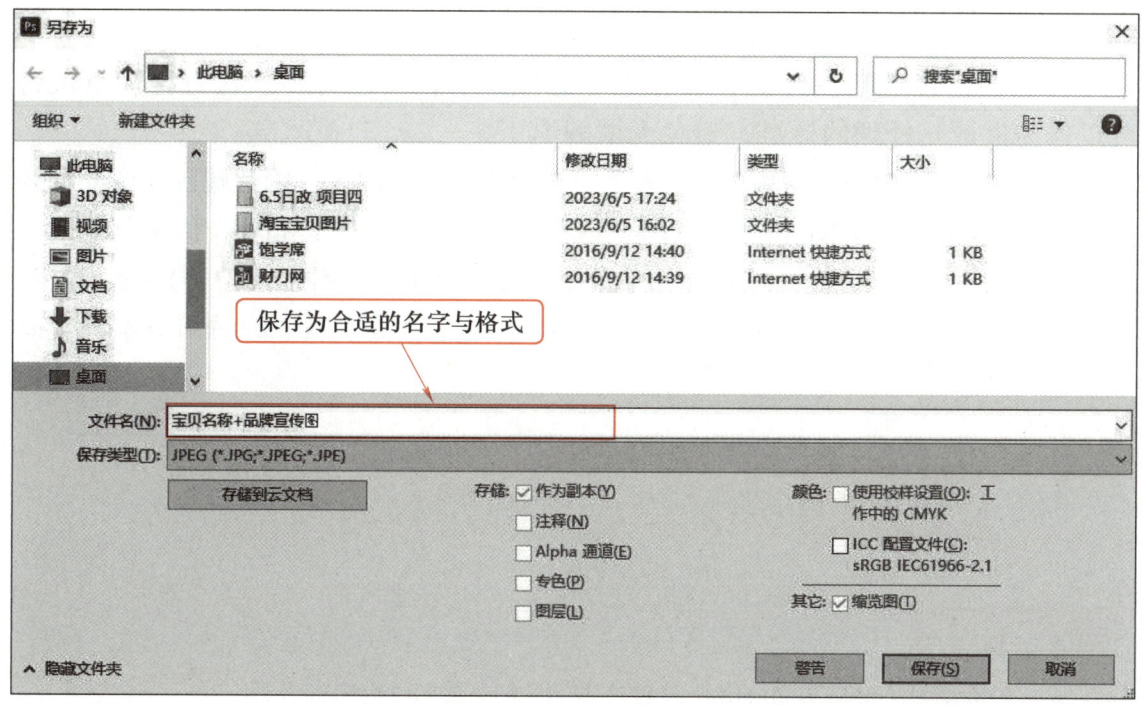

图 4-40　保存图片

> 🔆 **小提示**
>
> **批量处理商品图片的方法**
>
> 批量处理商品图片的时候，需要用名称将每个商品所属的图片区分开来。最好的方式是建立每个商品的图片专用文件夹，将商品的所有图片都存入对应文件夹中，可以起到分类的作用，方便后续的查找和使用。

步骤三：在完成商品图片的批量处理后，完成表 4-2 的填写。

表 4-2　商品图片的批量处理记录表

商品图片批量处理	详 细 内 容
含义	
模板文件的使用	
图片的命名流程	
存放图片文件夹的分类	
制作图片的源文件的保存	
修改已做好图片的难易度	

79

> 知识延展 >>>>

使用图片模板制作图片的要点

（1）商品描述页图片的模板在制作完成之后，要进行多次检查，确认是否可以作为批量化处理的标准，避免无谓的返工；

（2）商品描述页面在浏览器中需要尽可能快的显示出来，因此建议在商品描述页中使用尽量小一些的图片，避免过大尺寸或过大体量的图片降低用户的浏览体验；

（3）在店铺的商品管理页面上直接设计商品图片并不方便，因此建议先在本地设计制作好商品的描述页图片，再进行一次性上传，以节约时间成本，提高效率。

活动三　商品描述区的模块编辑 >>>>>

> 活动目标

- 掌握利用商品发布功能完成商品描述区模块编辑的方法
- 能够借助后台管理工具编辑优化商品描述区
- 能够根据电脑端和手机端的不同合理编辑商品描述区
- 树立不断学习、不断创新的岗位精神

> 建议课时

- 2 课时

> 活动准备

- 教学设备准备：计算机、多媒体网络教室或电子商务实训室。
- 教学组织形式：将学生分组，2～4人一个小组，以小组学习为主。

> 活动说明

淘宝商品描述区是商品详情页中各零散图片汇集展示的区域，通过模块化导航的编辑，商品的多个描述图片将聚集在描述区，并通过排版形成最终的商品描述页。在本活动中，我们将通过淘宝卖家后台的商品发布功能来学习商品详情页描述区模块导航编辑及描述区图片排版的操作。

项目四
商品的描述页设计

> 活动步骤

步骤一： 登录淘宝卖家后台，在左侧的"商品"选项下，单击"发布宝贝"选项。如图 4-41 所示：

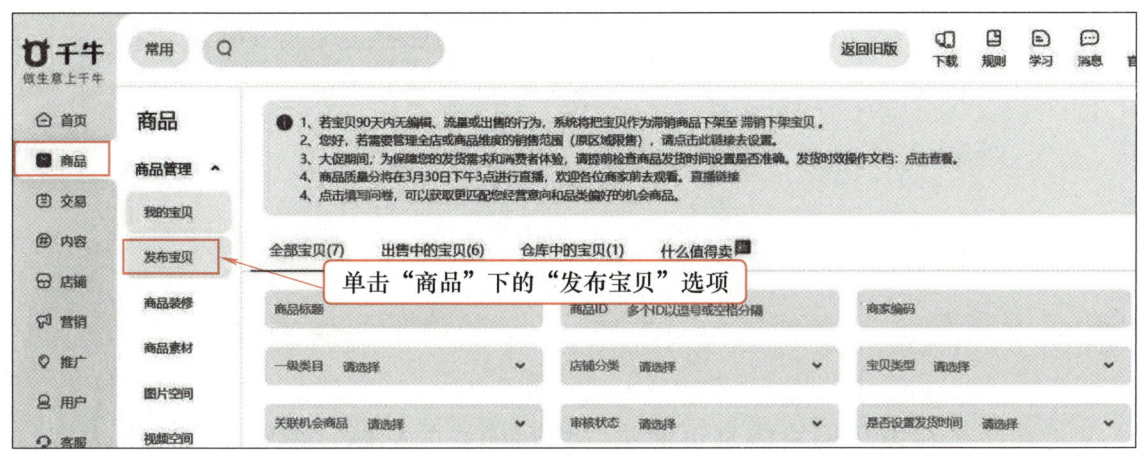

图 4-41 发布宝贝

步骤二： 在商品发布页面，填写商品的基本信息，并将光标移至"电脑端描述"编辑窗口内。如图 4-42 所示：

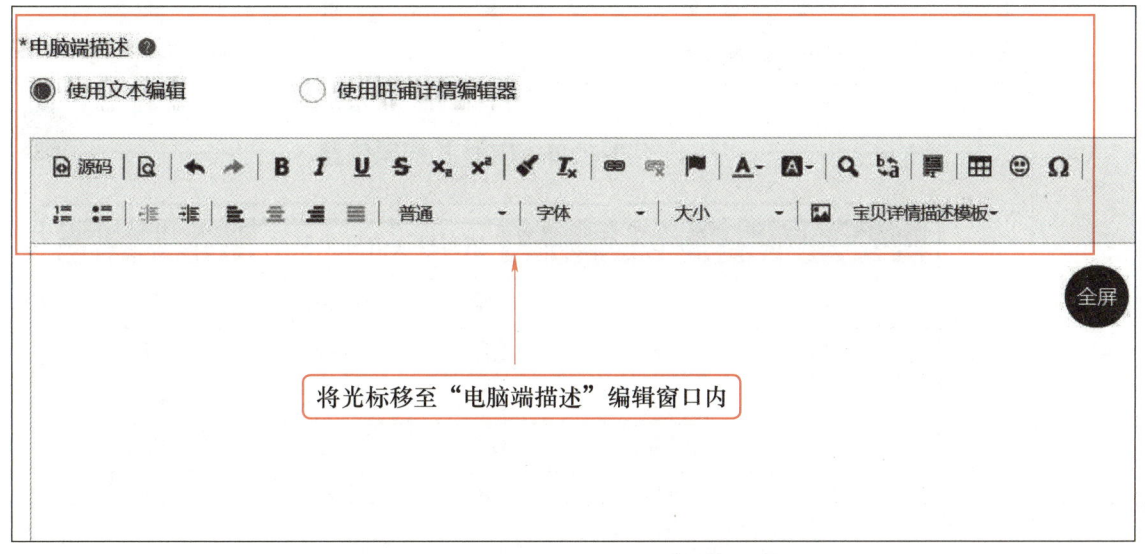

图 4-42 "电脑端描述"编辑窗口

步骤三： 打开"宝贝详情描述模板"的下拉菜单，单击"管理模块"选项，在弹出的页面中单击"新建模块"。如图 4-43 所示：

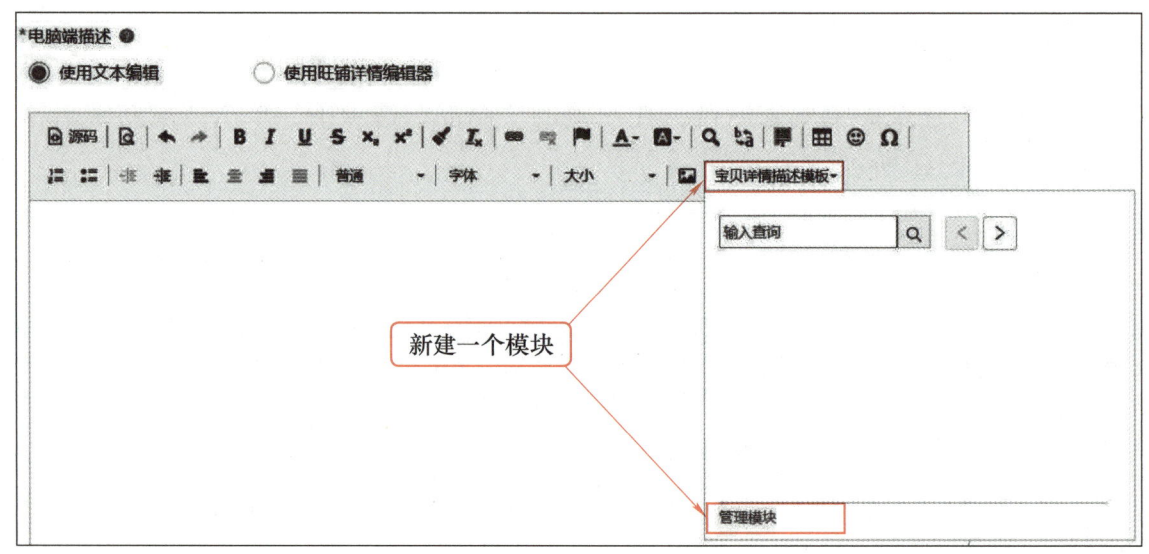

图 4-43　准备新建模块

步骤四：在填写模块信息页面中，填写模块的标题，编辑本模块的内容，并单击"保存模板信息"按钮。如图 4-44 所示：

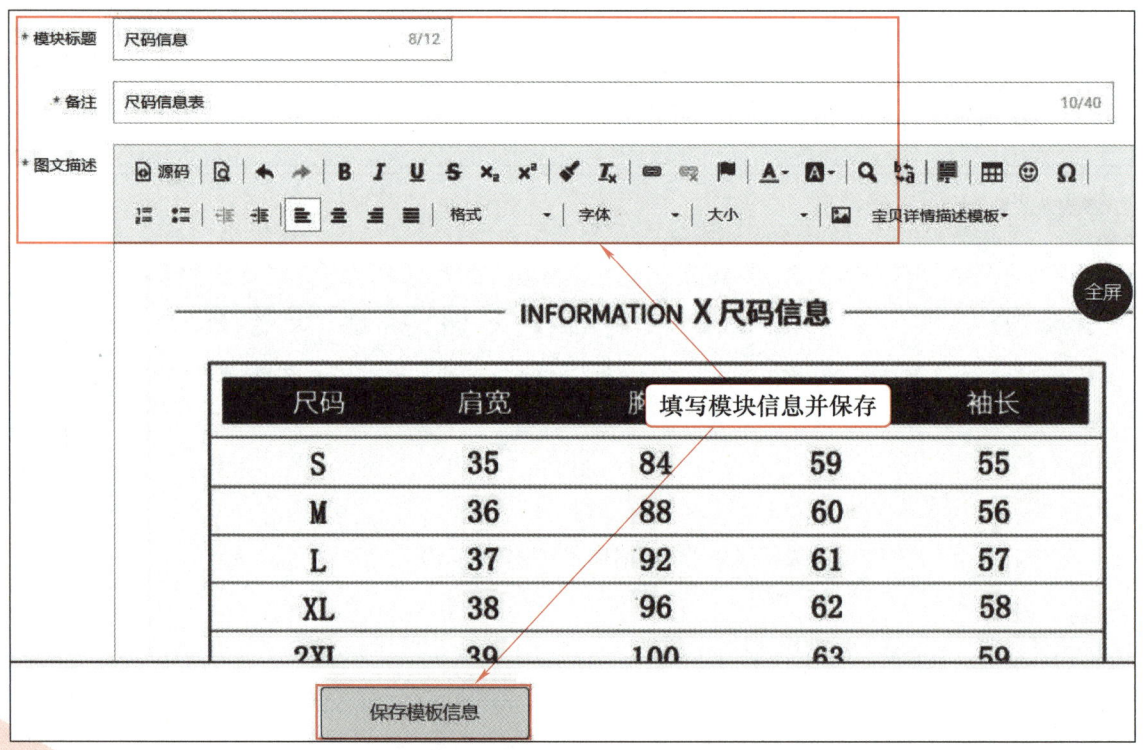

图 4-44　新建模块并完善内容

步骤五：在"电脑端描述"页面中，可以看到刚才新建的模块。如图 4-45 所示：

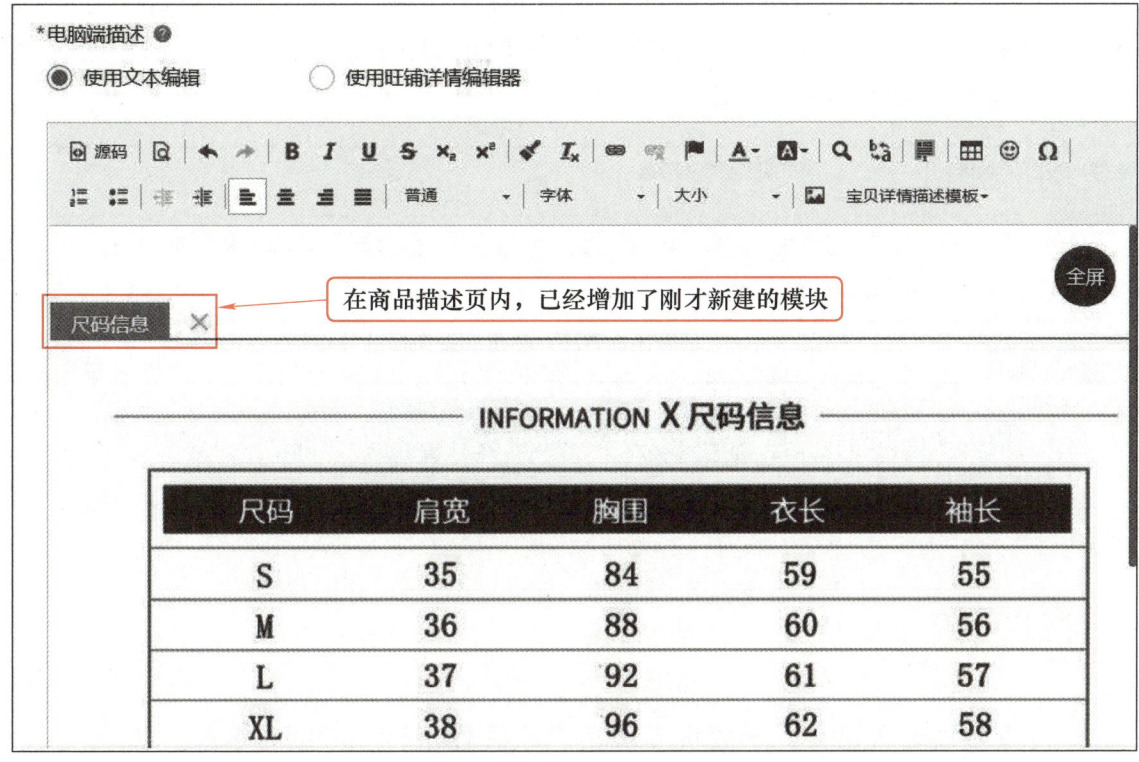

图 4-45　模块应用成功

步骤六：按照此种方式，增加商品描述区中的其他模块。如图 4-46 所示：

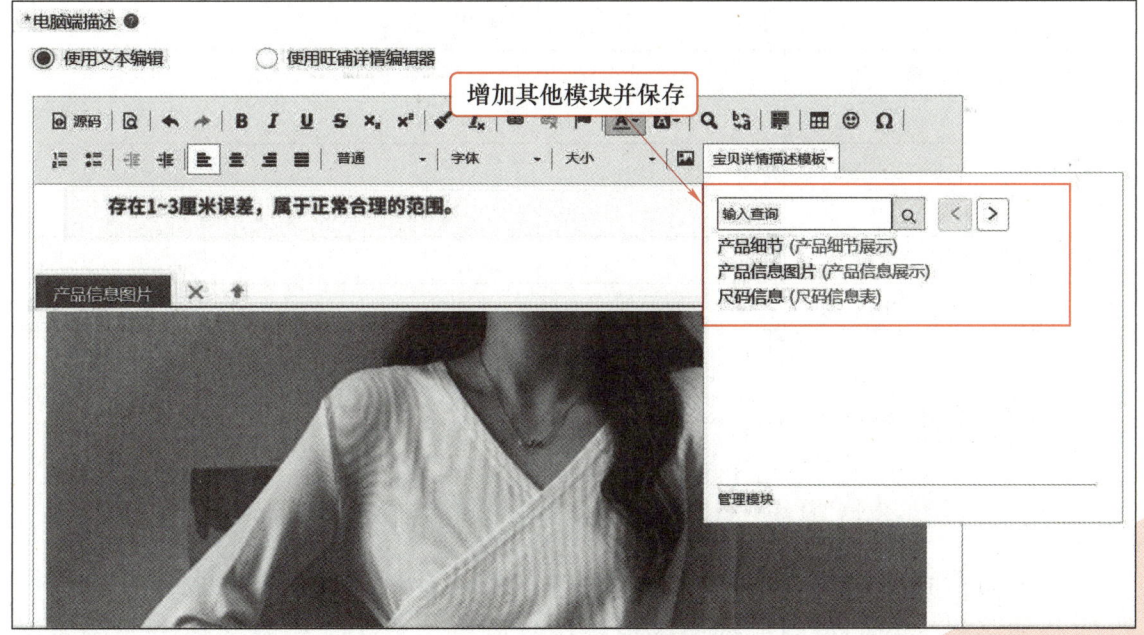

图 4-46　增加其他模块

步骤七： 发布新商品时，可通过"详情导航"功能，将需要的、已建立好的模块，直接插入商品描述中。如果需要调整模块间的顺序，单击模块标题旁的"上移"或"下移"图标即可。如图 4-47 所示：

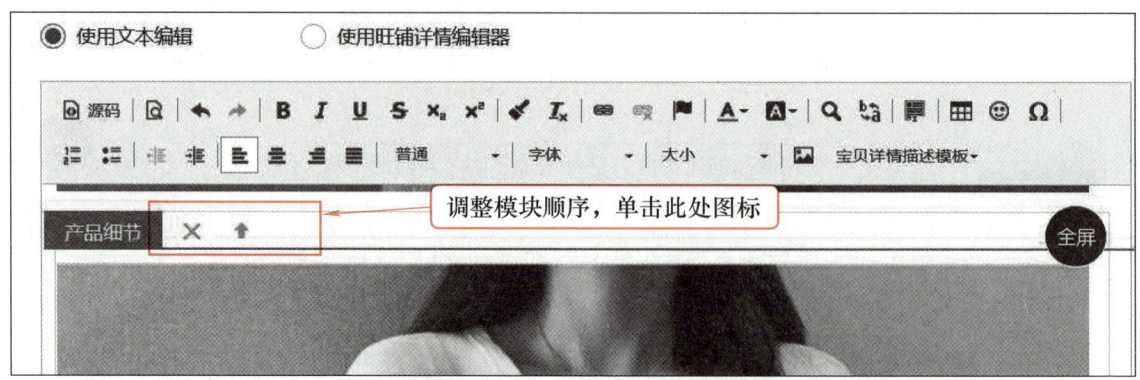

图 4-47 删除或调整模块顺序

> **小提示**
>
> 商品描述区模块的使用
>
> 商品的描述区模块，一般用于展示产品品牌介绍、店铺的爆款产品链接等内容。使用模块，可以节省编辑商品描述区的时间，大大提高工作效率。

步骤八： 完成商品描述区模块的设计后，完成表 4-3 的填写。

表 4-3 商品描述区模块记录表

商品描述区模块	详 细 内 容
含义	
模块的命名	
模块的内容编辑	
新增并保存模块	
模块在新商品发布中的应用	

知识延展 >>>>

一、商品描述区模块的设计原则

基于消费者"感性——理性——感性"的认知规律与用户对商品详情页浏览的心理路径，我们将商品描述区模块设计的框架分为"引发兴趣——激发潜在需求——从信任到信赖——替客户做决定"等版块。因此，在商品详情页的图片设计制作中,一般都会包括商品头图、商品广告图、商品参数图、商品细节描述、商品的品牌等多种图片。

二、商品描述区的设计思路

商品描述区一般按四大模块来设计:

(1)商品板块,包含商品属性如商品图、购买说明规格选择、价格优惠等;

(2)评价板块,用于给用户传递更多的关于商品的信息,如已用过商品的用户评价、如何使用、售后服务等感性介绍,从而解答用户心里的疑问和顾虑;

(3)图文详情板块,长度适宜,将用户需求的关键点和商品的卖点分别列出,让图文详情板块的前半部分页面信息突出;

(4)推荐板块,推荐用户相关同类产品或者与此页产品相搭配的其他产品,给用户更多选择机会。

活动四 填写商品描述页设计表 >>>>>

活动过程记录1 完成商品描述页图片模板设计记录表的填写

目的: 自己设计一套商品描述页图片模板,通过编辑商品描述页模板的内容,了解商品描述页图片的制作要求,熟练掌握设计商品描述页图片模板的过程。

内容: 记录商品描述页图片模板的设计流程。

要求: 记录商品描述页图片模板的选择、设计、制作流程,完成商品描述页图片模板的处理操作,同时完成表4-4的填写。

表4-4 商品描述页图片模板设计记录表

商品描述页图片模板	是否选择	模块中包括的内容
主图		
参数图		
广告图		
产品特色图		
实景图		
品牌宣传图		

活动过程记录2 完成使用商品描述页图片模板批量制作图片的体验报告的填写

目的: 通过图片模块,批量制作商品描述页内图片,对多种商品图片的制作、存储的过程进行记录和经验总结。

内容：使用商品描述页图片模板批量制作图片。

要求：完成对商品描述页图片模板的批量制作，同时完成表 4-5 的填写。

表 4-5 使用商品描述页图片模板批量制作图片的体验报告

序 号	使用商品描述页图片模板批量制作图片	体 验 感 受
1	找到原模板文件	
2	准备新商品的素材	
3	通过图片模板制作一个商品的描述页图片	
4	通过图片模板制作多个商品的描述页图片	
5	对于单个商品的图片源文件的保存	
6	对于多个商品的图片源文件的保存	
7	多个商品描述页图片的文件命名方式	
8	其他操作	

活动过程记录 3 完成商品描述区模块制作体验报告的填写

目的：通过对商品描述区内模块的建设，了解商品描述区的结构。

内容：使用商品描述区模块快速设计商品描述页。

要求：完成对商品描述区模块的制作，发布多个商品，共用此模块，同时完成表 4-6 的填写。

表 4-6 使用商品描述区模块批量制作图片体验报告

序 号	使用商品描述区模块流程	体 验 感 受
1	新建若干个公共模块并命名	
2	使用模块进行新商品的发布	
3	调整模块之间的顺序	
4	对模块进行修改	
5	其他操作	

知识延展 >>>>

淘宝商品描述页设计要点

商品描述页设计目标：先要引起顾客兴趣，然后激起顾客潜在购买欲望，之后要博得顾客信任，最后引导顾客进行选择并帮助其做出决定。

需要注意的是，顾客网上购物，并不能接触到实体商品，所以描述页中商品的各类图片就显得尤为重要了。要从顾客的角度出发，以满足顾客需求为目的，为顾客提供详细、真实、有用的信息；同时，在内容设计、版式安排、氛围营造等方面，力争做到富有吸引力，能获得顾客信任，为最终顾客的下单购买打下基础。

总结来说，商品描述页的前半部分主要是用来讲述商品的价值，后半部分用来培养顾客的消费信任感。在进行商品描述页设计时，要做好配色、字体、文案、构图、排版、气氛这六大元素的协调、有序，这也是一个优秀的商品描述页的必备特征。

活动五　实训测评 >>>>>

一、判断题

1. 淘宝商品描述区是商品详情页中各零散图片汇集排版的区域，通过模块化导航的编辑，商品的多个描述图片将通过在描述区的排版下形成商品最终的描述页。（　　）
2. 宝贝的描述区模块，用于宝贝描述区中公共部分的使用，例如产品品牌介绍、店铺的爆款产品链接等模块。（　　）
3. 一般无功能性介绍的商品描述页面长度不超过 3000px。（　　）
4. 商品描述页图片的宽度固定为 950 像素。（　　）
5. 商品的主图必须要有 5 张。（　　）

二、单项选择题

1. 商品的主图里不可以包括（　　）。
   A. 文字　　　　B. 视频　　　　C. 图片　　　　D. 品牌
2. 商品的电脑端详情页最大不超过（　　）。
   A. 1.5MB　　　B. 1MB　　　　C. 2MB　　　　D. 0.5MB
3. 商品描述页中不包括以下哪个选项（　　）。
   A. 自定义模块　B. 满就送信息　C. 促销信息　　D. 品牌 LOGO
4. 参数图主要表明宝贝的基本情况，一般采用左边图片、左侧说明文字的形式，尺寸为宽度（　　）像素，高度不低于 350 像素、不高于 500 像素。
   A. 750　　　　B. 650　　　　C. 500　　　　D. 800
5. 商品主图大小为（　　）像素时，可以显示有放大镜功能。
   A. 200×200　　B. 800×800　　C. 100×100　　D. 120×120

三、简答题

1. 商品详情页设计思路是什么样的?
2. 描述页的核心页面从上到下需要展示宝贝的哪些内容?
3. 试分析一下顾客在看详情页时的心理活动过程。
4. 你觉得商品描述页要如何做好?
5. 商品描述页模块的设计原则是什么?

活动六　实训总结与评价

活动目标

- 能以小组形式对学习过程和实训成果进行汇报总结
- 完成对学习过程的综合评价

建议课时

- 0.2 课时

活动实施

一、任务总结

以小组为单位,选择演示文稿、展板、海报、录像等形式中的一种或多种,向全班展示、汇报学习成果。汇报的内容应包括:

(1) 能完成商品描述页图片的模板选择;
(2) 能完成商品描述页图片的模板设计;
(3) 能完成商品描述页图片的批量处理操作;
(4) 能在商品描述页中设置公共模块;
(5) 能在商品描述区中批量使用模块。

二、综合评价

学习成果汇报完成后,请完成淘宝商品描述页设计项目实训综合评价表的填写,见表 4-7。

表 4-7　淘宝商品描述页设计项目实训综合评价表

评价项目	分值/分	自我评价	小组评价	教师评价	标　准
能完成商品描述页图片的模板选择	10				熟练掌握：85～100分 基本掌握：75～84分 部分掌握：60～74分 没有掌握：60分以下
能完成商品描述页图片的模板设计	20				
能完成商品描述页图片的批量处理操作	30				
能在商品描述页中设置公共模块	20				
能在商品描述区中批量使用模块	20				
合　　计	100				

学生姓名：_____　综合评价等级：_____　教师姓名：_____　日期：_____

项目五
淘宝店内营销

项目导读

淘宝店内的营销工作是开展店铺活动的重要环节,也是流量转化的关键。淘宝店内的营销方式有多种,在本书内无法一一讲解,我们将挑选常见的营销方式作为案例,以期起到抛砖引玉的作用。在本项目中,我们将通过淘宝店内的优惠券设置与集成式促销工具设置店铺活动的方法,学习淘宝店内的营销方法。

建议课时

4 课时

活动设计

- 活动一　设置淘宝优惠券
- 活动二　操作集成式促销工具
- 活动三　填写店内营销计划表
- 活动四　实训测评
- 活动五　实训总结与评价

知识目标

- 理解店内营销活动的营销理念
- 了解淘宝店内促销活动和促销工具
- 理解促销活动的目标
- 了解常见的店内促销方法
- 知道促销工具的使用方法

能力目标

- 能够根据店铺经营目标制订营销活动
- 能够根据店铺经营状况选择合适的促销活动
- 能够使用工具合理实施营销活动
- 能够根据店铺经营状况安排集成式促销计划
- 能够根据店铺经营情况调整营销活动

素质目标

- 树立实事求是、遵循客观规律的学习态度
- 增强诚信意识，弘扬社会主义核心价值观
- 树立法律意识，培养依法经营的职业道德观念
- 培养耐心、诚实、勤奋的职业习惯
- 培养求实务新、勤劳踏实的职业素养

活动一 设置淘宝优惠券

活动目标

- 能够在店铺后台设置优惠券模块
- 能够根据店铺经营情况设置合适的优惠券方案
- 掌握发放优惠券的三种渠道
- 培养不断进取、锐意创新的工匠精神

建议课时

- 1课时

活动准备

- 教学设备准备：计算机、多媒体网络教室或电子商务实训室。
- 教学组织形式：将学生分组，2～4人一个小组，以小组学习为主。

活动说明

淘宝优惠券是淘宝最传统的促销工具之一，通过淘宝官方工具设置和第三方工具实现。商品优惠券的一般设置方式是开放的，可以在宝贝页面设置，也可以与淘宝客户合作设置隐藏优惠券。本活动中，我们将学习优惠券的设置方法。

活动步骤

步骤一： 打开淘宝网的首页，找到"卖家中心"的入口，单击进入。如图 5-1 所示：

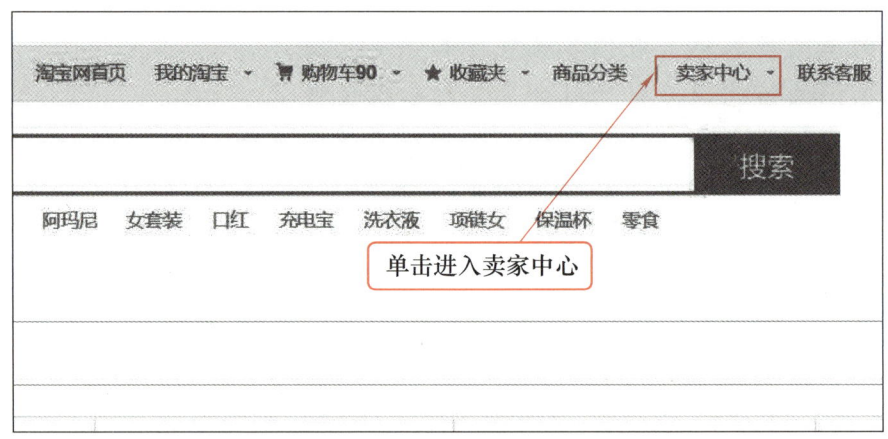

图 5-1　进入卖家中心

步骤二： 若没有订购过优惠券服务，可先在淘宝卖家后台左侧的菜单栏中，单击"服务"→"服务市场"，进入服务市场页面。如图 5-2 所示：

图 5-2　进入服务市场页面

步骤三：进入"服务市场"后，在搜索框里直接搜索"优惠券"，找到淘宝官方优惠券服务工具。如图 5-3 所示：

图 5-3　选择官方优惠券服务工具

步骤四：查看该优惠券的详情页，了解其功能后，根据需要订购该产品，单击"立即购买"按钮。如图 5-4 所示：

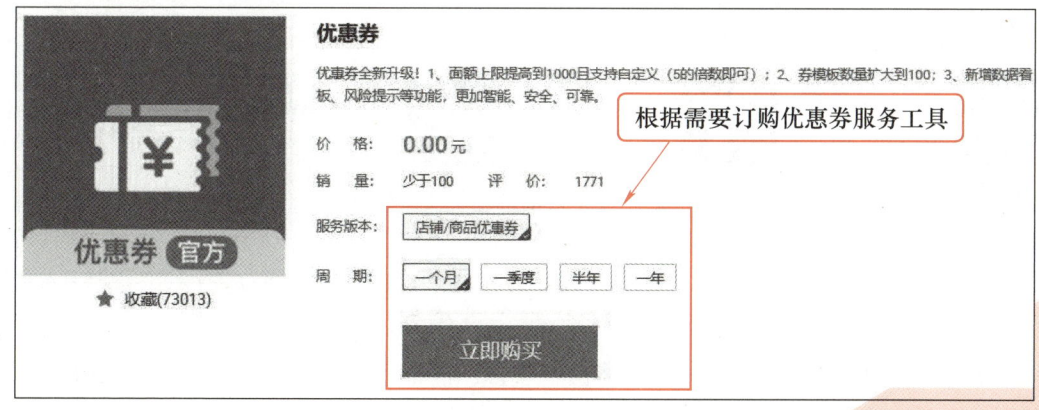

图 5-4　订购优惠券服务工具

步骤五：进入付款界面，单击"同意并付款"按钮。如图5-5所示：

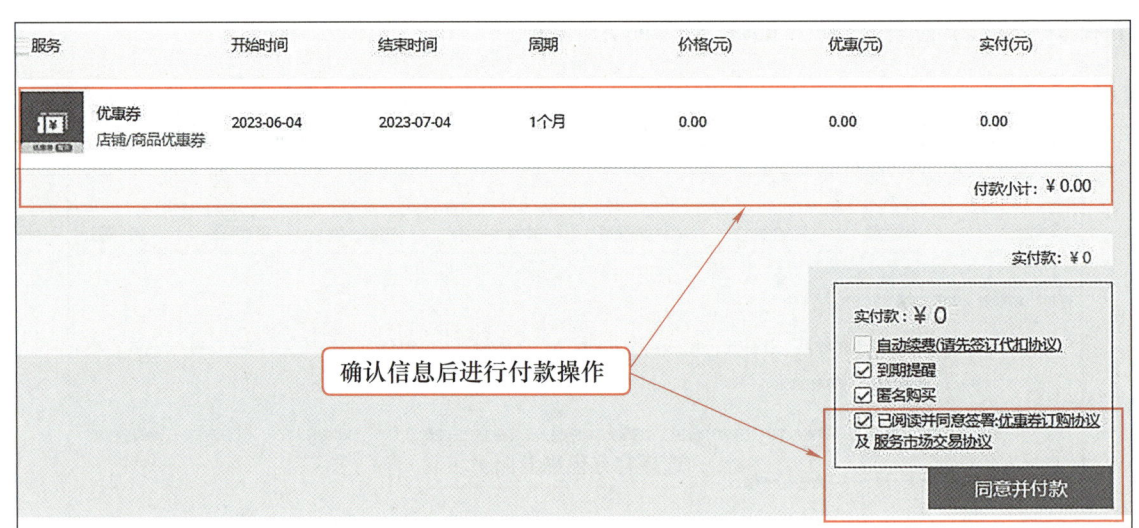

图5-5　确认并付款

步骤六：完成付款后，在淘宝卖家中心后台"我订购的服务"中，会显示刚才订购的优惠券服务工具，点击"使用"后进入优惠券设置。如图5-6所示：

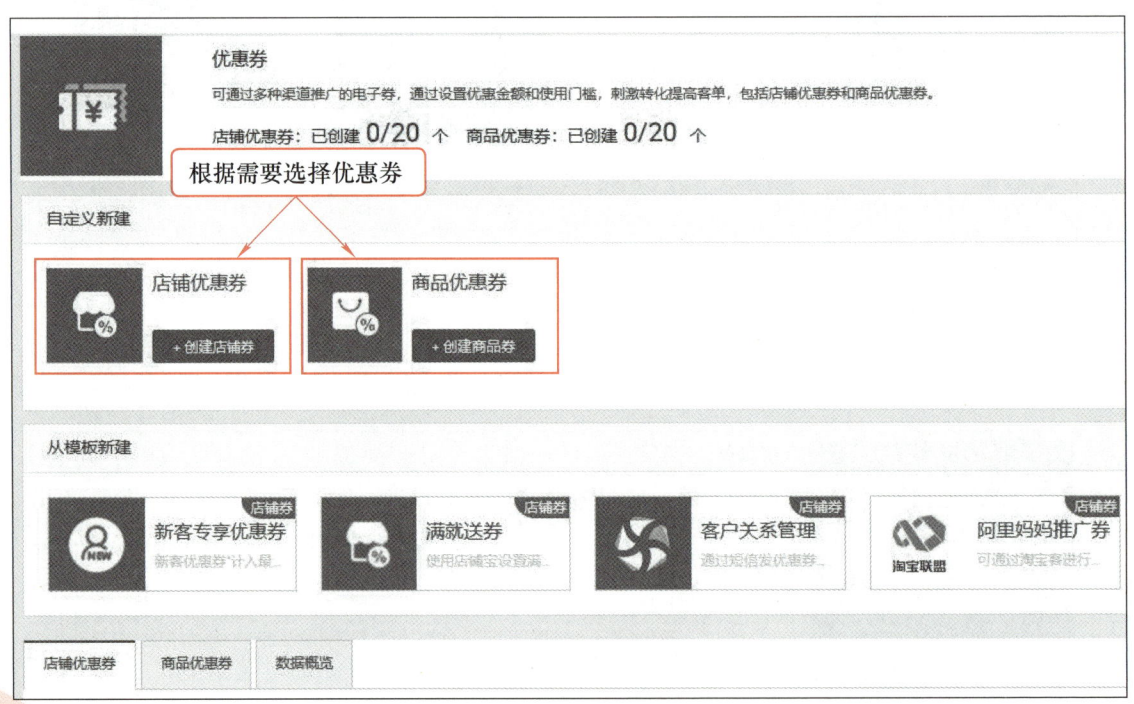

图5-6　进入优惠券服务工具设置

步骤七：创建店铺优惠券，单击"创建店铺券"，在设置页面选择需要的推广渠道。如图5-7所示：

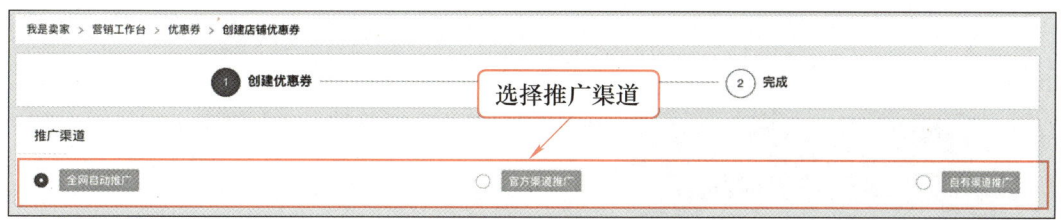

图 5-7 选择店铺优惠券的推广渠道

> **小提示**
>
> **淘宝店内发放优惠券的三种渠道**
>
> （1）全网自动推广：设置后在宝贝详情页和购物车会自动显示领券入口；
> （2）官方渠道推广：阿里妈妈推广、官方活动招商等官方渠道的专用券；
> （3）自有渠道推广：用于微博、指定消费者发放等自有渠道的不公开券。

步骤八： 先填写优惠券基本信息，注意优惠券名称中不能使用特殊符号，如"（）""#""￥"等；再填写优惠券面额信息。设置时要注意优惠券使用的时间，一般可以设置为 1 个月左右，方便修改优惠内容。信息填写完毕后，单击"资损风险校验"，确认即可。详情页面示例如图 5-8 所示：

图 5-8 填写店铺优惠券信息

步骤九：查看店铺中的宝贝页面，可看到设置成功的优惠券信息。如图5-9所示：

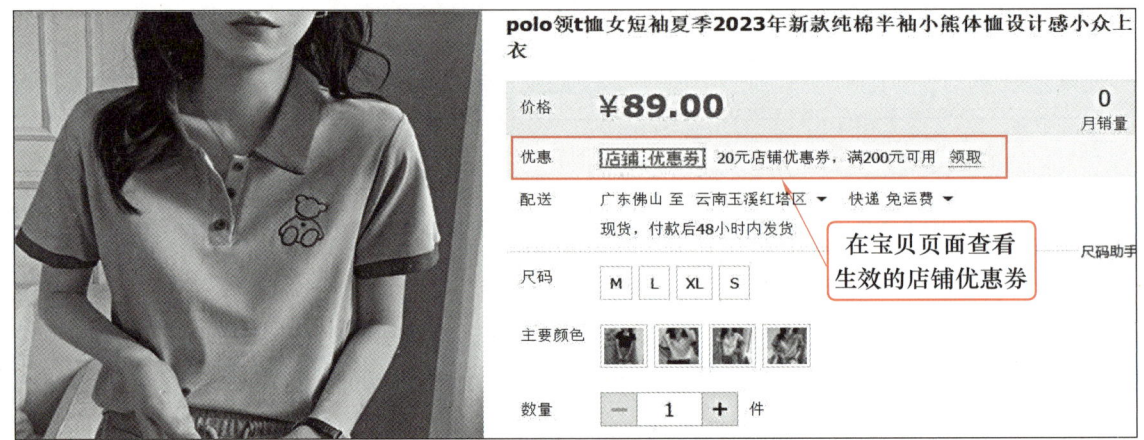

图5-9　查看创建成功的店铺优惠券

步骤十：创建商品优惠券，在图5-6页面单击"创建商品券"，根据需求填写页面信息，单击"资损风险校验"，通过后即可完成商品优惠券的设置。如图5-10所示：

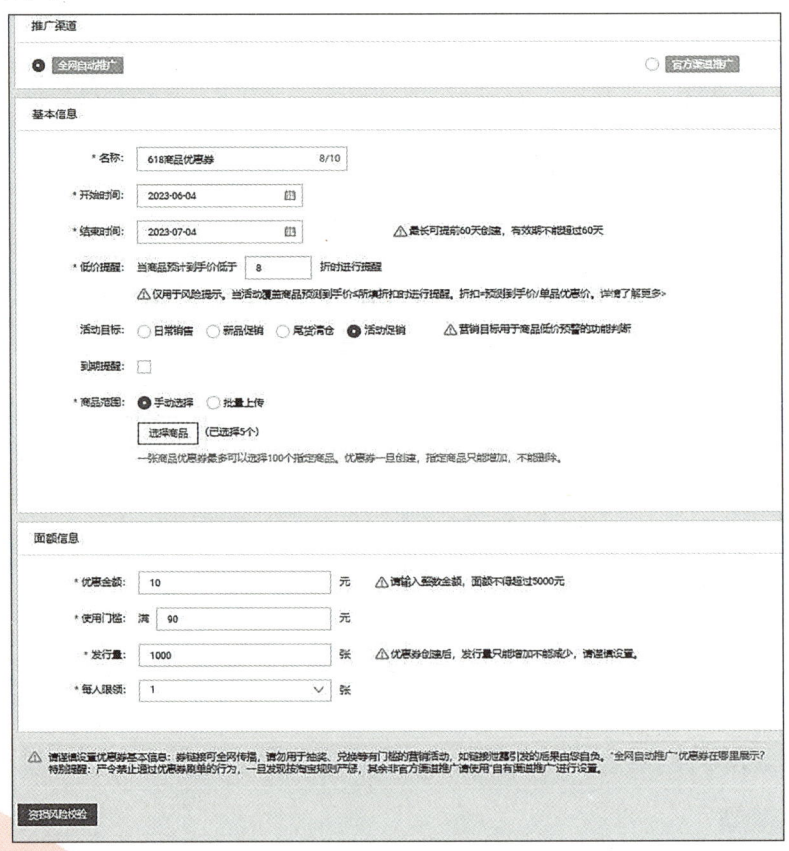

图5-10　设置商品优惠券

> **素养园地**
>
> **大国工匠精神**
>
> 在瞬息万变的数字经济时代，想要店铺在竞争中脱颖而出，需要不断学习、锐意创新。在正确的营销观念下，不断创新，学习发挥大国工匠"让技艺巧到极致"的精神，结合科学认知规律和访客偏好做好访问逻辑，是保证营销活动顺利开展并取得良好效果的关键。

步骤十一： 在完成店铺和商品优惠券的设置后，完成表5-1的填写。

表5-1 店铺和商品优惠券设置记录表

优惠券设置	详细内容
含义	
定购优惠券服务	
设置优惠券的基本信息	
挑选合适的商品	
查看优惠券生效情况	

> **知识延展** >>>>

淘宝促销活动的类型

淘宝店铺内的促销活动一般分为以下几个类型：

（1）提高消费额型，例如满就送、满就减促销活动。例如一次性买满100元送精美礼品或免快递费等，一个本来购买了80元商品的买家，可能因为看到了这个促销活动后，再加买几十元的商品，达到满就送的金额要求，从而享受相应的促销优惠。

（2）提高黏度型，例如秒杀、定期抢购等促销活动。定期选择几件热卖商品，以较低价格在店内进行预告销售，以吸引更多的人关注并收藏该商品和店铺。例如，规定参加秒杀活动的人，必须先收藏店铺，否则店主有权取消其参加本期活动的资格。提高黏度型的活动目的在于吸引买家时刻关注店铺的最新活动消息，并积极参与。

（3）提高销售数量型，例如搭配套餐、搭配减价等。搭配销售可以为买家推荐成套的商品，可以有效提高买家购买的商品数量与客单价。

（4）回馈消费者型，例如节日促销、优惠月、定期抽奖、会员礼品等，提升老客户的忠诚度与复购率。

促销活动要配合店铺的视觉设计来做，活动广告的内容不要过多，尽量在一屏内完成，不要让买家因为选择太多而产生放弃的想法。要简单、一目了然，让消费者在几秒钟之内就能明白促销活动的核心内容。促销区内如果有具体的商品，还需要做好商品页面的链接，并保持页面风格的一致，以促进用户的成交。

活动二 操作集成式促销工具 >>>>>

活动目标

- 能够正确使用集成式促销工具
- 能够根据店铺营收状态选择合适的商品进行促销
- 能够借助促销工具正确实施促销活动
- 培养坚持不懈、严谨认真的工作态度

建议课时

- 1课时

活动准备

- 教学设备准备：计算机、多媒体网络教室或电子商务实训室。
- 教学组织形式：将学生分组，2～4人一个小组，以小组学习为主。

活动说明

淘宝店铺服务市场的集成式促销工具，能大大简化网店内的多种营销活动的设置。在本活动中，我们将通过集成式促销工具的操作，来完成网店内商品的促销活动设置。

活动步骤

步骤一： 在淘宝卖家后台左侧的菜单栏中，单击"服务"→"服务市场"。如图 5-11 所示：

项目五
淘宝店内营销

图 5-11　进入服务市场页面

> **💡 小提示**
>
> 促销工具的使用
>
> 　　促销工具的使用可以大大减少我们手动给每个产品添加促销模块的工作量。促销工具的选择基本上大同小异，选择价格合理并具有基本功能的促销工具，基本上能满足中小规模卖家的需要。

　　步骤二：进入服务市场后，在"服务类目"菜单下，单击"促销工具"图标。如图 5-12 所示：

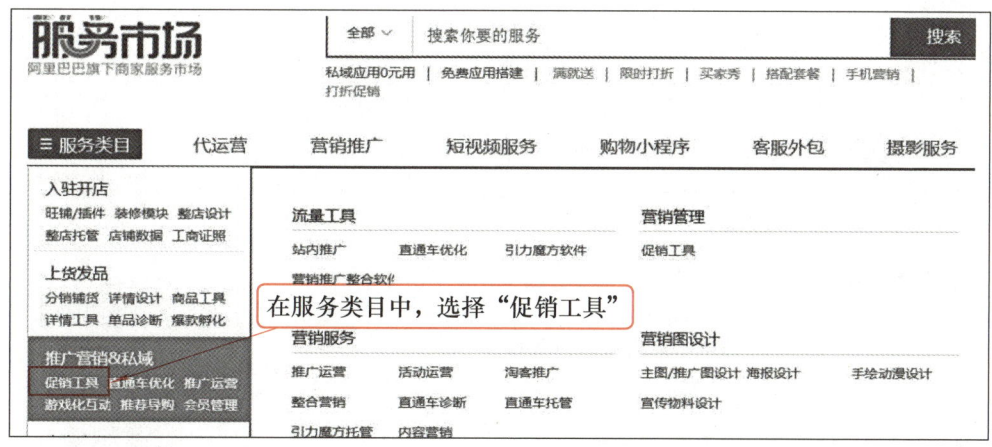

图 5-12　选择促销工具

　　步骤三：选择一个促销打折工具，单击其图标进入详情页。如图 5-13 所示：

99

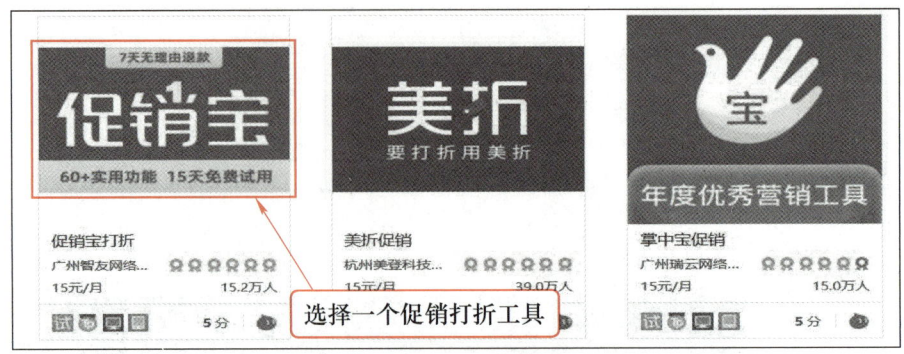

图 5-13 选择促销打折工具

步骤四：查看该工具的详情页，了解其功能后，根据需要订购该产品，单击"立即购买"按钮。如图 5-14 所示：

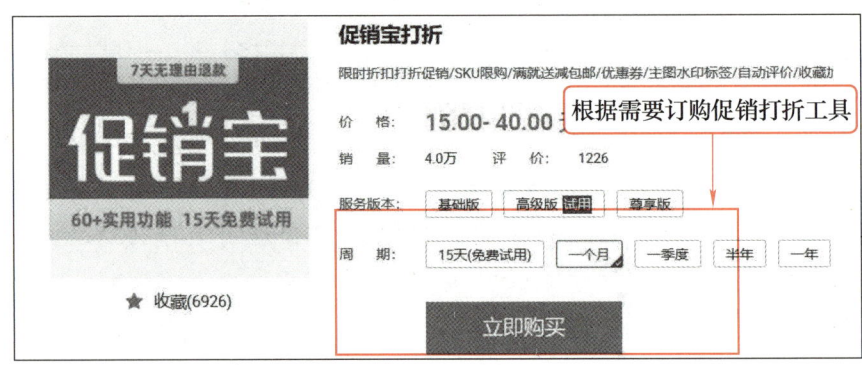

图 5-14 订购促销打折工具

步骤五：进入付款界面，单击"同意并付款"按钮。如图 5-15 所示：

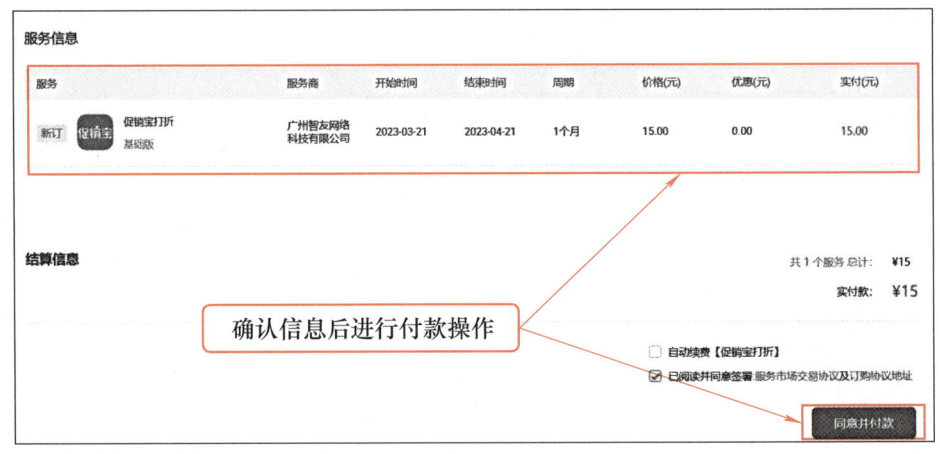

图 5-15 确认并付款

步骤六：完成付款后，在淘宝卖家中心后台"我订购的服务"中，会显示刚才订购的促销工具。如图 5-16 所示：

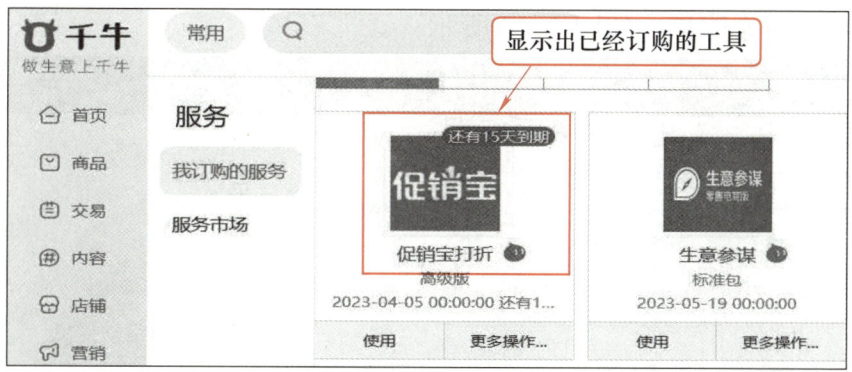

图 5-16 显示出已经订购的工具

步骤七：单击"使用"，打开授权窗口，单击"授权并登录"，完成授权操作。如图 5-17 所示：

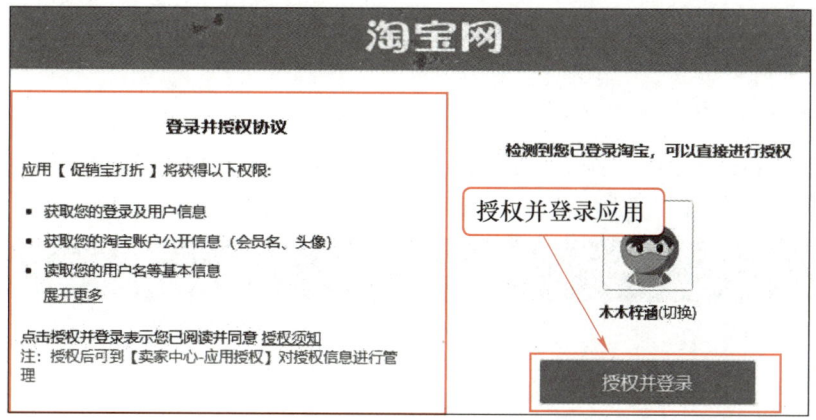

图 5-17 授权并登录

步骤八：选择"常用功能"下的打折促销活动，例如"限时打折"。如图 5-18 所示：

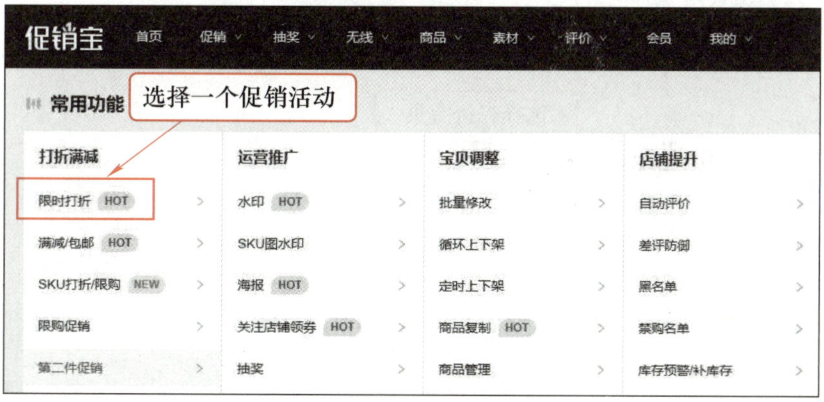

图 5-18 选择促销活动

步骤九：在"限时打折"模板中，填写要设置的活动名称、活动时间、优惠对象、活动范围等信息。如图 5-19 所示：

图 5-19　填写活动信息

步骤十：单击"下一步：选择宝贝"按钮，进入选择宝贝窗口，选择要进行打折的宝贝，单击"选择宝贝"选项。如图 5-20 所示：

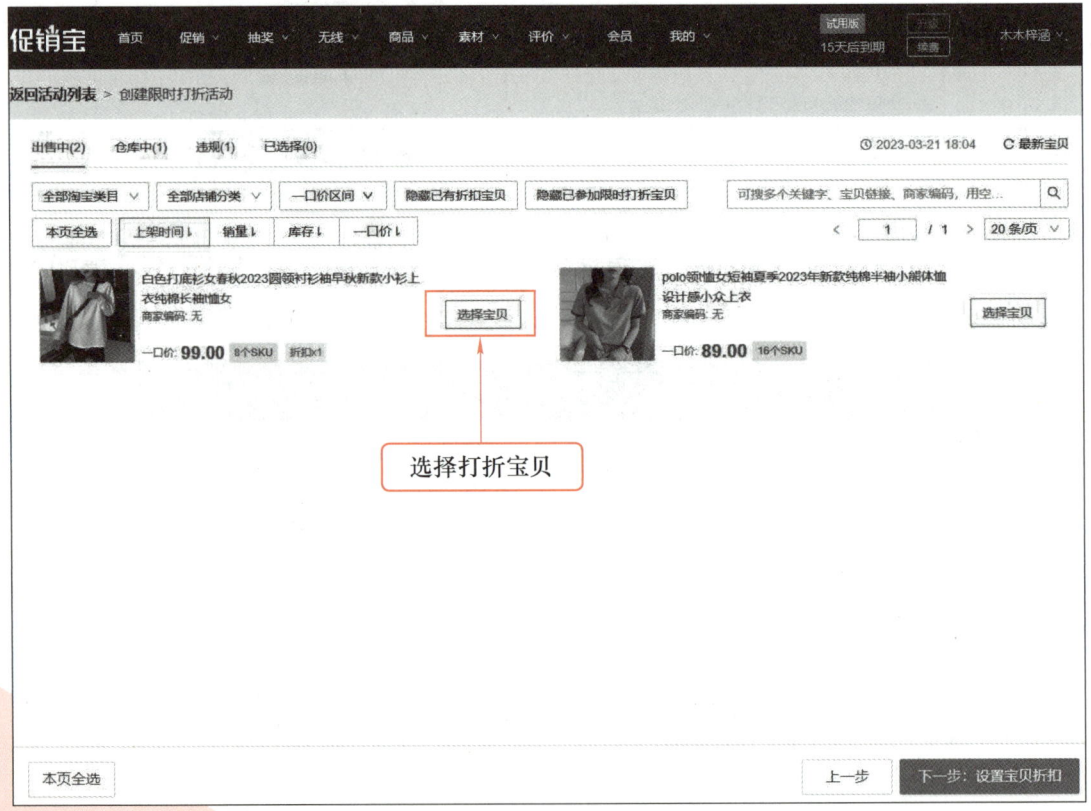

图 5-20　选择打折宝贝

步骤十一： 单击"下一步：设置宝贝折扣"选项，进入模板的基本设置页面，设置此次打折的折扣、减免金额、促销价等信息，再单击"完成创建"。如图5-21所示：

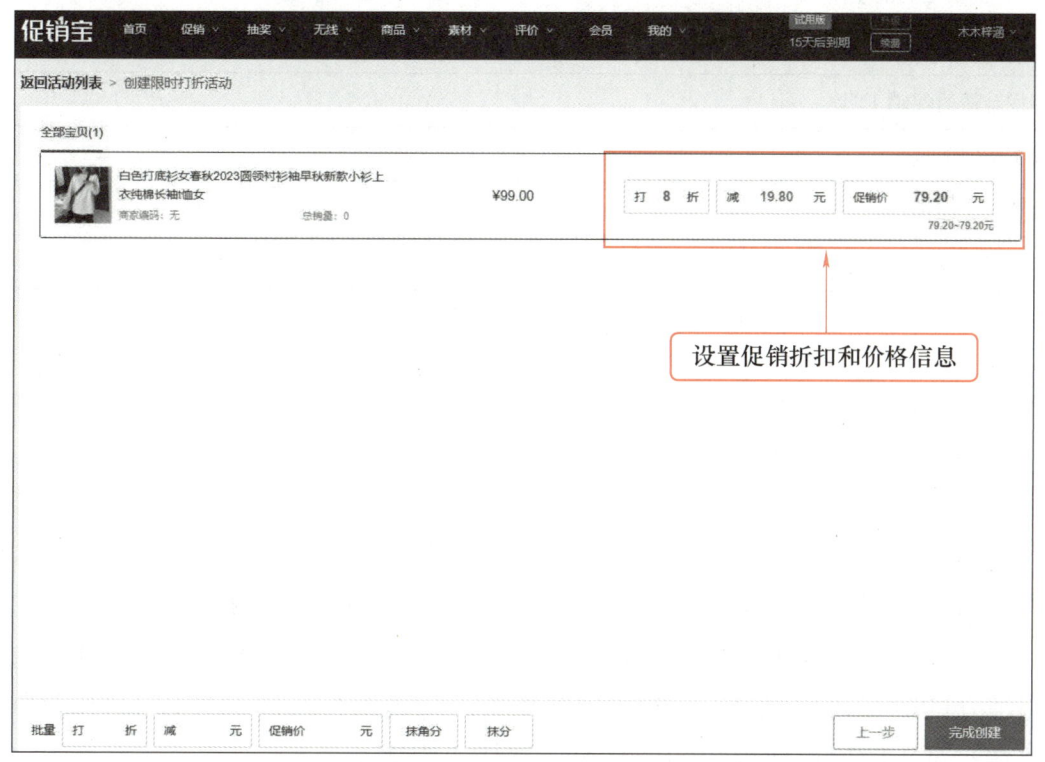

图5-21　设置促销折扣和价格信息

步骤十二： 回到商品主页面中，查看出售中的宝贝，显示宝贝已有限时打折的效果，促销活动投放成功。如图5-22所示：

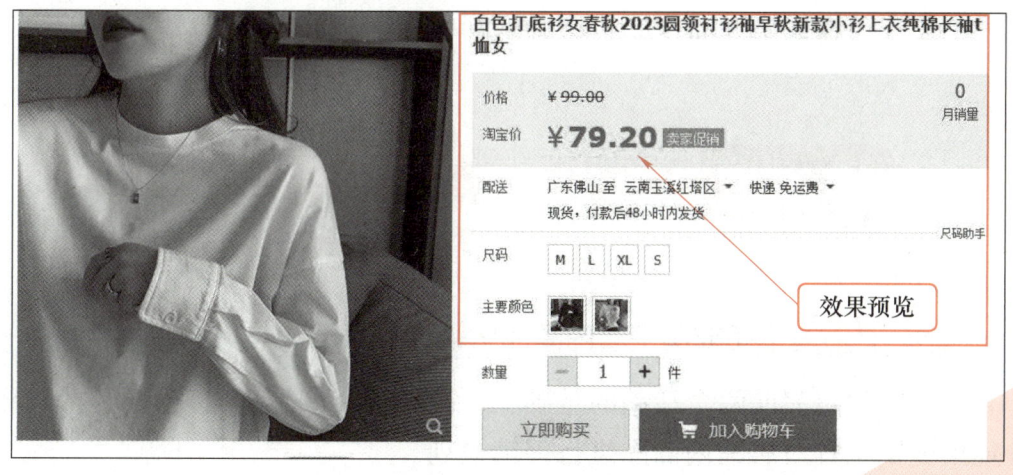

图5-22　效果预览

步骤十三： 使用促销工具完成促销活动的设置后，完成表 5-2 的填写。

表 5-2　促销工具使用记录表

促销工具的使用	详细内容
含义	
寻找合适的促销工具	
购买促销工具	
设置一个促销活动	
执行此活动	

知识延展 >>>>

网店内商品的常见促销方式

网店流量较好但转化率不高的话，就可以适当地做一些促销活动。通常网店内商品的促销方式有满就送、限时折扣、搭配套餐和优惠券。

（1）满就送。满就送是指购买一定金额和笔数就送商品的活动。例如，网店在清仓的时候可以满 88 元送一个小礼品；购满两件或者两件以上的商品可以免邮费；对于使用周期很短的商品可以送优惠券等。

（2）限时折扣。限时折扣是指特定的商品在特定的时间内进行打折促销。

（3）搭配套餐。搭配套餐是指两件或两件以上的商品搭配起来销售。

（4）优惠券。优惠券用于活动预热和维护老客户，在首页或者宝贝详情页设置一个免费领取优惠券的板块，用于买家活动期间消费使用。

活动三　填写店内营销计划表 >>>>>

活动过程记录 1　完成淘宝店内商品营销计划表的填写

目的： 在学习完前两个活动的基础上，设计一个淘宝店内商品的营销计划，充分使用促销工具对店铺内商品进行促销策划。

内容： 设计营销计划。

要求：至少会设置四种不同的促销方式，同时完成表 5-3 的填写。

表 5-3　营销计划表

营 销 计 划	详 细 内 容
确定时间	
确定营销产品	
采取的营销策略	
营销目的	
营销工具的选择	
设置的方式	
营销页面的展示	

活动过程记录 2　完成淘宝集成式促销工具使用操作记录表的填写

目的：掌握淘宝集成式促销工具的使用方法。

内容：记录淘宝集成式促销工具的使用流程。

要求：掌握至少五种以上的淘宝促销活动操作流程，对实际操作中的体验感受进行记录，同时完成表 5-4 的填写。

表 5-4　淘宝集成式促销工具使用操作记录表

序　号	淘宝集成工具	体 验 感 受
1	限时折扣	
2	第一件优惠	
3	团购	
4	单级满就送	
5	多级满减包邮	

知识延展 >>>>

淘宝店铺常见的推广与营销方式

（1）关注淘宝常规营销活动以及各种节假日大促活动，整合淘宝优质广告资源进行强力推广。

（2）参加淘宝类目下的店铺街，提升店铺的品牌定位及品牌影响力。

（3）淘宝直通车。在计算好访客价值的前提下，对直通车关键词进行优化，以增加流量、带动销售。

（4）参加社区中人气旺盛、较为活跃的社群，定时在社群中发帖推广自身店铺。

（5）赞助社区活动、争取论坛广告位等，在店铺实力上涨（条件：信誉以及直通车力度上涨）后，与投放论坛广告位掌门商榷好投入费用等。

（6）友情链接。寻找有实力、有价值且与自己店铺有互补性的店铺，交换友情链接，通过资源的共享和互补，整合各个友情链接商家的实力，进行联合推广，达到双向互惠共赢效果。

（7）淘客推广。精选店铺内优质热销的商品来设定个性佣金，通过单品引入流量，从而带动店铺其他商品的销售。

活动四 实训测评 >>>>>

一、判断题

1. 淘宝促销工具可以在卖家服务市场中找到。（　　）
2. 淘宝优惠券是淘宝最传统的促销工具之一，通过淘宝官方工具设置和第三方工具实现。（　　）
3. 促销工具的使用，可以大大减少我们手动给每个产品添加促销模块的工作量。（　　）
4. 淘宝网上有很多店铺专门提供装修服务。（　　）

二、多项选择题

1. 集成式促销工具能做的营销活动有（　　）。
   A. 满就送　　　　　　　　B. 限时折扣
   C. 多级满减包邮　　　　　D. 会员分类
2. 满就送活动可以赠送以下哪种优惠（　　）。
   A. 减现金　　　　　　　　B. 送礼品
   C. 送积分　　　　　　　　D. 送优惠券
3. 淘宝店内发放优惠券产品的推广渠道有（　　）。
   A. 全网自动推广　　　　　B. 线下渠道推广
   C. 自媒体渠道推广　　　　D. 集成式渠道推广

三、简答题

1. 宝贝促销区的作用是什么?
2. 制作宝贝促销区的注意事项有哪些?
3. 限时打折有什么注意事项?
4. 店铺优惠券是虚拟电子现金券,有哪几种面额可以选择?
5. 开展满就送活动时有哪些注意事项?

活动五　实训总结与评价

活动目标

- 能以小组形式对学习过程和实训成果进行汇报总结
- 完成对学习过程的综合评价

建议课时

- 0.2 课时

活动实施

一、任务总结

以小组为单位,选择演示文稿、展板、海报、录像等形式中的一种或多种,向全班展示、汇报学习成果。汇报的内容应包括:

(1) 能完成店铺营销计划的制订;
(2) 能完成营销活动的选择;
(3) 能完成营销产品的选择;
(4) 能完成营销工具的选择;
(5) 能完成投放营销模块的操作;
(6) 能查看投放模块的相关情况。

二、综合评价

学习成果汇报完成后,请完成淘宝店内营销项目实训综合评价表的填写,见表 5-5。

表 5-5 淘宝店内营销项目实训综合评价表

评价项目	分值/分	自我评价	小组评价	教师评价	标 准
店铺营销计划的制订	10				熟练掌握：85～100 分 基本掌握：75～84 分 部分掌握：60～74 分 没有掌握：60 分以下
营销活动的选择	20				
营销产品的选择	10				
营销工具的选择	20				
投放营销模块的操作	30				
查看投放模块情况	10				
合　　计	100				

学生姓名：_____　综合评价等级：_____　教师姓名：_____　日期：_____

项目六
移动端店铺的设置

项目导读

淘宝移动端是淘宝获取买家流量的重要渠道，设置移动端店铺来获取更多流量是移动时代卖家基本的运营技能。通过本项目的学习，学生将掌握移动端店铺的装修及宝贝在移动端详情页的设置方法，完成对移动端店铺的基本运营。

建议课时

8课时

活动设计

- 活动一　移动端店铺的开设与装修
- 活动二　设计移动端商品描述页
- 活动三　填写移动端店铺操作记录表
- 活动四　实训测评
- 活动五　实训总结与评价

知识目标

- 理解移动端店铺视觉设计的意义
- 了解移动端店铺装修与电脑端店铺装修的区别
- 掌握移动端店铺首页营销模块的设置
- 掌握移动端店铺商品描述页营销模块的设置
- 知晓移动端店铺装修设计的方法

能力目标

- 能够根据需要分别进行移动端店铺装修和电脑端店铺装修

- 能够借助模板工具快速装修移动端店铺
- 能够在移动端店铺上架商品
- 能够根据手机显示特点制订移动端店铺装修色彩方案
- 能够根据手机显示特点设计商品移动端描述页

素质目标

- 弘扬爱岗敬业的社会主义核心价值观
- 铸造精益求精的工匠精神
- 树立勤学苦练、勇于创新的劳动精神
- 培养实事求是、诚实守信的岗位精神
- 增强职业意识，明确职业理想

活动一　移动端店铺的开设与装修

活动目标

- 能够正确开设移动端店铺
- 能够根据店铺风格为移动端店铺选择合适模板
- 能够合理布局移动端店铺模块
- 树立成为优秀网店经营者的职业理想

建议课时

- 2课时

活动准备

- 教学设备准备：计算机、多媒体网络教室或电子商务实训室。
- 教学组织形式：将学生分组，2～4人一个小组，以小组学习为主。

活动说明

移动端店铺装修同电脑端店铺装修方式相同，既可以使用自定义模块进行各主要页面的装修，也可以使用模板套用。在本活动中，我们以使用自定义模块为主要方式，完成移动端店铺页面装修及模块操作。

项目六
移动端店铺的设置

活动步骤

步骤一：登录卖家中心后台，在左侧菜单栏中单击"店铺"→"店铺装修"→"手机店铺装修"选项，再单击"新建页面"。给新建页面设置一个名称，设置好以后单击"确定"，创建移动端店铺装修页面。如图6-1所示：

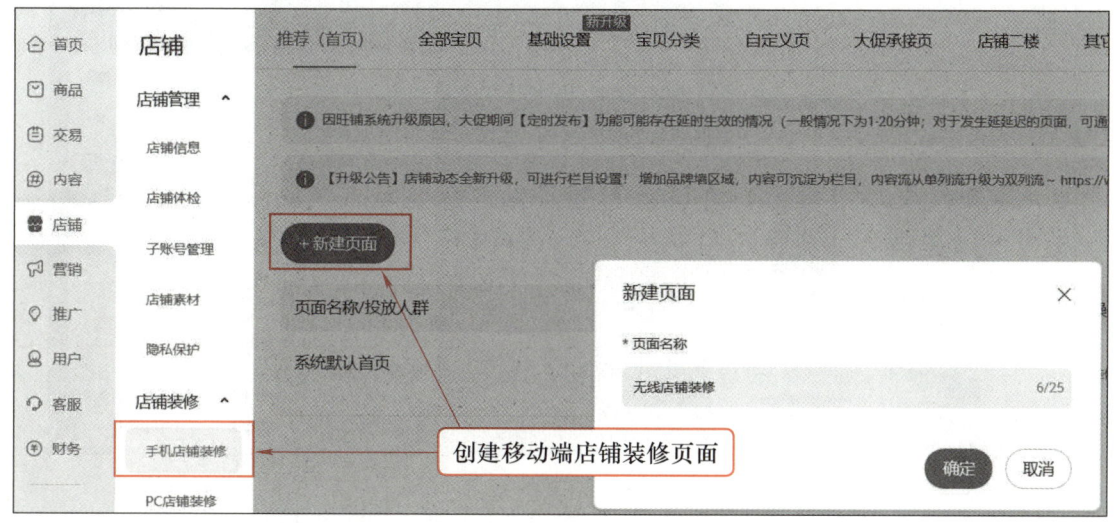

图6-1 创建移动端店铺装修页面

素养园地

我国数字经济的发展

移动端店铺是随着智能手机快速发展而产生的，也是电子商务发展的新风口。当代电子商务职业人，借助我国大力发展数字经济的优势，依托我国完整的产业链体系，着眼未来发展，职业前景广阔。

步骤二：单击"装修页面"选项，进入移动端店铺装修页面。如图6-2所示：

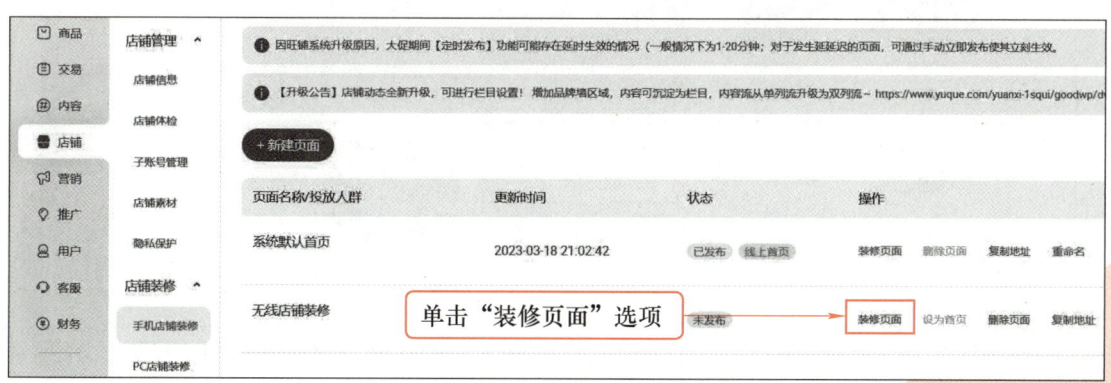

图6-2 进入移动端店铺装修页面

111

步骤三： 单击页面左上角"容器"按钮，选择"官方模块"，可以查看店铺可用的免费模块，然后根据自己的设计需求选择合适的模块。如图6-3所示：

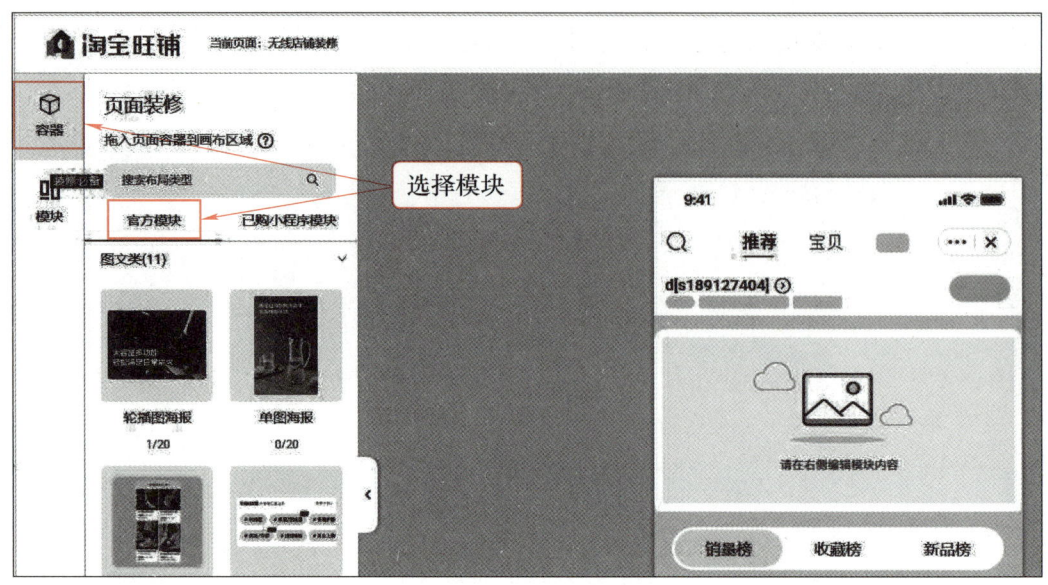

图6-3　选择模块

步骤四： 拖动需要的模块到店铺的合适位置，例如"轮播图海报"。如图6-4所示：

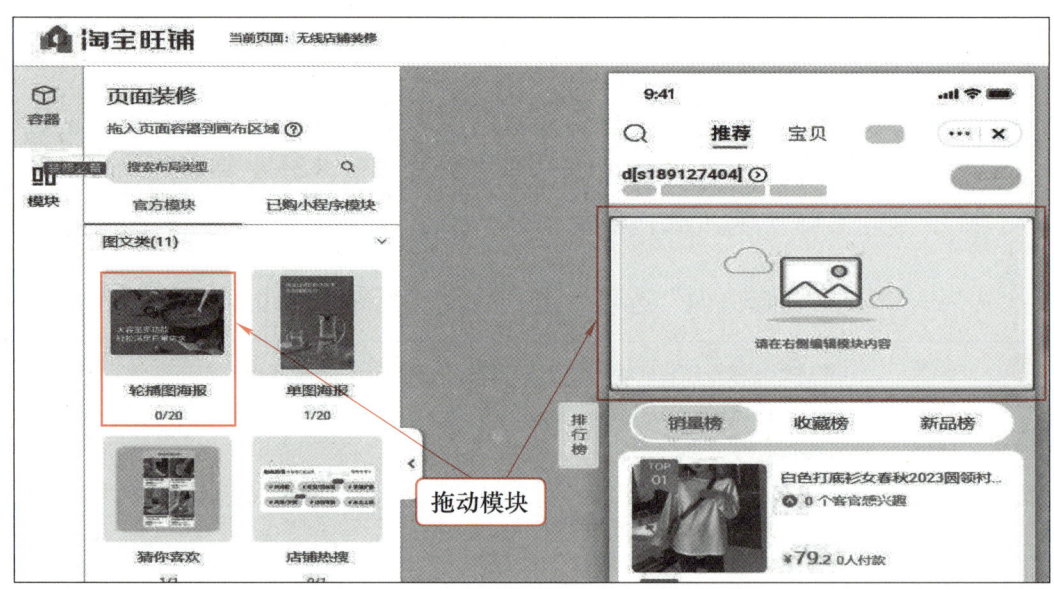

图6-4　拖动模块

步骤五： 单击店铺模块，右侧显示出该模块需要进行的属性设置，填写模块名称，上传图片。如图6-5所示：

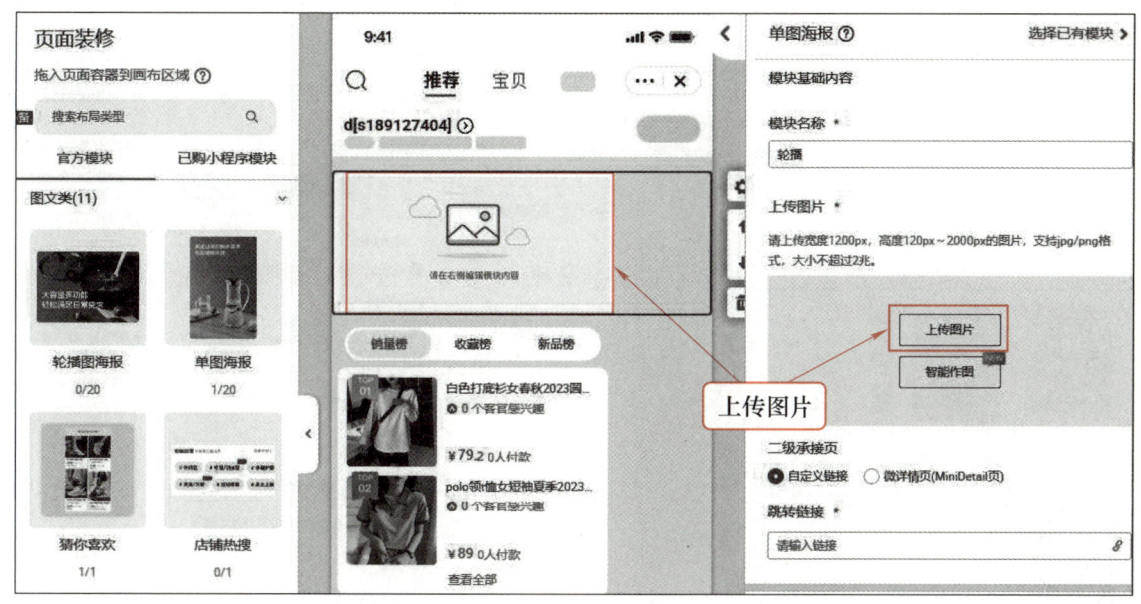

图 6-5 上传图片

步骤六：在弹出的窗口中，单击"跳转链接"后面的图标，再在弹出的页面中根据需要选择相应的链接，例如单击"宝贝链接"，选择轮播图片要链接的宝贝，单击"确定"按钮。如图 6-6 所示：

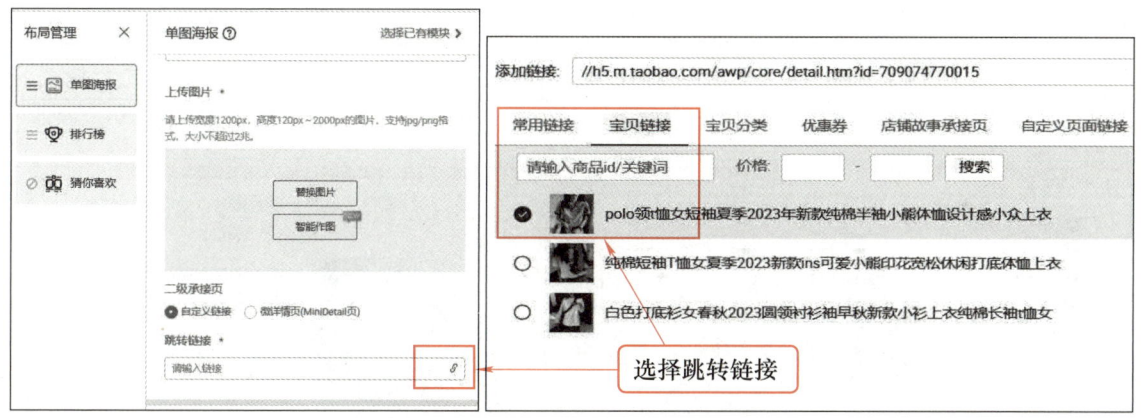

图 6-6 设置图片跳转链接

步骤七：完成后单击"保存"，可以将刚才的模板存为备份文件，单击"预览"，即可在移动端预览店铺装修效果。如图 6-7 所示：

步骤八：回到初始页面，继续用上述方法添加其他分类模块，例如"排行榜""猜你喜欢"等宝贝分类模块。效果如图 6-8 所示：

步骤九：在移动端预览装修效果后，如果要马上发布移动端店铺的新装修，可单击"发布"按钮，选择"立即发布"。如图 6-9 所示：

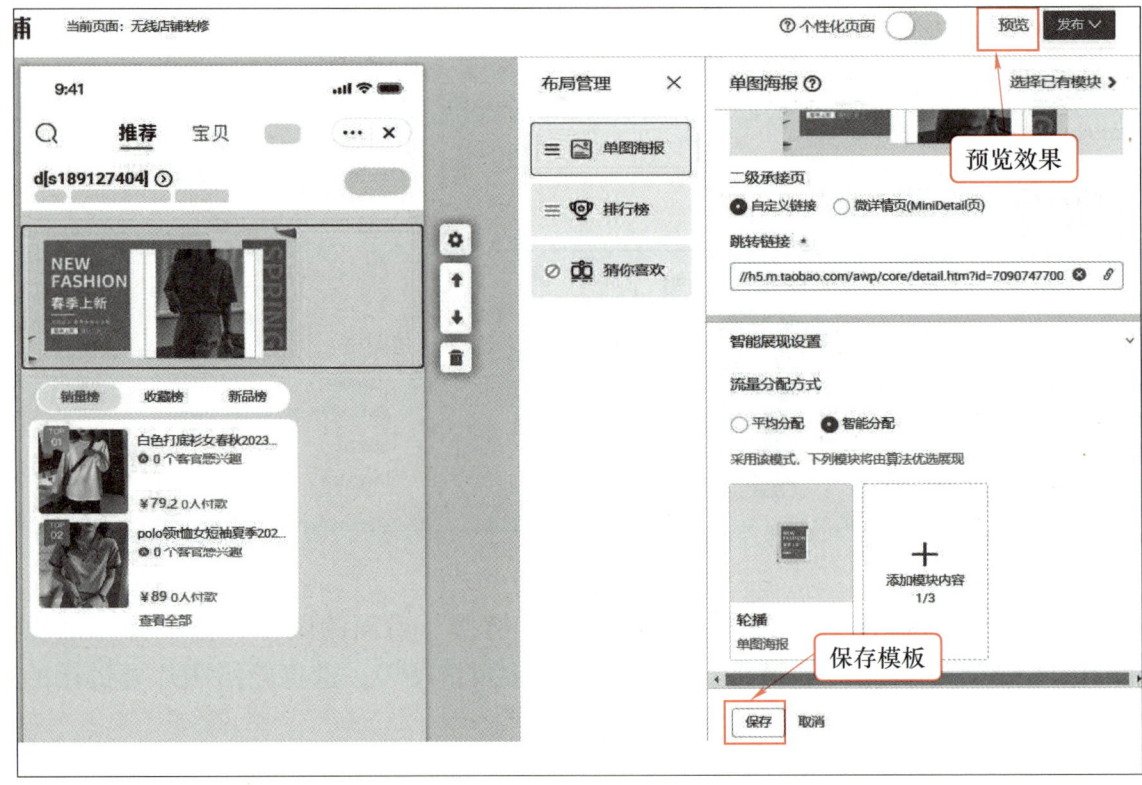

图 6-7 预览店铺装修效果

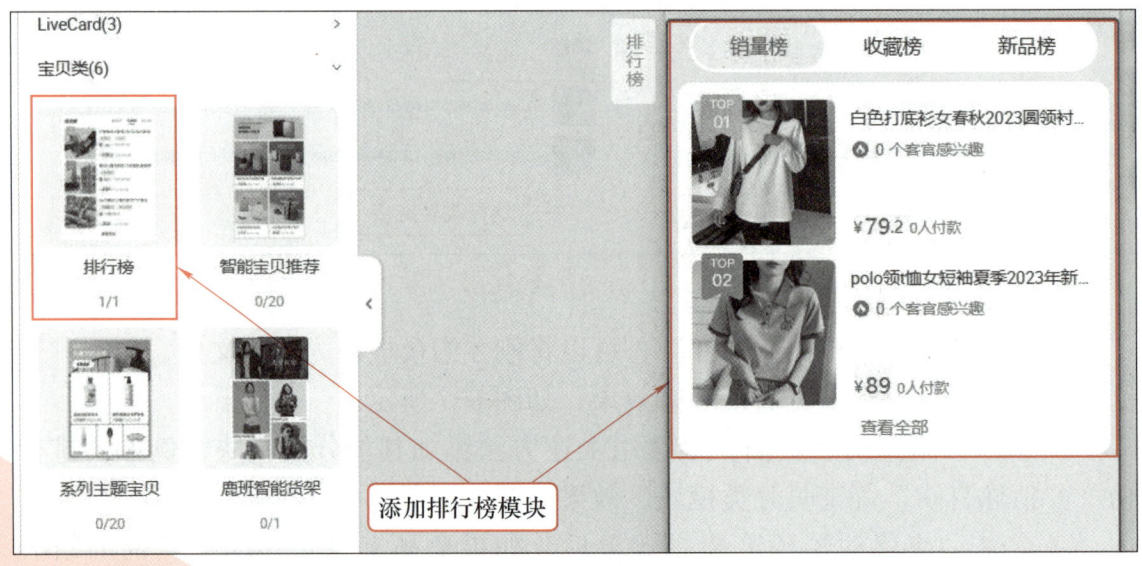

图 6-8 添加其他宝贝分类模块

项目六
移动端店铺的设置

图 6-9　发布新装修

步骤十： 根据前面的步骤，使用模块完善移动端淘宝店铺首页，并完成表 6-1 的填写。

表 6-1　移动端淘宝店铺的装修

移动端淘宝店铺的装修	详　细　内　容
含义	
使用模块	
店铺首页的装修	
使用模块装修店铺	
预览店铺装修效果	
发布店铺新装修	

知识延展 >>>>

一、移动端店铺装修中色彩的处理

（1）移动端店铺色彩偏暗，特别是店招模块部分，装修完预览的时候不够明亮，建议使用高明度或高纯度色彩，提高用户视觉体验。

（2）需要突出产品特色信息的地方，可以采用互补色，如采用黄色与紫色对比的方式，利用反差做出层次感，突出主体部分，让买家及时获取到重要信息。

（3）整体装修主色调注意统一，色彩太多、太花哨容易使产品档次降低。

二、移动端店铺装修中几个重要模块的介绍

（1）店招模块。可通过场景渲染突出店铺品质定位，为核心产品、实时活动等进行宣传与推广，引导买家进行收藏和分享。

（2）左文右图。可用于展示"活动（优惠券、手机专享价等）""实时宝贝""分类（已有分类或是店铺活动页面分类）"等内容。

（3）焦点模块。相当于电脑端的轮播图，可展示品质定位、图片聚焦等局部细节内容。

（4）双列图片。这是较为美观的商品分类入口，可放置优惠券或是爆款产品等。

（5）标题模块。用于导入文案，它与文本模块的区别在于：标题模块可以添加链接，文本模块不可以。

（6）文本模块。用于产品的文字描述，承担启下作用，可放置店铺理念定位或情感营销等内容。

三、移动端店铺描述页策划逻辑

描述页就像推销员，能够引导买家达成交易。移动端因显示界面小，更应注重对描述页的设计。一般来说，移动端描述页的策划逻辑分以下几步：

第一步，引起注意。比如用优惠券、活动海报等先引起买家的注意，防止跳失。

第二步，提升兴趣，突出产品卖点。可以从设计理念、穿戴效果、使用场景、体积重量、功能对比等角度来突出产品的核心卖点。

第三步，建立信任。通过展示权威证明或有说服力的材料，比如权威证书、工厂或品牌背书、原产地背书、质检报告、代言人、专家评审、授权书、进口报关单等，取得买家对产品的进一步信任。

第四步，消除疑虑。例如，针对用户"买了不合适能退吗""产品使用有问题怎么办""买了之后会不会降价"等疑虑，可做出"无理由退货""买贵退差价""免费保修"等承诺，消除用户的疑虑，促使交易达成。

活动二　设计移动端商品描述页 >>>>>

活动目标

➢ 学会使用自定义模板工具快速装修移动端店铺
➢ 能够根据移动端访客特点合理布局移动端商品描述页

> 能够根据标准调整移动端店铺图片规格
> 塑造不断学习、不断创新的职业理念，掌握自定义模块装修的技能

建议课时

> 3课时

活动准备

> 教学设备准备：计算机、多媒体网络教室或电子商务实训室。
> 教学组织形式：将学生分组，2~4人一个小组，以小组学习为主。

活动说明

移动端商品描述页是移动淘宝流量来源的重要入口。移动端商品描述页设置，不仅会增加移动端口的流量，更能增加产品的整体权重。在本活动中，我们将通过千牛学习移动端商品描述页的制作与发布方法。

活动步骤

步骤一： 在淘宝卖家后台左侧的菜单栏中，单击"商品"→"商品管理"→"我的宝贝"→"出售中的宝贝"选项。如图6-10所示：

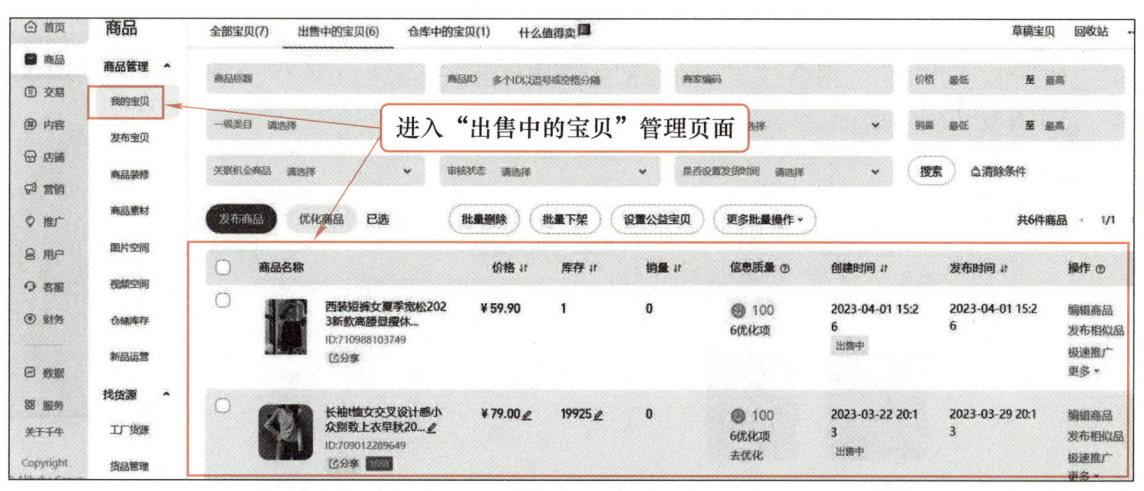

图6-10 进入"出售中的宝贝"管理页面

步骤二： 在已发布商品图右侧，单击"编辑商品"选项，进入宝贝描述页的编辑。如图6-11所示：

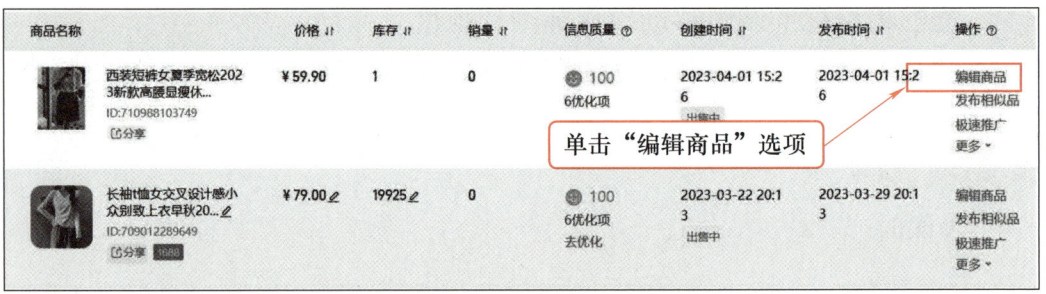

图 6-11　进入宝贝描述页的编辑

步骤三： 在宝贝的编辑页面中，单击"图文描述"，进入"手机端描述"页面，选择"使用旺铺详情编辑器"，单击"编辑手机详情"。如图 6-12 所示：

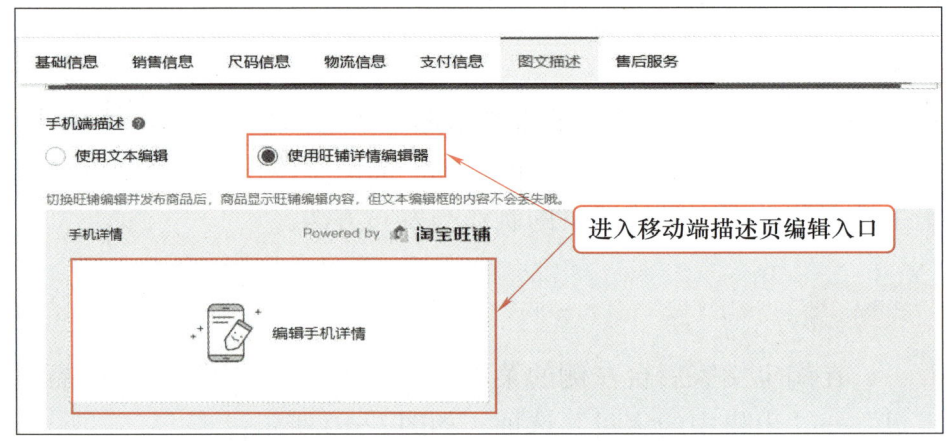

图 6-12　移动端描述页编辑入口

步骤四： 单击"导入"→"导入电脑端详情"选项，导入电脑端宝贝详情图片。如图 6-13 所示：

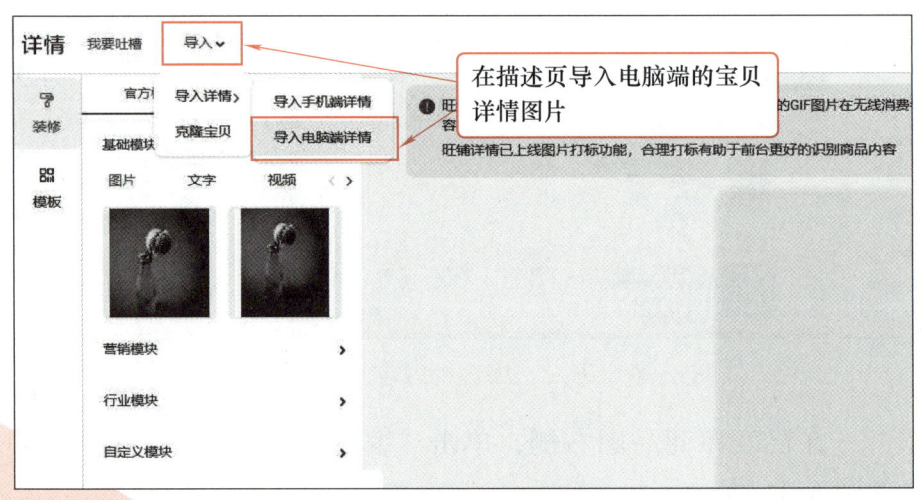

图 6-13　导入电脑端详情图片

步骤五：根据需要，设置详情生产效果，一般情况下为保证下载速度尽量选择"图文分离"方式，单击"确认"按钮即可。如图6-14所示：

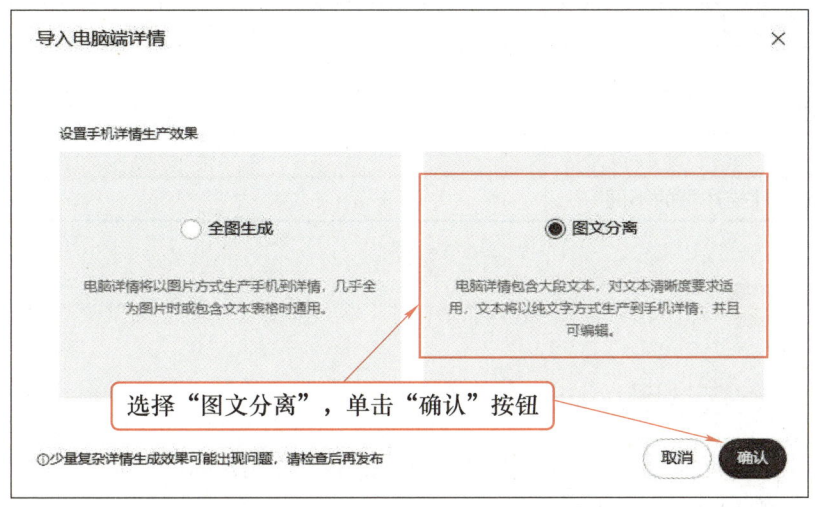

图6-14 设置详情生产效果

步骤六：更换其中的图片，将需要的图片留下，尽可能多地使用文字说明。单击"完成编辑"按钮即可。如图6-15所示：

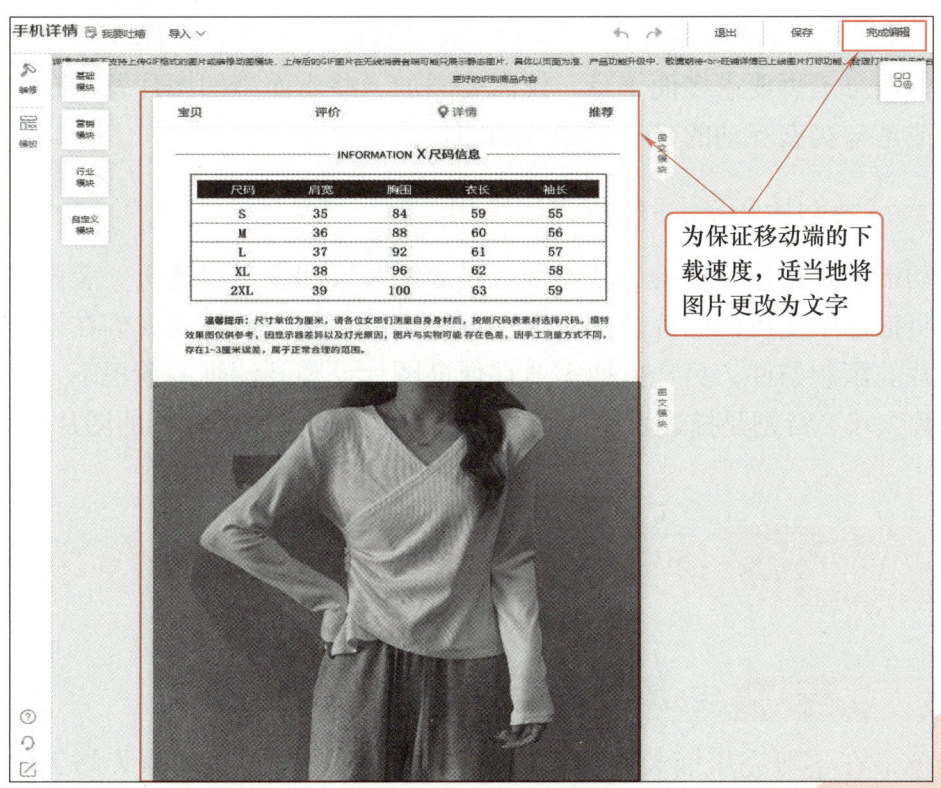

图6-15 更改图文内容

步骤七：完成移动端描述页设计操作，并完成表 6-2 的填写。

表 6-2　移动端描述页设计操作记录表

移动端描述页设计	详 细 内 容
含义	
合适尺寸的图片	
文字的使用	
总结与电脑端设计描述页的不同	

知识延展 >>>>

一、移动端店铺图片构图技巧

（1）图片构成元素要少。这里的元素不仅仅指店铺宝贝，还包括字体、文案、色彩、宝贝图片及构图创意等。

（2）注意放大细节和局部。使用手机的时候，手机距离人眼的距离较近，放大局部细节的图片容易给人眼前一亮的感觉，好像触摸手机屏幕即可触摸到实物一样。

（3）切勿堆积过多图片。不同于电脑端的是，移动端屏幕较小，因此其页面承载的信息不再要求多而丰富，仅需要添加一些小而精的图片及带有引导性的图片，或是与买家互动的带有趣味性的图片。

二、移动端店铺图片大小注意事项

移动端涉及图片使用的，基本上就是店铺装修和宝贝描述页。装修的各个模块及宝贝描述中使用的图片尺寸及大小都有限制，一方面需要我们在设计图片时考虑图片的限制条件；另一方面需要在保证图片完整及清晰的前提下，最大限度减小图片大小，特别是描述页中图片的处理，推荐使用比较专业的图片压缩工具。

活动三　填写移动端店铺操作记录表 >>>>>

活动过程记录 1 完成移动端淘宝店铺装修记录表的填写

目的： 在学习完店铺装修操作的基础上，做好自己店铺的装修工作，并了解移动端店铺装修的要点。

内容：设计移动端淘宝店铺的装修。

要求：完成移动端淘宝店铺的装修活动，至少添加三个以上的模块，同时完成表 6-3 的填写。

表 6-3　移动端淘宝店铺装修记录表

移动端店铺装修	详 细 内 容
装修模板的确定	
主题颜色的确定	
店招的设计	
模块的选择	
描述页图片的选择与处理	

活动过程记录 2　完成移动端商品描述页设计操作记录表的填写

目的：掌握移动端商品描述页设计的操作要点。

内容：记录移动端商品描述页设计的流程。

要求：完成移动端商品描述页的设计，并对操作中的体验感受进行记录，同时完成表 6-4 的填写。

表 6-4　移动端商品描述页设计操作记录表

序　号	移动端商品描述页设计	体 验 感 受
1	图片尺寸设计	
2	导入电脑端的图片	
3	更改移动端的图片	
4	替换图片为文字表达	

知识延展

移动端淘宝描述页最新设计规范

1. 基本要求

总体大小：图片 + 文字 + 音频应不超过 1.5MB，图片仅支持 JPG、GIF、PNG 格式。

2. 图片要求

宽度为 480～620 像素，高度不超过 960 像素，格式为 JPG、GIF、PNG。

3. 文字要求

（1）当需要在图片上添加文字时，中文字号不小于 30 号，英文和阿拉伯数字不小于 20 号。

（2）当需要添加的文字较多时，建议使用纯文本的方式编辑，使看起来更加清晰。

4. 音频要求

（1）每个商品描述页只能添加一个音频，时长建议不超过 30 秒，大小不超过 200K，格式为 MP3。

（2）音频内容可以围绕产品卖点、品牌故事、产品特色、产品优惠等展开。

活动四 实训测评 >>>>>

一、判断题

1. 商品移动端描述页是移动淘宝流量来源的重要入口。商品移动端描述页设置，不仅会增加移动端口的流量，更能增加产品的整体权重。（　　）

2. 移动端店铺色彩偏暗，特别是店招模块部分，装修完预览的时候，不够明亮，建议使用高明度或高纯度色彩，提高用户视觉体验。（　　）

3. 移动端店铺的体验感与浏览的通畅性、连贯性不如电脑端店铺。（　　）

4. 移动端店铺中高质量的图片费流量，省流量的图片没质量，很难两全。
（　　）

二、选择题（可单选、可多选）

1. 属于移动端描述页策划逻辑的是（　　）。
   A. 建立信任　　　　　　　　B. 核心卖点
   C. 免费保修　　　　　　　　D. 售后管理

2. 移动端描述页图片的高度应小于等于（　　）像素。
   A. 960　　　　B. 500　　　　C. 800　　　　D. 750

3. 以下哪个选项不属于店铺中的页面管理（　　　）。
   A. 店铺基础页　　　　　　　　　B. 店铺标签页
   C. 宝贝列表页　　　　　　　　　D. 宝贝详情页
4. 对于首页产品陈列，下列哪一项描述不正确（　　　）。
   A. 适当的留白会使画面分量感十足
   B. 错落有致的陈列方式可以营造空间感和跳跃感
   C. 服装产品应多使用挂拍方式进行图片展示
   D. 店铺首页布局越时尚、越靓丽越好
5. 以下关于移动端商品描述页的说法，正确的是（　　　）。
   A. 作为设计师一定要用图说话，所以描述页都要做成图片，以吸引买家
   B. 以细节图片和文字无限放大产品卖点，包括工艺、材质等细节说明，让买家充分了解商品的信息
   C. 产品类比就是与同类商品进行比较，挖掘本商品的独特优势
   D. 为了增强买家对商品的信任度，可以在描述页放上大量好评截图以增强买家对产品的信任感

三、简答题

1. 移动端店铺装修的技巧有哪些？
2. 在使用图片进行移动端店铺装修时，要注意哪些事项？
3. 移动端店铺描述页的图文内容应如何合理安排？
4. 简述移动端店铺装修可用模块的类型及作用。
5. 简述移动端描述页的设计规范。

活动五　实训总结与评价

活动目标

➢ 能以小组形式对学习过程和实训成果进行汇报总结
➢ 完成对学习过程的综合评价

建议课时

➢ 0.2 课时

> 活动实施

一、任务总结

以小组为单位,选择演示文稿、展板、海报、录像等形式中的一种或多种,向全班展示、汇报学习成果。汇报的内容应包括:

(1)能完成移动端淘宝店铺的开设;
(2)能完成移动端淘宝店铺各模块的布局;
(3)能完成移动端淘宝店铺的装修;
(4)能完成移动端商品描述页图片的导入;
(5)能完成移动端商品描述页的设计;
(6)能完成移动端商品描述页的优化。

二、综合评价

学习成果汇报完成后,请完成移动端店铺设置项目实训综合评价表的填写,见表6-5。

表6-5 移动端店铺设置项目实训综合评价表

评价项目	分值/分	自我评价	小组评价	教师评价	标　　准
移动端淘宝店铺的开设	10				熟练掌握:85～100分 基本掌握:75～84分 部分掌握:60～74分 没有掌握:60分以下
移动端淘宝店铺各模块的布局	20				
移动端淘宝店铺的装修	20				
移动端商品描述页图片的导入	10				
移动端商品描述页的设计	10				
移动端商品描述页的优化	30				
合　　计	100				

学生姓名:_____　综合评价等级:_____　教师姓名:_____　日期:_____

项目七
淘宝的排名优化

项目导读

合理商品排名是获得用户与流量的关键。淘宝商品想要取得好的销量,就需要我们在了解淘宝站内商品排名规则的基础上,对影响排名的因素进行优化。通过本项目的学习,学生将了解淘宝排名的影响因素,并掌握淘宝排名优化的基础操作方法。

建议课时

8课时

活动设计

- 活动一　缴纳消保保证金
- 活动二　优化商品标题
- 活动三　设置商品上下架时间
- 活动四　填写淘宝店铺优化计划
- 活动五　实训测评
- 活动六　实训总结与评价

知识目标

- 理解店铺动态排名对店铺运营的重要意义
- 掌握提升店铺动态排名的主要策略
- 理解关键词对标题优化的提升作用

- 掌握最佳商品上架时机
- 了解对提升搜索排名有贡献的几种排名优化方式

能力目标

- 能够掌握加入消费者保障服务的操作方法
- 能够合理组合关键词以优化标题
- 能够通过优化标题提升商品搜索排名
- 能够通过工具优化商品的上下架时间
- 能够整合店铺商品营销目标以提升店铺流量

素质目标

- 树立依法经营、守法诚信的岗位精神
- 树立保护消费者权益的法律意识
- 树立诚信经营、以满足消费者需求为先的经营理念
- 培养踏实认真、诚实守信的职业操守
- 培养重视质量、讲求效率的现代服务意识

活动一 缴纳消保保证金

活动目标

- 了解淘宝平台上的消费者保障服务内容
- 在平台上完成店铺加入消费者保障服务的操作
- 了解加入消费者保障服务对店铺和消费者的好处
- 树立诚信经营、以满足消费者需求为先的经营理念

建议课时

- 1课时

项目七 淘宝的排名优化

活动准备

> 教学设备准备：计算机、多媒体网络教室或电子商务实训室。
> 教学组织形式：将学生分组，2～4人一个小组，以小组学习为主。

活动说明

加入消费者保障服务，不仅能增加买家的信任感，减少卖家的信息成本，而且在搜索时商品拥有消保图标，有利于提高商品的排名，是淘宝排名优化中最为简单的方法。在本活动中，我们将学习加入消费者保障服务的操作方法。

活动步骤

步骤一：登录淘宝后台，单击左侧菜单栏上"财务"→"保证金"选项。如图7-1所示：

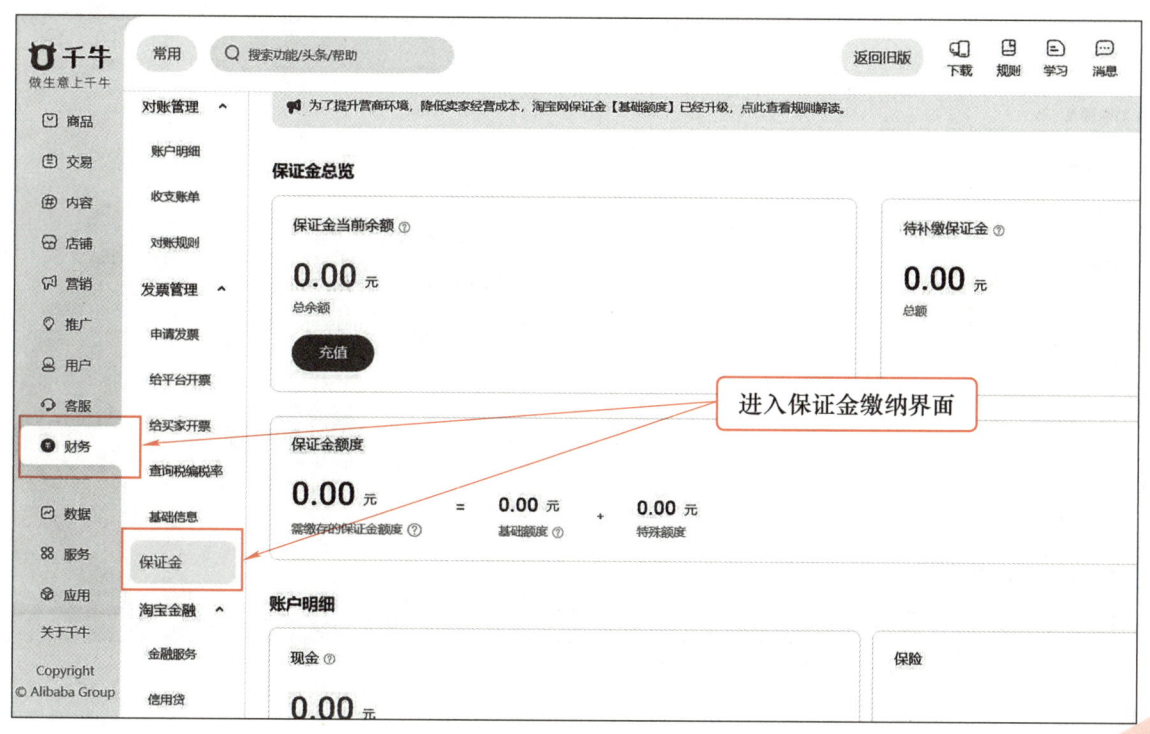

图7-1 进入保证金缴纳界面

步骤二：查看保证金缴纳规则，确认是否需要缴纳保证金。如图7-2所示：

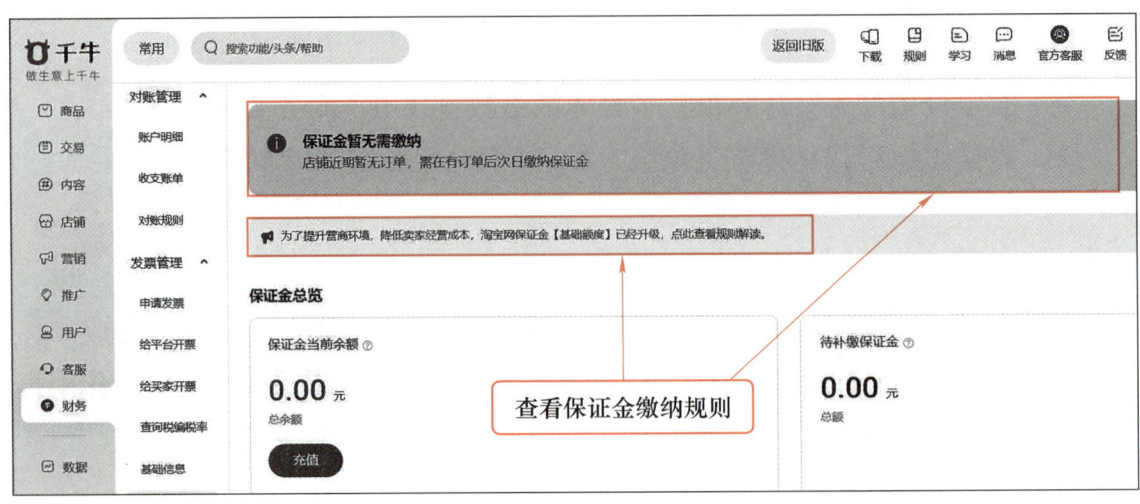

图 7-2　查看保证金缴纳规则

步骤三：单击"保证金总览"下的"充值"按钮，填入缴纳金额后单击"立即充值"按钮。如图 7-3 所示：

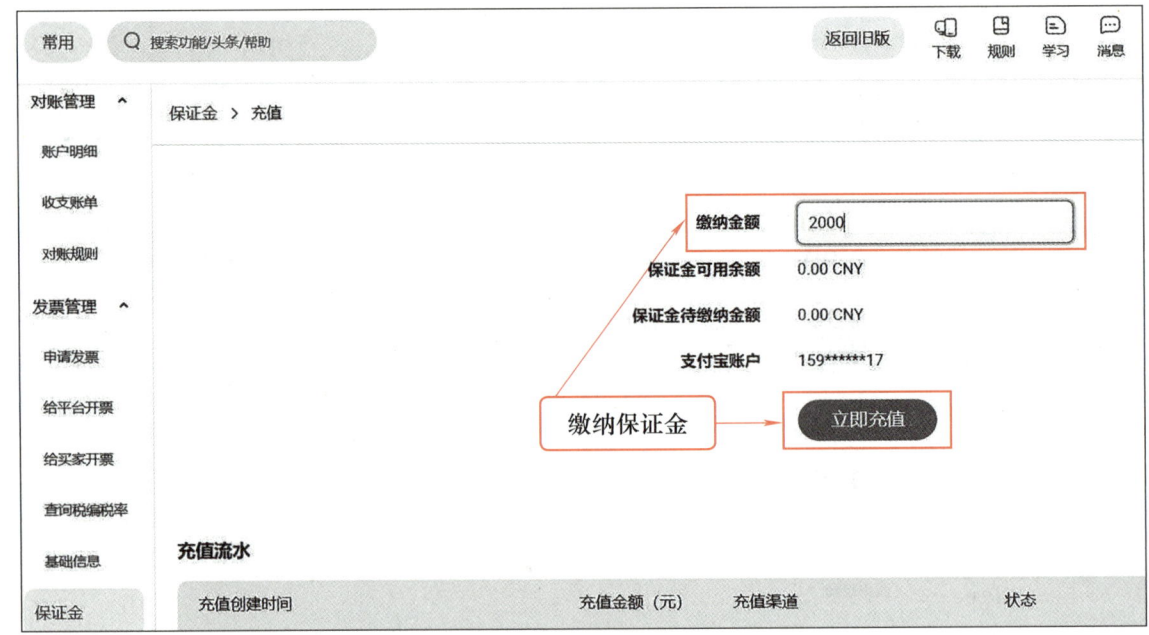

图 7-3　缴纳保证金

步骤四：单击"提交保证金"，输入支付密码并单击"确定"按钮。此时，支付宝上的这部分资金将被冻结，作为消费者保障服务的保证金。如图 7-4 所示：

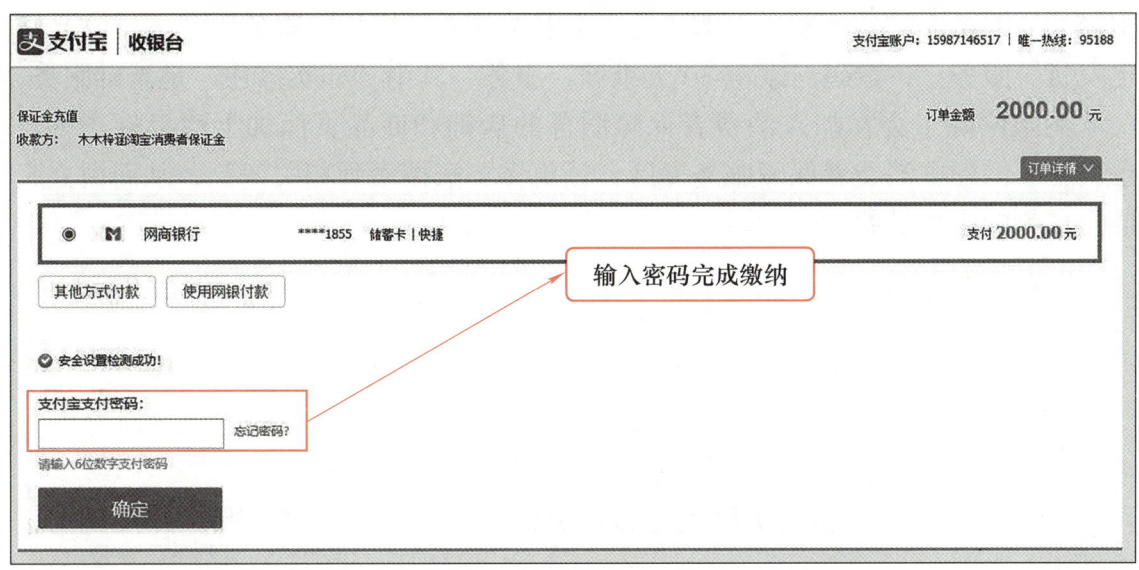

图 7-4　成功缴纳保证金

素养园地

诚 信 经 营

《中华人民共和国消费者权益保护法》第五十五条规定：经营者提供商品或者服务有欺诈行为的，应当按照消费者的要求增加赔偿其受到的损失，增加赔偿的金额为消费者购买商品的价款或者接受服务的费用的三倍；增加赔偿的金额不足五百元的，为五百元。法律另有规定的，依照其规定。

依据法律和社会的公序良俗，诚信经营是店铺运营管理的基本底线。

步骤五：完成操作后，完成表 7-1 的填写。

表 7-1　加入消费者保障服务记录表

加入消费者保障服务	详　细　内　容
含义	
阅读消费者保障服务加入说明	
提交加入消保申请	
支付保证金	

知识延展 >>>>

一、消费者保障服务的内容

消费者保障服务是针对买家购物安全的套餐服务，目前推出的服务有"如实描述"服务、"假一赔三"服务、"7天无理由退换货"服务、"虚拟物品闪电发货"服务、"数码与家电30天维修"服务，其中"如实描述"是基础服务。

淘宝网除了会在加入消费者保障服务的店铺和商品页面加上醒目标志外，也会在全网建立消费者保障服务专区，让更多买家搜索到相关商品，从而树立起值得信赖的服务品牌。

二、申请加入消费者保障服务的条件

（1）用户必须是淘宝网注册用户；
（2）用户卖家好评率97%以上；
（3）用户被投诉成功率不超过1%；
（4）用户同意按相关协议规定缴存保证金于自己的支付宝账户并授权淘宝冻结；
（5）用户的申请未被淘宝或支付宝公司否决。

三、加入消费者保障服务的好处

（1）加入消保的商品会被加上特殊标记，并有独立的筛选功能，让商品可以马上被买家找到；
（2）拥有相关服务标记的商品可信度高，买家更容易接受；
（3）为提高交易质量，淘宝网单品单店推荐活动只针对消保卖家开放；
（4）淘宝网橱窗推荐位规则针对消保卖家有更多奖励；
（5）淘宝网抵价券促销活动只针对消保卖家开放；
（6）淘宝网其他服务优惠活动会优先针对消保卖家开放。

活动二　优化商品标题 >>>>>

活动目标

- 知晓标题优化的方法
- 能够借助多种渠道寻找关键词
- 能够合理组合关键词优化标题
- 树立惜时守信、不做虚假宣传的职业操守

项目七
淘宝的排名优化

建议课时

> 3 课时

活动准备

> 教学设备准备：计算机、多媒体网络教室或电子商务实训室。
> 教学组织形式：将学生分组，2～4人一个小组，以小组学习为主。

活动说明

商品的标题优化是淘宝搜索排名优化的一部分，优质的标题能有效提高搜索展现量，获得更多的关注与流量。在本活动中，我们将学习商品标题优化的要点及商品标题优化的方法。

活动步骤

步骤一：打开生意参谋，选择"品类"→"商品360"，输入要优化的商品标题，单击"标题优化"，优化时间选择7天或30天都可以。如图7-5所示：

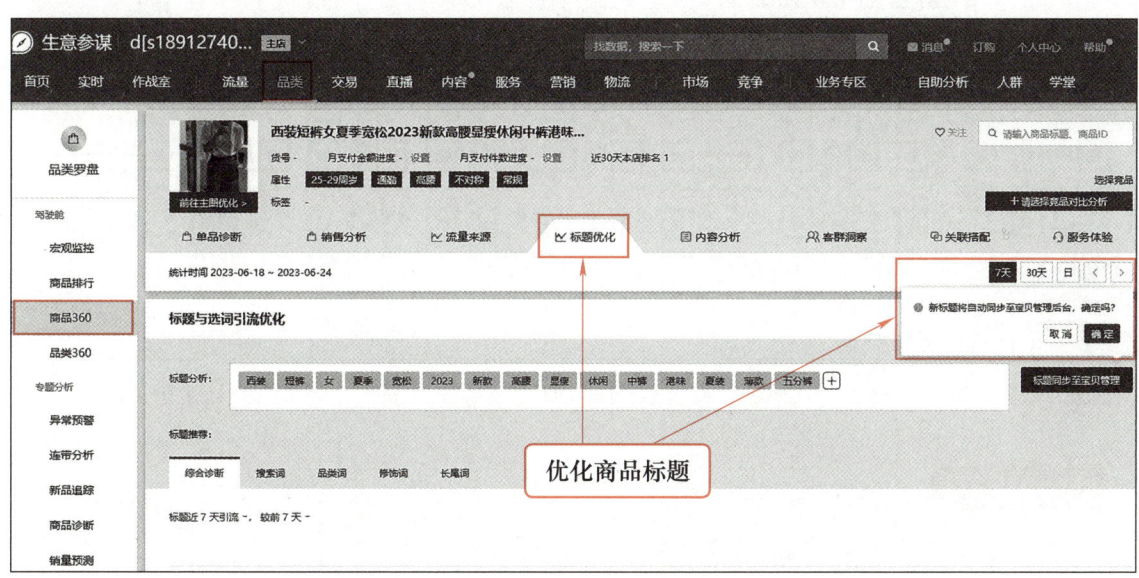

图7-5　使用生意参谋优化商品标题

步骤二：将鼠标移到词根上去，就可以看到该词根的引流人数和支付转化率，通过数据对比分析，可以找出商品标题当中引流和转化能力较差的词根或者无效的词根。如图7-6所示：

131

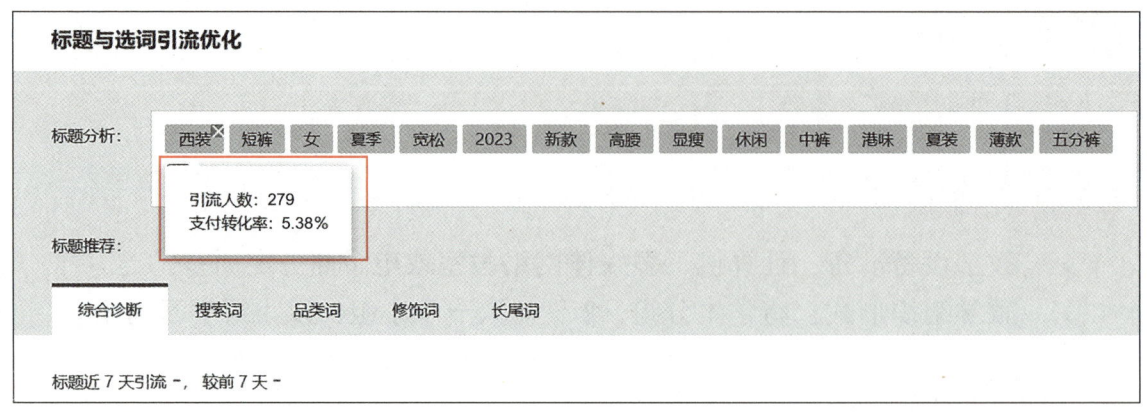

图7-6 标题与选词引流优化

步骤三：在生意参谋中，选择"市场"，然后选择"搜索分析"，输入商品的核心关键词，比如输入"连衣裙"，在"相关分析"下就可以看到与该核心关键词相关的一些搜索词。如图7-7所示：

图7-7 寻找市场当中的优质关键词

> 💡 **小提示**
>
> **注意关键词与商品的相关性，避免虚假宣传和夸大失实**
>
> 《中华人民共和国反不正当竞争法》第八条规定：经营者不得对其商品的性能、功能、质量、销售状况、用户评价、曾获荣誉等作虚假或者引人误解的商业宣传，欺骗、误导消费者。经营者不得通过组织虚假交易等方式，帮助其他经营者进行虚假或者引人误解的商业宣传。

步骤四： 将这些关键词复制到表格中，用在线商品数除以搜索人气，得出该关键词的竞争度；然后再结合支付转化率，找出支付转化率高且竞争度低的蓝海关键词；将找到的蓝海关键词拆分成独立的词根，最后用潜力词根替换掉商品标题中的无效词根或者效果较差的词根，从而完成标题的优化。如图 7-8 所示：

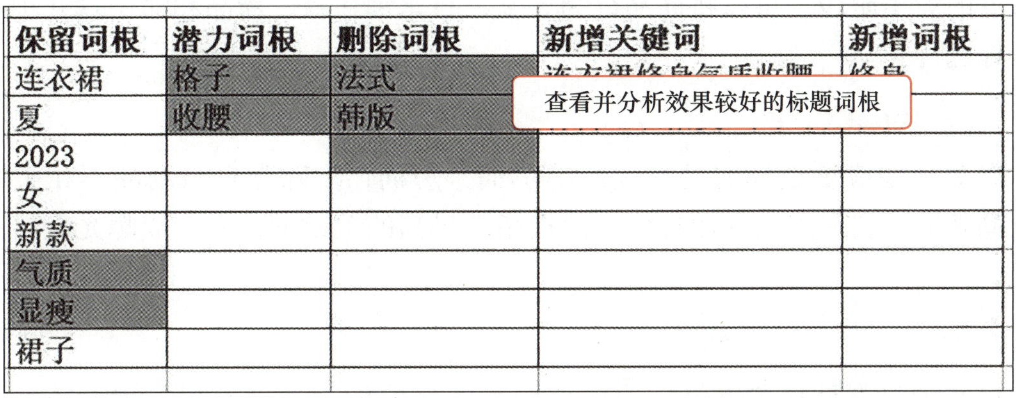

保留词根	潜力词根	删除词根	新增关键词	新增词根
连衣裙	格子	法式	连衣裙修身气质收腰	修身
夏	收腰	韩版		
2023				
女				
新款				
气质				
显瘦				
裙子				

查看并分析效果较好的标题词根

图 7-8　替换关键词并完成标题优化

步骤五： 将经过多种方法选择的关键词记录下来形成关键词记录文档，并完成表 7-2 的填写。

表 7-2　商品标题优化记录表

商品标题优化	详细内容
含义	
商品标题关键词查找	
商品标题的优化操作	
商品标题优化结果	

> 💡 **小提示**
>
> **突破性关键词的确立**
>
> 在做好商品标题优化后，要确立其中一个关键词作为突破性关键词，然后重点提升这个突破性关键词的排名，使它的排名靠前，从而带来自然搜索流量。等到商品的基础销量足够大时，可以再确立搜索人气更高的关键词作为商品的突破性关键词。

> **知识延展** >>>>

商品标题的优化方法

商品标题的优化，实际上是关键词的组合优化，从而得出高质量的商品标题，以提升商品的竞争力，提高商品的点击率，获得更优质的自然流量。按照商品所处的竞争阶段，可以将商品分为爆款、日常销售款、新品和滞销款几种类型进行标题优化。

1. 爆款标题优化

爆款标题应该选择的是行业内的热词、短词，剔除和自身商品不相关的属性及品牌词，选择点击次数最多、热搜指数最高的关键词，组合成曝光度最高的标题。

2. 日常销售款标题优化

日常销售款选择关键词，应该以商品的属性词为基础进行关键词拓展，从而达到较高的转化率。可选择展现指数和点击指数较高的属性关键词。

3. 新品和滞销款标题优化

这类商品要尽可能获得精准的搜索流量，尽量选择将竞争度小但较精准的关键词放到标题中，例如优质的长尾词等。

活动三　设置商品上下架时间 >>>>>

活动目标

- 能够理解商品上下架时间对店铺动态得分的影响
- 能够掌握店铺流量高峰期的时间
- 能够合理分配店铺内商品的上下架时间
- 培养严谨认真、精益求精的工匠精神

建议课时

- 1课时

> 项目七
> 淘宝的排名优化

活动准备

➢ 教学设备准备：计算机、多媒体网络教室或电子商务实训室。
➢ 教学组织形式：将学生分组，2～4人一个小组，以小组学习为主。

活动说明

根据商品离下架时间越近排名越靠前的特点，通过设置均匀的商品上架时间，保证在每7天的商品上下架周期中，有排名靠前的商品对店铺进行流量的导入。在本活动中，我们将通过千牛工具完成商品的自动上下架操作，学习通过控制商品上下架时间为店铺带来最大化流量的操作。

活动步骤

步骤一：登录卖家中心后台，在左侧菜单栏中单击"商品"下的"商品管理"选项，选择"仓库中的宝贝"，选择要上架的商品，单击商品后方的"更多"，选择上架方式。如图7-9所示：

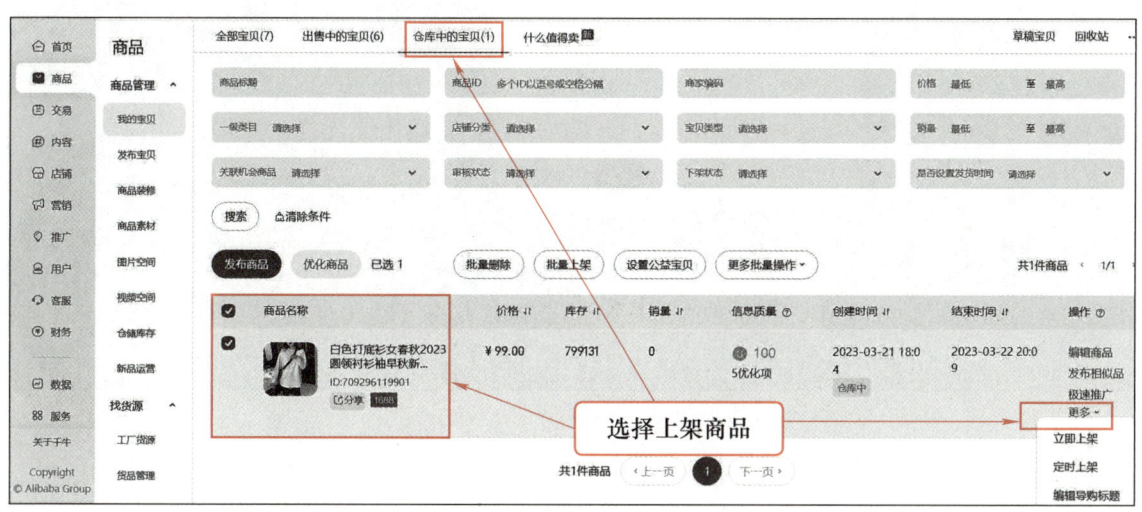

图7-9 选择商品后进行上架处理

步骤二：选择"定时上架"，在弹出的对话窗口中设置上架时间，单击"确定"按钮。如图7-10所示：

步骤三：再单击弹出对话框里的"上架"按钮，完成定时上架处理操作。如图7-11所示：

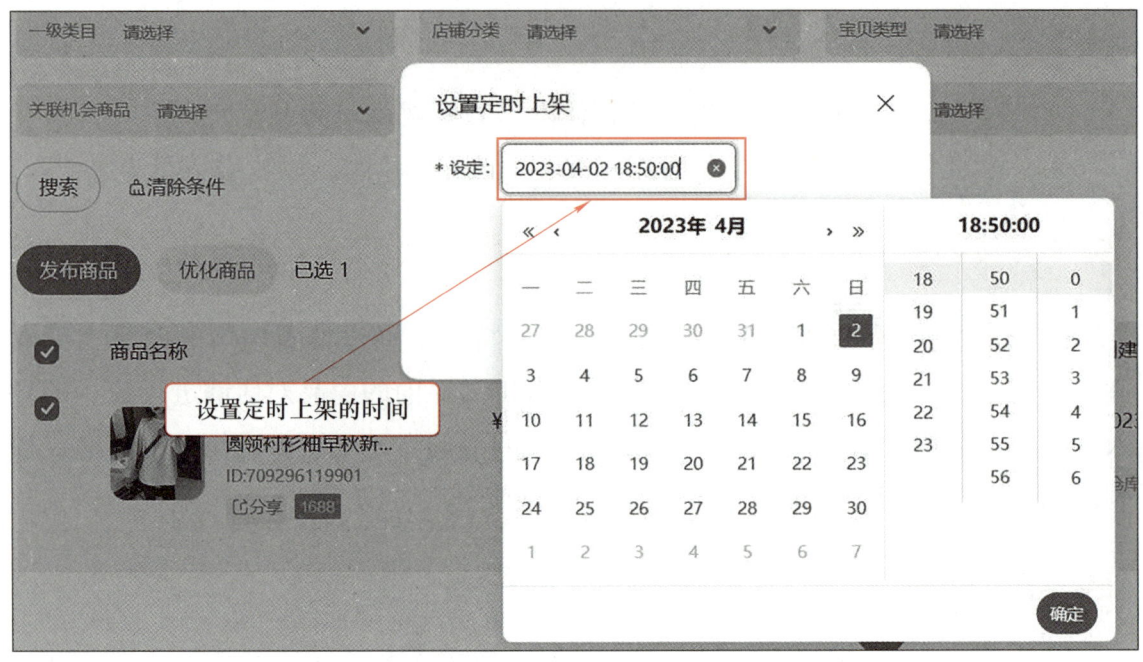

图 7-10　设置上架时间

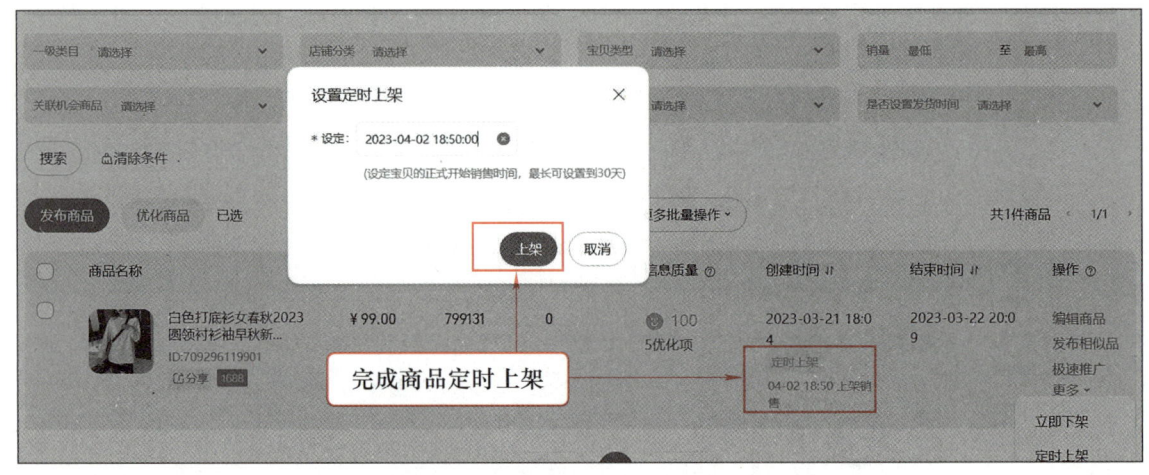

图 7-11　完成商品定时上架

> 💡 **小提示**
>
> 商品上架时间间隔的计算
>
> 商品上架的时间间隔 = 上架时长 / 需要上架的商品数量。比如选择 9:00 到 11:30 这个时间段上架，上架商品有 5 个，那么上架商品时间间隔 =150/5= 30 分钟，也就是每隔 30 分钟上架一个商品。

步骤四： 完成商品的定时上架处理后，完成表 7-3 的填写。

表 7-3　商品上架记录表

商品上架	详细内容
含义	
需要上架的商品	
上架时间的确定	
设置上架的开始时间	
间隔时间的计算	
上架的实践操作	

知识延展 >>>>

一、如何安排商品的上下架时间

对于商品上架时间，需要根据流量获取的最佳时间来安排。一般来说，上架时间确定在流量较大的星期二、星期三、星期四这三天为宜，周六、周日人相对少些。

对于商品每天的上架时间，需要分析每个类目的最佳上架时间点，针对的客户群不同最佳的上架时间也不同。最佳的上下架时间可通过相关运营数据分析得出，合理安排商品的上下架时间，保证商品的排名展现。

二、上下架的技巧

（1）选择上架时间为七天，可以获得更多的宣传机会。

（2）商品最好选择在黄金时段内上架，如 11:00 至 16:00 以及 19:00 至 23:00，每隔半小时左右发布一个新商品。选择间隔发布商品，可以保证在整个黄金时段内，都有即将下架的商品可以获得较靠前的搜索排名，从而为店铺带来较大的流量。

（3）每天都坚持在两个黄金时段内发布新商品。一周之后，每天都有靠前的商品下架展示，周而复始。对于商品数量较多的卖家，在其他时段也可以发布一些商品。坚持做好上下架细节，在每天的黄金时段内，都能获得较好的展现位。

（4）所有的橱窗推荐位都用在即将下架的商品上。

活动四 填写淘宝店铺优化计划 >>>>>

活动过程记录 1　完成商品标题优化记录表的填写

目的： 学习商品的标题撰写技巧，并学会使用多种途径优化自己的商品标题。

内容： 商品标题优化操作。

要求： 对商品标题进行优化操作，并简略描述各项步骤，完成商品的标题优化，同时完成表 7-4 的填写。

表 7-4　商品标题优化记录表

商品标题优化	具 体 描 述
商品的类目选择	
相似商品的标题写法	
商品标题中关键词的确定	
合理排序并挑选关键词	
商品标题优化结果	

活动过程记录 2　完成商品的排名优化处理体验报告的填写

目的： 了解商品排名优化的方法，例如加入消费者保障服务、利用淘宝助理对商品进行上下架操作、使用商品橱窗推荐等。

内容： 对商品进行排名优化处理。

要求： 记录对商品排名优化处理的方法和流程，同时完成表 7-5 的填写。

表 7-5　商品的排名优化处理体验报告

序　号	商品的排名优化处理	体 验 感 受
1	加入消费者保障服务	
2	商品的上下架时间处理	
3	商品的上下架操作	
4	商品的橱窗推荐操作	

知识延展 >>>>

淘宝店铺做排名优化的误区

误区一：淘宝搜索排名结果会倾向于大卖家

大卖家之所以流量较多，主要是因为他们的产品比起中小卖家来说更全面，同时也更熟悉淘宝的搜索规则，在优化、推广方面做得更加精准，服务更到位，累积的老客户也更多；而中小卖家，无论是商品数量还是经验上都相对少一些，自然得到的流量也少一些。中小卖家想要获得较好的排名，可通过做好商品与店铺的权重来慢慢积累优势。

误区二：新上架的商品在人气排名中一定是靠后的

很多卖家认为由于刚上架的商品没有任何可以计算的参数，所以在人气排名上也会比较靠后，这是很多卖家都会担心的事。实际上，淘宝对于新上架的商品，会给予一个默认的人气分，这个人气分能够保证新上架的商品也可能会有一个较好的排名。但如果经过一段时间的运营，商品的各个影响排名的参数没有任何提高，那么这个商品的人气分就会下降。因此，抓住新品的流量期也是店铺运营的重要工作。

误区三：淘宝人气排名比淘宝直通车商品要更优先

直通车是付费广告，使用直通车做推广，销量、收藏、转化率等各个影响人气排名的因素肯定都会有所提升，从而使得人气排名也会自然提升。

误区四：搜索结果看不到商品就认为商品被屏蔽了

淘宝的搜索结果中，每页可展示 40 个商品，一共可以查看 100 个页面。如果店铺商品的排名在 4000 名以外，则商品不被展现。一般情况下，大部分买家只会在搜索结果页面的 1～3 页内查找商品，5 页以后的商品带来的流量则非常低。绝大部分的流量在第一页就已经被用尽了。因此，无论是通过自然排名还是付费排名，都尽量让店内商品排在前 3 页搜索结果中。

误区五：活动越多人气排名越高

销量对商品的人气排名有着至关重要的作用。以前，很多淘宝卖家通过做聚划算等活动，打造爆款产品，然后再聚拢人气，把排名迅速提升到前几位，从而成就整个店铺的崛起。但从淘宝的新规则来看，淘宝搜索结果页面和类目商品列表页面中的"最近成交笔数"，将去掉聚划算、淘金币、天天特价、试用中心及淘宝官方活动期间的销量，并不计入搜索排序。折扣活动所产生的销量在搜索中的影响会比较小。在销量排序中会减去开展这些活动所积累的销量。因此，此类促销活动所带来的销量对人气排名的影响非常小。

误区六：搜索排名会随着店铺和商品的收藏量提高而提升

最新的商品排名规则中，收藏量已经不再作为考核参数，淘宝已将刷流量和收藏等行为视为作弊，并且会进行处罚。

误区七：只重视流量和销量，忽略客户体验

很多卖家在运营店铺期间，一味追求高流量、高销量，而忽略了客户体验。淘宝最近出台的各项政策表明，淘宝以后将会加强监管卖家服务质量，在搜索、营销、培训等方面向重品质、重服务的卖家倾斜；也会根据店铺的好评率、商品与描述相符度、卖家的服务态度、发货速度、退款率、纠纷退款率 6 个指标，结合各类目服务平均水平制订标准，让品质好、服务好、评价好的卖家获得更多展现店铺和商品的机会。而对于那些各项指标普遍低于平均水平的店铺，淘宝也会在搜索、营销方面给予限制。

所以，店主要想做好淘宝排名优化，就一定要重视产品和服务质量，提升客户在淘宝的购物体验，这样淘宝才会给予一定的服务和支持。也只有品质好、服务好的诚信卖家，才能在未来激烈的网购市场竞争中脱颖而出。

活动五 实训测评 >>>>>

一、判断题

1. 单品的评分与单品的搜索展现没有直接关系。（   ）

2. 加入消费者保障服务，不仅能增加买家的信任感，减少卖家的信息成本，而且在搜索时商品拥有消保图标，有利于提高商品的排名。（   ）

3. 如果店铺或者产品被扣分过多，那么该商家基本进入不了前几页的排名。
（   ）

4. 淘宝网除了会在加入消费者保障服务的店铺和商品页面加上醒目标志外，也会在全网建立消费者保障服务专区，从而树立起值得信赖的服务品牌。
（   ）

5. 淘宝搜索中，前几个页面的商家基本描述、发货速度、服务态度都是在平均水平之上的商家。（   ）

二、选择题（可单选，可多选）

1. 店铺权重与哪些因素不相关（   ）。
   A. 同行得分　　　　　　　　　B. 店铺得分
   C. 竞争对手得分　　　　　　　D. 最低得分

2. 影响商品关键词的各项指标中不包括哪一项（　　）。
   A. 类目　　　　B. 属性　　　　C. 商品　　　　D. 标题
3. 加入消费者保障服务的好处，以下说法不正确的是（　　）。
   A. 在加入消保的商品上加上特殊标记，并有独立的筛选功能，让商品可以马上被买家找到
   B. 淘宝网服务优惠活动不会优先针对消保卖家开放
   C. 拥有相关服务标记的商品可信度高，买家更容易接受
   D. 淘宝网橱窗推荐位规则针对消保卖家有更多奖励
4. 淘宝站外的引流方式有（　　）。
   A. 博客　　　　B. BBS　　　　C. QQ空间　　　D. 签名档
5. 申请加入消费者保障服务的条件，说法正确的有（　　）。
   A. 用户必须是淘宝网注册用户
   B. 用户卖家好评率97%以上
   C. 用户同意按相关协议规定缴存保证金于自己的支付宝账户并授权淘宝冻结
   D. 用户的申请未被淘宝或支付宝公司否决

三、简答题

1. 什么时间段上下架商品最好？
2. 简述商品排名里各项指标中的相关性原则。
3. 商品上架时间间隔如何计算？
4. 商品的上下架时间优化方式有哪些？
5. 淘宝店铺做排名优化需注意哪些误区？

活动六　实训总结与评价

活动目标

- 能以小组形式对学习过程和实训成果进行汇报总结
- 完成对学习过程的综合评价

建议课时

➤ 1课时

活动实施

一、任务总结

以小组为单位,选择演示文稿、展板、海报、录像等形式中的一种或多种,向全班展示、汇报学习成果。汇报的内容应包括:

(1)能完成参加消费者保障服务操作;
(2)能完成商品的标题优化;
(3)能完成商品的上下架优化。

二、综合评价

学习成果汇报完成后,请完成淘宝排名优化项目实训综合评价表的填写,见表7-6。

表7-6 淘宝排名优化项目实训综合评价表

评价项目	分值/分	自我评价	小组评价	教师评价	标准
参加消费者保障服务操作	20				熟练掌握:85~100分 基本掌握:75~84分 部分掌握:60~74分 没有掌握:60分以下
商品的标题优化	50				
商品的上下架优化	30				
合计	100				

学生姓名:_____ 综合评价等级:_____ 教师姓名:_____ 日期:_____

项目八
淘宝店铺的推广

项目导读

店铺的流量获取是网店持续经营的重中之重,通过多种方式、多种渠道的推广与引流是网店运营人员日常工作之一。通过本项目的学习,学生将掌握淘宝站内与站外的流量获取方式,知晓不同的推广渠道与推广方式,为网店凝聚更多的流量与人气。

建议课时

7课时

活动设计

- 活动一　淘宝站内推广
- 活动二　淘宝站外引流
- 活动三　填写推广计划表
- 活动四　实训测评
- 活动五　实训总结与评价

知识目标

- 理解直通车推广的算法原理
- 知晓直通车推广的方法
- 了解不同平台推广的方法与渠道
- 知晓淘宝联盟开展商品推广的方法
- 掌握根据店铺实际情况选择不同的推广方案的方法

能力目标

- 能够根据店铺经营状态合理选择推广渠道

- 能够申请淘宝站内付费引流工具
- 能够借助站外工具给店铺增加访问量
- 能够通过直通车工具设置推广计划
- 能够根据推广活动效果调整店铺推广策略

素质目标

- 弘扬社会主义核心价值观
- 树立诚信经营、依法开展营销活动的法律意识
- 培养严谨细致、高标准自我管理的个人职业素质
- 养成实事求是、科学严谨的工作态度
- 培养恪尽职守、开拓创新的职业精神

活动一 淘宝站内推广

活动目标

- 了解直通车推广计划设置的方法
- 能够使用直通车开展商品推广活动
- 能够根据店铺经营状态选择适当的站内活动
- 树立岗位安全意识,培养高职业敏感性

建议课时

- 2课时

活动准备

- 教学设备准备:计算机、多媒体网络教室或电子商务实训室。
- 教学组织形式:将学生分组,2～4人一个小组,以小组学习为主。

活动说明

淘宝站内推广,最常用的方式是直通车推广。直通车是一种按点击付费的营销推广工具,包含搜索关键词推广和非定向搜索推广等不同的方式。在本活动中,我们将通过设置直通车,学习站内单品和店铺的推广方法。

项目八 淘宝店铺的推广

活动步骤

步骤一： 登录淘宝千牛卖家中心，然后单击"推广"→"直通车"。直通车官方推广方案有货品快速引流、店铺流量提升、30天精准引流特惠包三种。如图8-1所示：

图8-1　进入直通车模块

步骤二： 直通车推广也可以自行设定推广计划，单击"新建推广计划"，进入推广计划设置界面，可以看到有智能推广和标准推广两种方式可选。如图8-2所示：

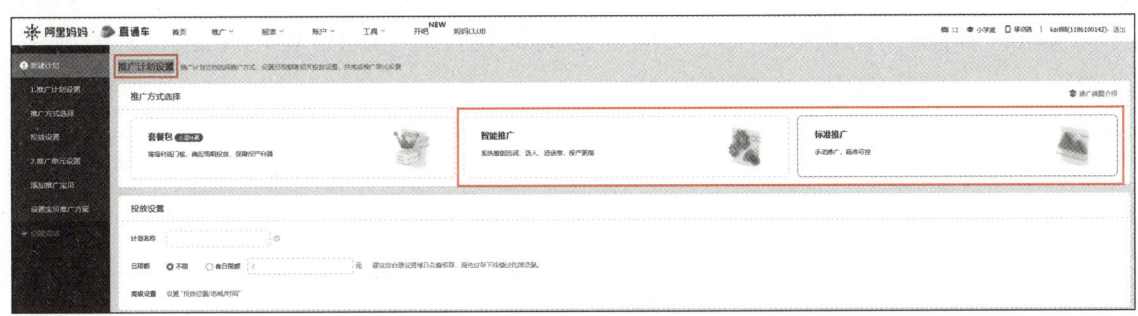

图8-2　推广计划设置

步骤三： 选择"标准推广"并进行投放设置，设定计划名称和日限额，还可以进行高级设置，包括投放位置、地域、时间等。如图8-3所示：

步骤四： 之后进行推广单元设置，可以选择推广商品，并设置商品的关键词、人群、创意、出价等信息。先单击"添加商品"，弹出选择界面，单击"确定"完成选择。如图8-4所示：

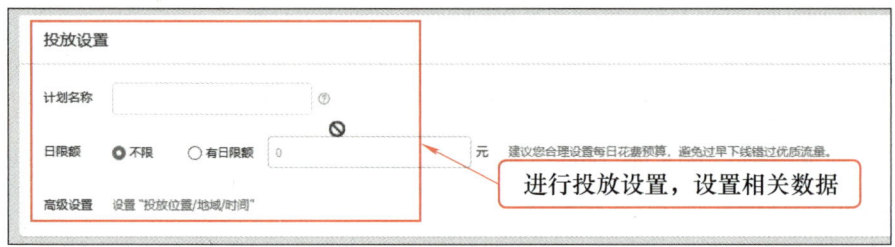

图 8-3 投放设置

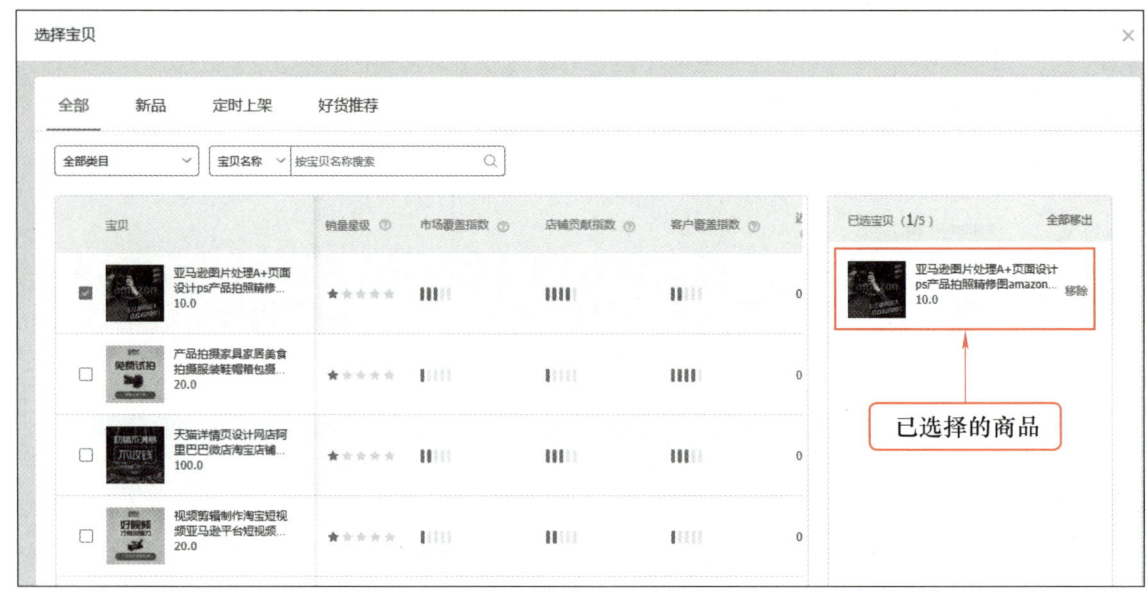

图 8-4 推广单元设置

步骤五： 之后设置宝贝推广方案。首先进行关键词设置，单击"+ 更多关键词"按钮，弹出"添加关键词"页面，包括词包推荐与词推荐两个选项。完成关键词添加后，确定退出。如图 8-5 所示：

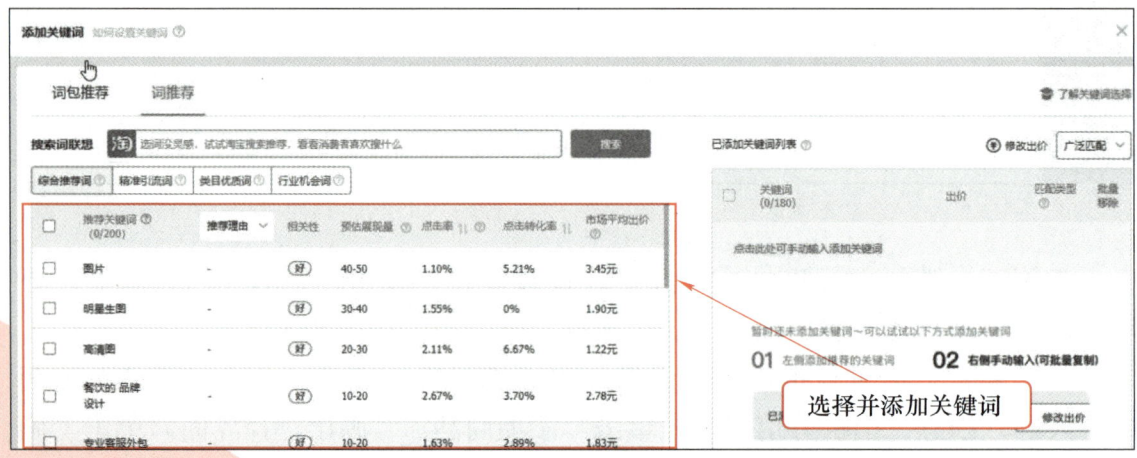

图 8-5 添加关键词

步骤六：完成关键词添加后，页面会显示优秀词包精选、优秀关键词精选两个列表，在列表可以设置出价、匹配方案等。如图8-6所示：

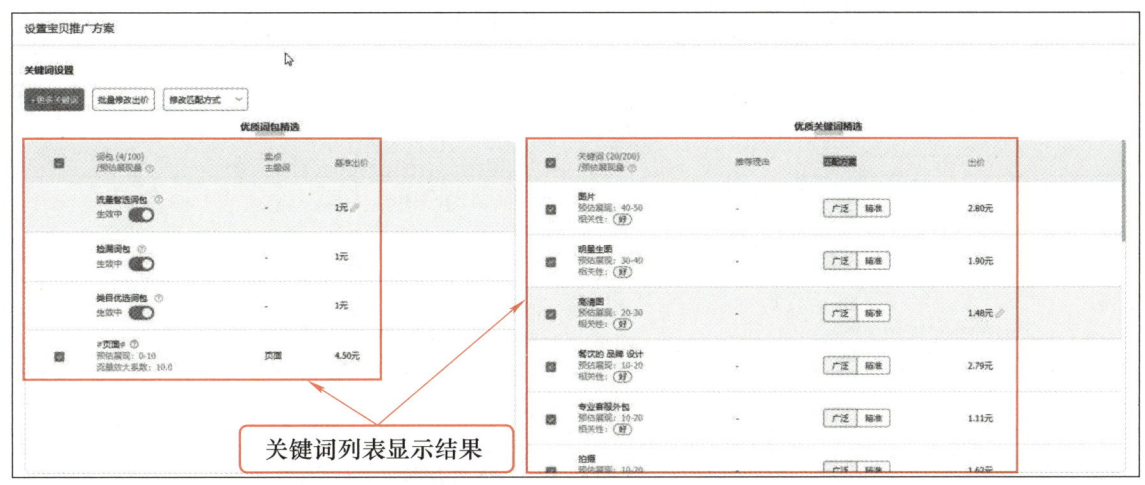

图8-6　设置推广方案

> **💡 小提示**
>
> **相关词和关键词相关性的区别**
>
> 相关词是与宝贝类目、属性、搜索关键词有相关性的词，关键词的相关性是指关键词的关键属性、类目属性与宝贝标题有相关性。区别就在于相关词是与宝贝相关的词语，关键词的相关性是用来形容关键词的属性的。如果相关词与宝贝类目、属性、搜索关键词的相关性高，且搜索量也很大，那么相关词也可以作为关键词来使用。

步骤七：进行人群设置。单击"+更多精选人群"按钮，弹出"添加精选人群"页面，其中有行业人群榜单（效果榜单、热度榜单、场景榜单）和自定义添加（商品定向人群、店铺定向人群、行业定向人群、基础属性人群、达摩盘人群）两个选项。自定义添加可设置性别、年龄、月均消费额度等。之后对选择的人群进行出价，如图8-7所示：

步骤八：完成上述设置后，页面会显示添加的精选人群的列表，其中包括精选人群、行业点击率、行业转化率、溢价比例、推荐理由等信息。如图8-8所示：

步骤九：进行智能创意及调价设置。这一项是指系统将自动生成创意标题、摘要、图片和视频素材并根据流量特点进行创意优选，助力点击率提升；同时还会设置优化目标与溢价上限。如图8-9所示：

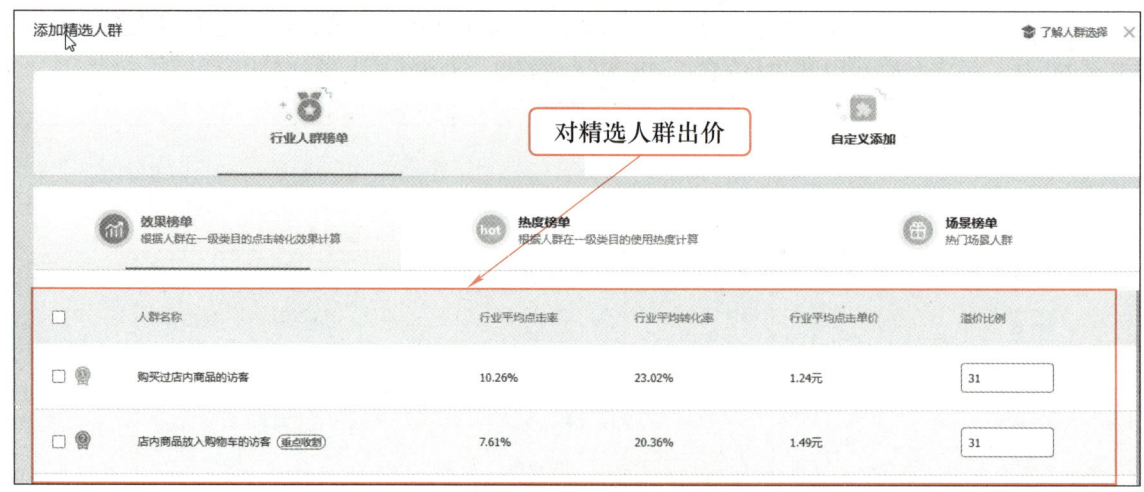

图 8-7 添加精选人群并出价

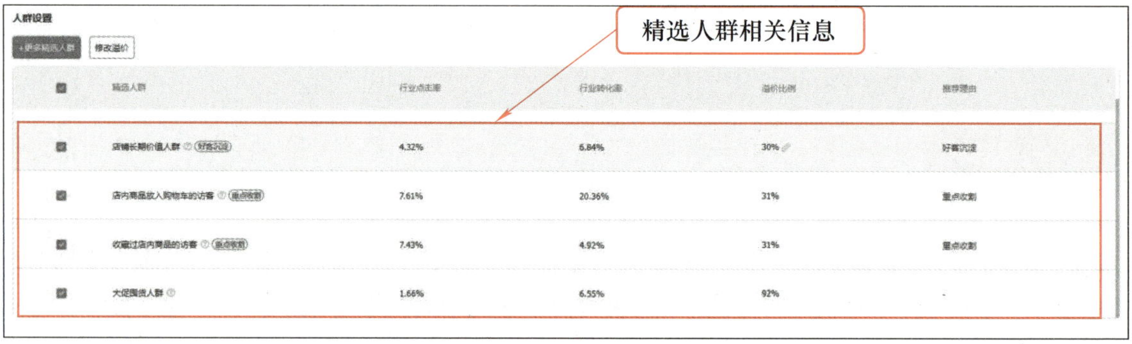

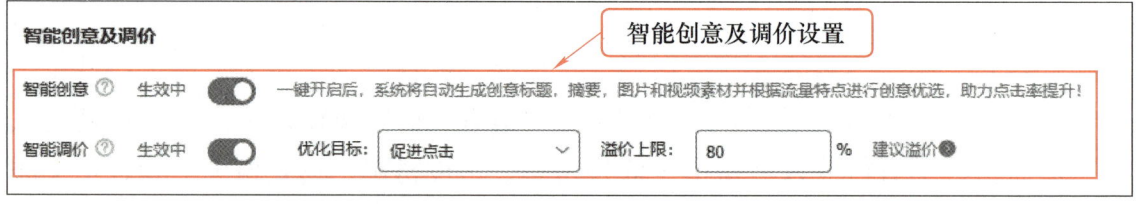

图 8-8 精选人群信息

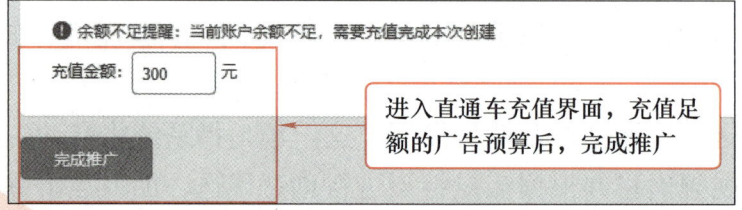

图 8-9 智能创意及调价设置

步骤十：最后进入直通车充值界面，充值足额的广告预算后单击"完成推广"。如图 8-10 所示：

图 8-10 直通车充值

> **小提示**
>
> **智能推广中几种投放方式的特点**
>
> 好货快投：全店优选，快速稳定拿量，围绕营销目标，定位优质商品，智能学习人群特征，快速获取高转化流量。
>
> 日常销售：店铺动销，获取高投产，以提升成交为目标，选取高转化词和人群，辅助最大化转化出价。
>
> 趋势明星：抢占趋势流量，低价引流，大数据挖掘当下趋势，抢占热度飙升的洼地流量，弯道超车。
>
> 活动引流：活动期间快速获取流量，挖掘活动兴趣人群，助力活动期效果提升。

知识延展 >>>>

一、申请开通直通车账户的基本条件（本条件发布日期为 2021 年 10 月）

（1）店铺状态正常。

（2）用户状态正常。

（3）淘宝店铺的开通时间不低于 24 小时。

（4）店铺综合排名（指阿里妈妈通过多个维度对商家进行排名，排名的维度包括但不限于商家的类型、店铺主营类目、店铺服务等级、店铺的历史违规情况等，以及阿里妈妈认为不适宜加入直通车的因素。店铺综合排名仅适用于淘宝、天猫直通车准入，阿里妈妈不对外公示具体的排名结果）。

（5）如店铺账号在淘宝、天猫平台有处罚记录，需要同时满足以下条件：

1）淘宝网店铺出售假冒商品违规 24 分及以上，距离最近一次处罚扣分的时间满 90 天；

2）淘宝网店铺严重违规行为大于等于 6 分，小于等于 12 分，距离最近一次处罚扣分的时间满 30 天；

3）淘宝网店铺严重违规行为大于 12 分，小于 48 分，距离最近一次处罚扣分的时间满 90 天；

4）天猫店铺、飞猪店铺严重违规行为近 90 天扣分不得超过 24 分。

（6）未在使用阿里妈妈或其关联公司其他产品（包括但不限于超级钻展、品销宝、淘宝客等）服务时因严重违规被中止或终止服务。

（7）经阿里妈妈排查认定，该账户实际控制的其他阿里平台账户未被阿里平台处以特定严重违规行为处罚或发生过严重危及交易安全的情形，且结合大数据判断该店铺经营情况不易产生风险。

（8）店铺主营类目需要符合"阿里妈妈用户准入店铺主营类目限制"的要求。

二、直通车推广商品的选择

直通车推广的商品最好是店铺中综合质量较高的商品。

（1）有累计售出记录且产品介绍里插入多个同类产品介绍，做直通车可达到最佳效果。

（2）信用度在一钻以下、好评率低于97%的商品做直通车效果不太理想。

（3）个性化、特色产品、差异化产品做直通车效果更佳。

（4）商品详情内容丰富、图片背景清晰、特点突出。

（5）能够独家在网上经营的大众化产品，也适合购买淘宝直通车。

三、直通车系统推荐词优化的四种词类型

系统推荐词优化，词的推荐方式有四种：综合推荐词、精准引流词、竞品优质词和行业机会词。

（1）综合推荐词，又称系统整合推荐词，是系统推荐出的与商品相关性较高且预估添加后效果较好的词。

（2）精准引流词，包括所选商品在手淘搜索场景的进店引流词，以及与商品相关性较高的店铺进店引流词。

（3）竞品优质词，与商品二级类目相同，属性、价格类似的直通车广告商品添加的点击或转化效果较为优质的关键词。

（4）行业机会词，行业上搜索热度较高、搜索趋势上涨或竞争度较小，且与商品相关性较高的机会词。

四、直通车智能推广营销手段的选择

直通车注重的是精准引流，包括标准推广和智能推广两种投放方式。智能推广是新手卖家以及运营精力有限的卖家进行直通车推广的最佳选择。直通车智能推广营销手段的选择如下：

（1）日常销售。系统会匹配转化率较高、流量较平衡的系统词给商品。

（2）趋势明星。获取当下消费者感兴趣的，热度飙升的流量。

（3）活动引流。系统会选择流量大、类目词相匹配的系统词给商品。

（4）周期精准投。推广全店的商品。

（5）商品测款。系统会匹配流量较大的系统关键词给商品。

活动引流的流量较大，日常销售投入产出比会稍高些，商品测款则介于两者之间。大促期想获得大流量适合使用活动引流，对于操作不熟练且预算较低的店铺可选择日常销售和商品测款。

活动二　淘宝站外引流 >>>>>

活动目标

- 能够通过淘宝联盟为店铺商品引流
- 了解各种站外推广工具和方法
- 发扬坚持不懈、灵活应变的岗位精神

建议课时

- 2课时

活动准备

- 教学设备准备：计算机、多媒体网络教室或电子商务实训室。
- 教学组织形式：将学生分组，2～4人一个小组，以小组学习为主。

活动说明

淘宝站外引流，是指通过各种流量推广平台与渠道将淘宝平台外的流量引入到自己的淘宝店铺。目前网络上有多种免费或付费推广网店的方法，如短视频、直播、登录搜索引擎、登录导航网站、利用社交群体推广、BBS论坛宣传、信息评价、电子邮件广告等。对于中小卖家而言，按成交付费的CPS淘宝客引流方式是淘宝站外流量的重要入口。在本活动中，我们将以淘宝联盟的推广操作为例，学习在千牛卖家工作台中设置淘宝客的站外引流方法。

活动步骤

步骤一： 在千牛卖家中心下，找到"推广"→"淘宝联盟"，查看《淘宝客推广软件产品使用协议》《隐私权政策》，单击"同意协议"。如图8-11所示：

图 8-11　进入淘宝联盟

> **小提示**
>
> 淘宝联盟的通用计划、定向计划和营销计划的区别
>
> （1）通用计划，是针对全店商品并且是每个商品默认、不需要单独申请的推广佣金比例。
>
> （2）定向计划，是针对某个特殊渠道单独设置的佣金比例。这些定向计划是需要淘客主动去申请的，只有申请通过后才能享受定向的佣金。
>
> （3）营销计划，分为两种形式：一种是自建营销计划，这种就是商家可以在淘宝联盟商家后台自己创建一个计划，选择对应的商品；另外一种就是加入招商淘客的活动，招商淘客的佣金比例一般大于店铺内的其他佣金比例。

步骤二： 了解完淘宝联盟后，开始设置通用计划佣金率，单击"立即设置"。如图8-12所示：

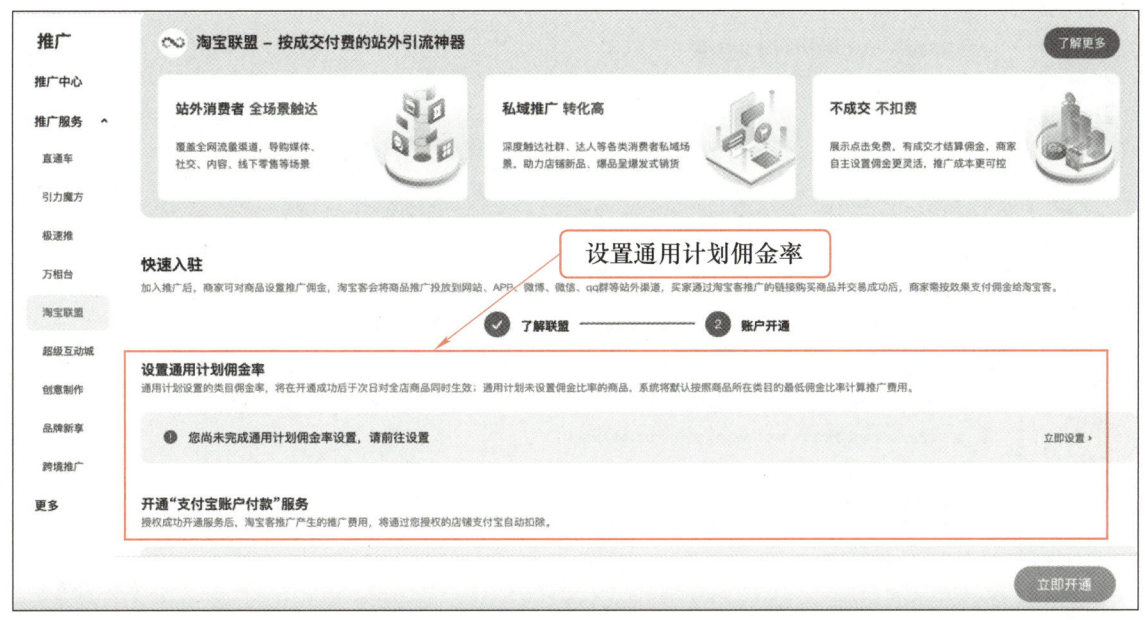

图 8-12　开始设置通用计划佣金率

步骤三： 进入设置通用计划佣金率界面，根据自己的商品设置淘宝联盟的通用佣金率，并单击"确定"按钮。如图 8-13 所示：

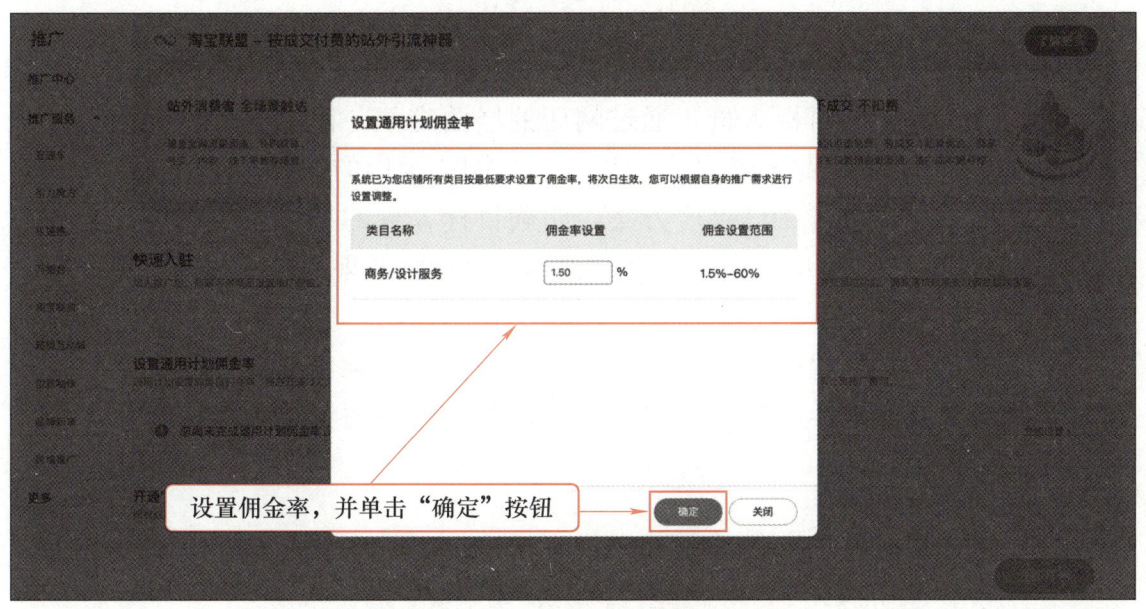

图 8-13　设置通用计划佣金率

步骤四： 开通"支付宝账户付款"服务后，单击"立即开通"，完成淘宝联盟设置。如图 8-14 所示：

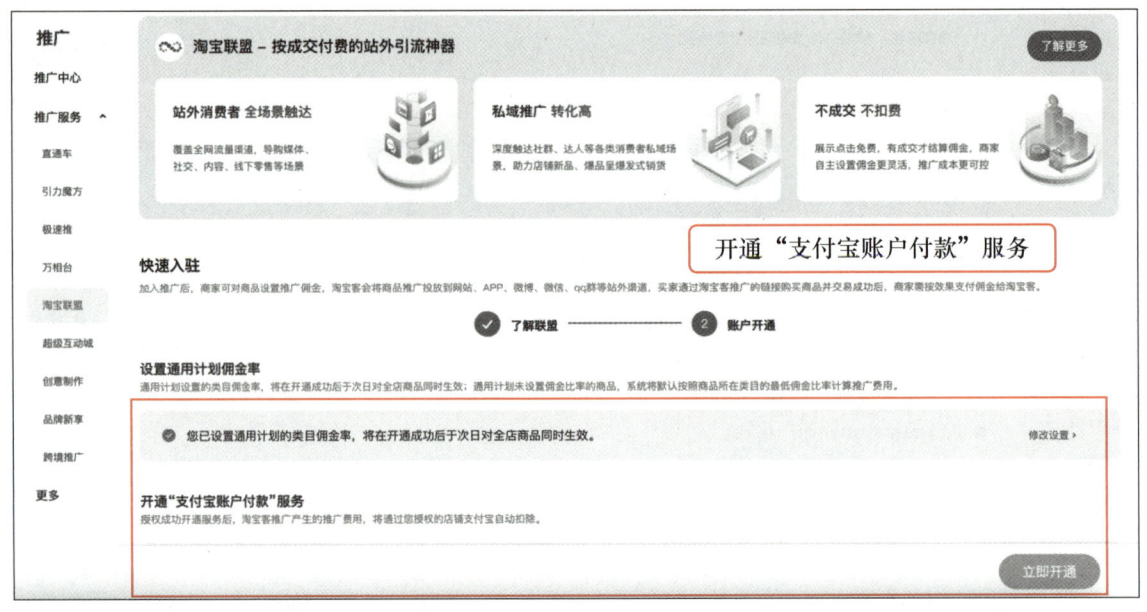

图 8-14　淘宝联盟设置完成

知识延展

网店推广注意事项

网店推广，是网店商品进入市场的重要推手，推广需要注意以下几点：

（1）分析网店的目标人群。通过网店的经营定位与商品的目标人群定位，根据客户的特性进行营销推广活动的设计，是网店推广的基础。

（2）根据目标人群制订推广方案。明确目标人群的特性后要制订一套具有针对性、可行性高的推广方案，整合有利于获得更好效果的推广方法，根据推广的结果不断优化推广方案。

（3）具备极强的执行能力。能否取得好的推广效果也要看推广方案的执行能力如何，有节奏地推进推广方案的执行，在过程中逐步完善推广的方法和流程，不断优化推广执行的结果。

活动三　填写推广计划表

活动过程记录 1　完成淘宝推广计划表的填写

目的：在充分了解淘宝站内营销、站外引流的基础之上，对店铺的推广做一个详细的计划。

内容：为店铺设计一个推广计划。

要求：选择一种或几种推广方式，做好店铺的推广计划，同时完成表 8-1 的填写。

表 8-1　淘宝推广计划表

站内推广计划	具 体 描 述	站外推广计划	具 体 描 述
计划时间		计划时间	
推广的目的		推广的目的	
交换友情链接		在淘宝论坛中发帖	
参加免费试用		登录导航网站	
加入淘宝直通车		通过 QQ 签名与空间推广	
参加满就送活动		通过博客推广	
参加聚划算		BBS 论坛推广	
开通钻石展位		电子邮件推广	

活动过程记录 2　完成淘宝推广计划的体验报告的填写

目的：了解淘宝店铺的推广方法、流程化操作的方式并记录操作步骤，为熟练掌握该技能进行记忆练习。

内容：淘宝推广计划操作。

要求：对淘宝推广方式完全理解并实施过推广计划的基础之上，完整地记录推广流程，同时完成表 8-2 的填写。

表 8-2　淘宝推广计划的体验报告

序　号	淘宝推广计划流程	体　验　感　受
1	了解推广的目的	
2	选择推广的商品	
3	进行站内的营销活动	
4	进行站外的引流操作	

知识延展

一、阿里妈妈

阿里妈妈（www.alimama.com）是阿里巴巴（www.alibaba.com）旗下的一个

全新的互联网广告交易平台。它首次引入"广告是商品"的概念,让广告第一次作为商品呈现在交易市场里,让买家和卖家都能清清楚楚地看到。广告不再是一部分人的专利,阿里妈妈让买家(广告主)和卖家(发布商)能轻松找到对方。淘宝交易的是各种商品,而阿里妈妈交易的是广告。

二、卖家使用淘宝客推广的技巧

要让访客来,还要能让访客产生购买欲望,这样才能算是成功的淘宝客推广。店主要想利用淘宝客将自己的商品推广出去,应该注意以下几个方面:

(1)将自己店铺中优质商品让淘宝客推广,确保提交推广的商品有成交记录和好评,更容易获得流量的青睐,从而产生成交。

(2)薄利多销,不超市场均价值过高,只赚取合理的商品的利润。

(3)设置较高的佣金比率,在能接受的范围内将更多的佣金回馈给淘宝客,才能带来更多的流量。

(4)选择价格适中的推广商品,高价格商品不容易通过淘宝客成交,高频次的消费品是淘宝客较为倾向的推广产品。

(5)注意提交的推广图片要清晰、美观、简洁并有吸引力,如果图片模糊不清,推广的效果将受到较大的影响。

(6)在商品质量、商品价格、商品佣金三者之间找到一个合适的平衡点,促成良性循环。

(7)调整推广心态,淘宝客带来的不仅仅是一个简单的买家,还有买家的好评和口碑,只有淘宝客和卖家相互合作、相互信赖,才能达到双赢的目的。

(8)挖掘潜在淘宝客,合理扩展客户资源,注重用户对商品的体验与分享,获得客户背后的营销价值。

活动四 实训测评 >>>>>

一、判断题

1. 淘宝站外引流,是指通过各种流量推广平台与渠道将淘宝平台外的流量引入到自己的淘宝店铺。( )

2. 交易成功后 30 天内，在使用商品过程中发现商品有质量问题或无法正常使用，可申请售后。（　　）

3. 阿里妈妈是阿里巴巴旗下的一个全新的互联网广告交易平台。（　　）

4. 物流因素不受商家控制，所以商家无法避免商品的物流纠纷。（　　）

二、单项选择题

1. 对店铺推广标题描述不正确的一项是（　　）。
   A. 店铺推广信息标题的字数要求在 20 字以内
   B. 店铺推广标题建议突出店铺的主要特色和活动内容
   C. 店铺推广只能显示一个标题
   D. 店铺推广标题可忽略与推广图片的相关性

2. 下列哪项对淘宝直通车店铺推广描述不正确（　　）。
   A. 店铺推广是一种新的直通车通用推广方式
   B. 店铺推广是单品推广的有效补充，为客户提供更广泛的推广空间
   C. 店铺推广是按点击付费的推广形式
   D. 店铺推广是按展现付费的推广形式

3. 店铺推广是如何扣费的（　　）。
   A. 按展现扣费
   B. 同单品推广一样，按点击扣费
   C. 店铺推广当日扣费可能会超出设置的日限额
   D. 按转化收费

4. 关于店铺推广说法错误的是（　　）。
   A. 做淘宝联盟，设置佣金越高越好
   B. 富有吸引力的佣金对成交有很大的促进作用
   C. 要让访客来，还要让访客产生购买欲望，这样才能算是成功的营销推广
   D. 店铺推广时，如果图片模糊不清，推广的效果肯定差

5. 哪类店铺不适合使用店铺推广（　　）。
   A. 刚开店急需做推广的店铺　　B. 有一定规模的店铺
   C. 有专业美工的店铺　　D. 信誉好的店铺

三、简答题

1. 什么是店铺危机？

2. 简述一下店铺推广对于推广图片有何要求。
3. 在不同的推广页面上,关键词的设置应该注意哪些要点?
4. 简述店铺推广的优点。
5. 试分析淘宝在站外推广的意义和价值。

活动五 实训总结与评价 >>>>>

活动目标

- 能以小组形式对学习过程和实训成果进行汇报总结
- 完成对学习过程的综合评价

建议课时

- 0.2 课时

活动实施

一、任务总结

以小组为单位,选择演示文稿、展板、海报、录像等形式中的一种或多种,向全班展示、汇报学习成果。汇报的内容应包括:

(1)能完成淘宝店铺的定位;
(2)能完成店铺的目标人群定位;
(3)明确店铺推广活动的目的;
(4)能完成站内的营销活动申请;
(5)能完成站外的引流操作;
(6)能综合使用多种渠道进行店铺的推广活动。

二、综合评价

学习成果汇报完成后,请完成淘宝店铺推广项目实训综合评价表的填写,见表8-3。

表 8-3　淘宝店铺推广项目实训综合评价表

评 价 项 目	分值/分	自 我 评 价	小 组 评 价	教 师 评 价	标　　准
店铺定位	10				熟练掌握：85～100 分 基本掌握：75～84 分 部分掌握：60～74 分 没有掌握：60 分以下
目标人群定位	10				
明确店铺推广活动的目的	10				
站内的营销活动申请	30				
站外的引流操作	30				
能综合使用多种渠道进行店铺的推广活动	10				
合　　计	100				

学生姓名：_____　综合评价等级：_____　教师姓名：_____　日期：_____

项目九
淘宝会员营销

项目导读

随着客户流量引入的成本越来越高,会员制营销正逐渐成为淘宝店铺的必然选择,谁先建立会员制营销体系,将在激烈的网店运营竞争中处于优势。通过本项目的学习,学生将掌握淘宝会员关系管理工具的使用,学会设置会员运营活动,完成对会员的管理操作。

建议课时

5课时

活动设计

- 活动一　认识会员关系管理工具
- 活动二　设置会员运营活动
- 活动三　填写会员营销计划表
- 活动四　实训测评
- 活动五　实训总结与评价

知识目标

- 理解会员营销的意义
- 了解会员关系管理在网店运营中的重要意义
- 掌握会员关系管理的方法和工具
- 了解针对不同会员群体开展定向营销的方法
- 掌握会员分级运营的方法

项目九
淘宝会员营销

能力目标

- 能够制订会员营销的整体计划
- 能够建立会员分级并开展针对性营销活动
- 能够采取相应措施维护老客户关系
- 能够采用创意性举措进行客户营销挖掘
- 能够做好客户服务工作

素质目标

- 树立诚信经营、依法开展营销活动的法律意识
- 提升服务意识，培养爱岗敬业的职业理念
- 培养尊重消费者、保护消费者权益的职业理念
- 培养学生善于观察分析、善于利用数据的职业素质

活动一 认识会员关系管理工具 >>>>>

活动目标

- 能够根据客户分析结果进行会员分级
- 能够使用会员营销工具开展会员的分级、分类操作
- 能够针对不同分级会员开展不同营销活动
- 培养严谨、细致、诚信、守诺的职业素质

建议课时

- 1课时

活动准备

- 教学设备准备：计算机、多媒体网络教室或电子商务实训室。
- 教学组织形式：将学生分组，2～4人一个小组，以小组学习为主。

活动说明

会员关系管理工具是帮助卖家管理自己会员的工具。通过会员关系管理工

具，卖家可以充分了解自己会员的信息，针对不同的会员采取不同的营销方式。在本活动中，我们将学习通过淘宝会员关系管理工具来完成对会员的管理操作。

活动步骤

步骤一： 在淘宝千牛卖家中心，找到左侧面板上的"用户"，可以看到有"用户运营"选项，包括人群管理、会员运营、老客运营、自定义运营等选项。若想查看客户列表可以单击右上角"返回客户运营平台"。如图9-1所示：

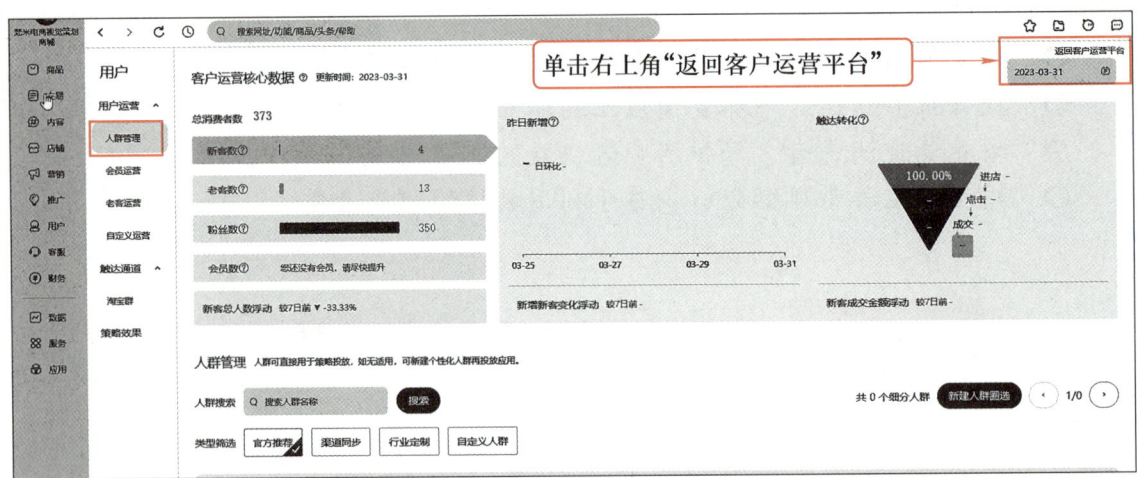

图 9-1　会员关系管理系统

步骤二： 进入客户运营平台界面。如图9-2所示：

图 9-2　客户运营平台界面

步骤三：单击"客户管理"选项下的"客户列表"，可以查看现在店铺客户的情况。如图9-3所示：

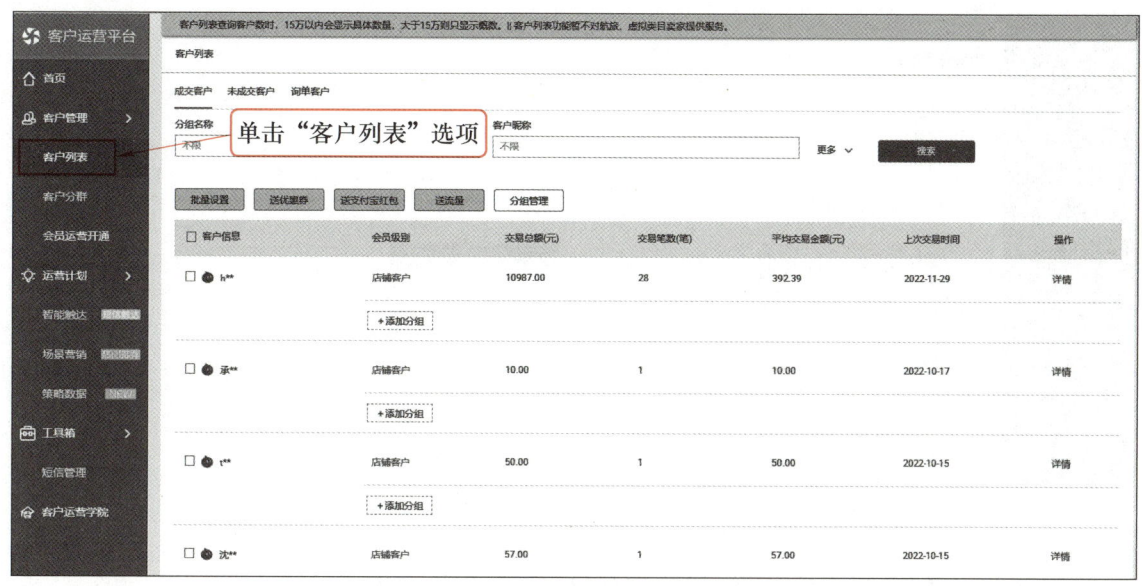

图9-3 客户列表界面

步骤四：单击"客户分群"，展示兴趣人群、新客户人群、复购人数等重点运营人群，还可以进行官方推荐、渠道同步、行业定制、自定义人群的类型筛选，如图9-4所示：

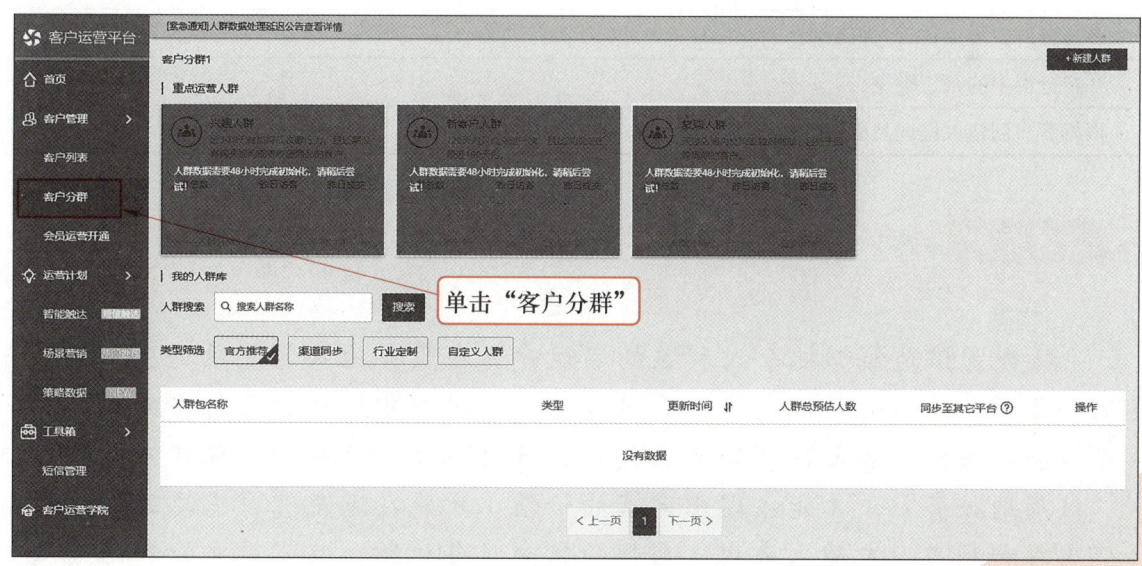

图9-4 客户分群界面

步骤五：单击"会员运营开通"，可以申请开通会员，对客户进行进一步的运营，促进客户关系。如图 9-5 所示：

图 9-5　会员运营开通界面

步骤六：在系统中完成客户信息的查看后，完成表 9-1 的填写。

表 9-1　客户关系管理分析表

客户关系管理	详 细 内 容
含义	
客户列表	
客户分群中重点运营人群分类	
客户分群中的筛选类型	
根据客户创建关键词及标签	

素养园地

服 务 意 识

　　服务意识是能够把个人利益的实现建立在服务他人的基础之上，能够把利己和利他行为协调起来，在服务他人的过程中体现自己存在的价值。在店铺运营中也要处处体现服务意识，只有以客户为中心，让客户感受到"被周到服务"，才能体现出网店的价值，才能在满足客户需要的同时获得生存和利益。本质上来说，店铺的客户服务机制，其实是客户和网店双赢的策略。

知识延展

一、淘宝网店老客户营销策略

（1）成立客户维护团队，及时解决客户的咨询与问题；
（2）差异化服务，满足客户的个性化需求；
（3）做好店铺老会员群营销，让客户真正得到实惠；
（4）做好客户调查，满足客户所急所需。

二、如何建立良好的会员关系

第一步：多维度细分会员等级。因为消费习惯等诸多差异，每个会员的需求也必定有所不同，所以，建立良好会员关系的首要原则就是细分会员。商家可以根据会员近期是否到店消费、消费的金额及交易量等多个维度，对店铺的会员进行筛选，挑选出店铺的忠实会员。

店铺可根据自身会员的特质，设置多个维度条件，以便细分出潜力会员、即将流失的会员、一次性会员。只有前期明确会员范围，才能在后期的关怀与维护中做到精准。

第二步：区分等级，设置专享优惠。店铺细分、筛选出不同等级的会员以后，需要加强各个等级会员的等级意识。

第三步：后期追踪，及时修正。凡事都要做到有始有终，会员关系的建立、维护更是如此。在对筛选的会员进行"区别化"的优惠卡券发送后，后期的使用数据追踪至关重要，切忌"不闻不问"。

前期建立的会员关系、等级划分、专享特权，都是不完善的测试，而准确、有效地投放，就是得益于这每一次的数据反馈。只有从庞大的数据中筛选出有价值的信息，对优惠券的面值和类型进行及时调整，才能使店铺的客户关系得到更好的发展，使后续的会员营销呈现最佳的效果。

活动二 设置会员运营活动

活动目标

➤ 了解设置会员运营活动的方法

➢ 能够针对不同会员群体开展定向营销
➢ 能够通过工具开展相关的会员营销活动
➢ 培养学生善于观察分析、善于利用数据的职业素质

建议课时

➢ 1课时

活动准备

➢ 教学设备准备：计算机、多媒体网络教室或电子商务实训室。
➢ 教学组织形式：将学生分组，2～4人一个小组，以小组学习为主。

活动说明

合理的会员营销对于店铺的持续经营有着极其重要的作用。会员营销的方式多样，在本书中无法一一罗列。在本活动中，我们将通过短信触达学习会员运营活动设置方法。

活动步骤

步骤一： 在千牛卖家服务中心中单击"用户"→"人群管理"→"短信管理"，进入客户运营平台。如图9-6所示：

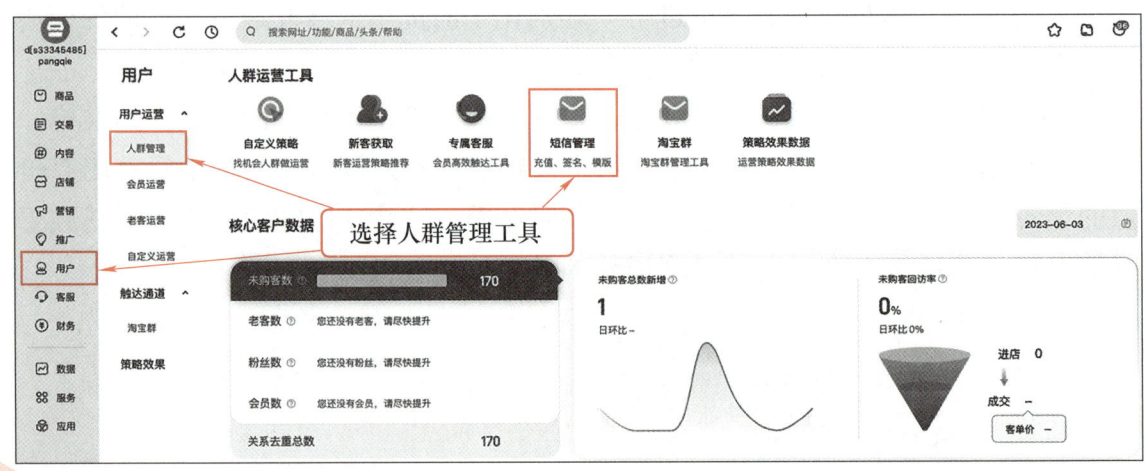

图9-6　选择人群管理工具

步骤二： 在客户运营平台下，单击"智能触达"→"短信触达"选项，单击"立即创建"开展短信触达运营。如图9-7所示：

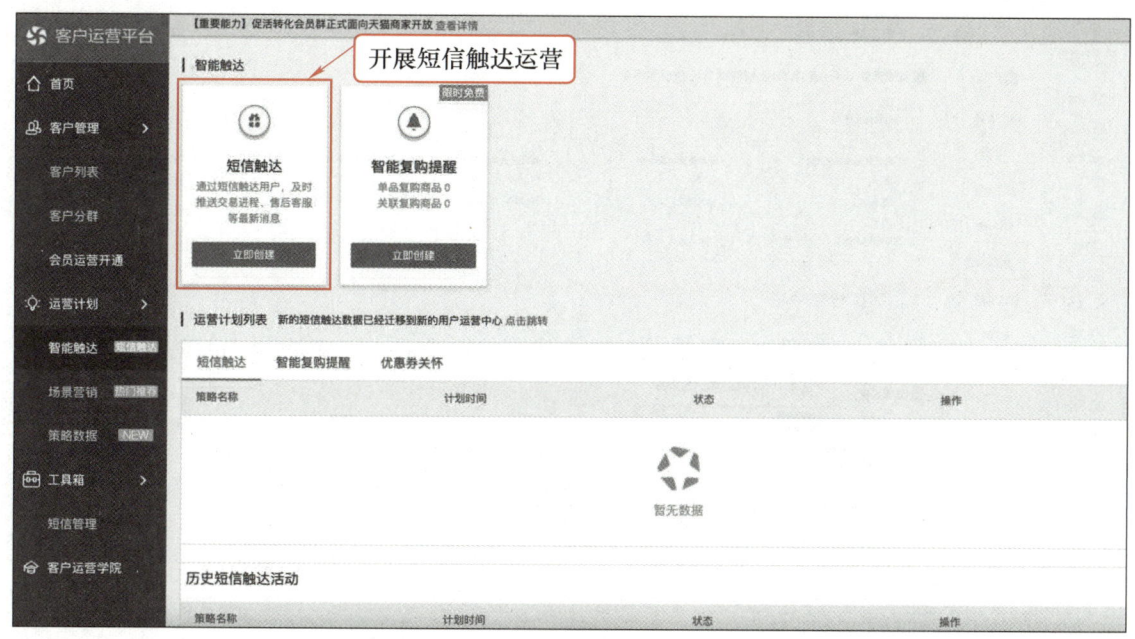

图 9-7　开展短信触达运营

步骤三：打开短信触达运营界面后，需要设置人群、优惠券、渠道。设置人群属性标题并新建人群。如图 9-8 所示：

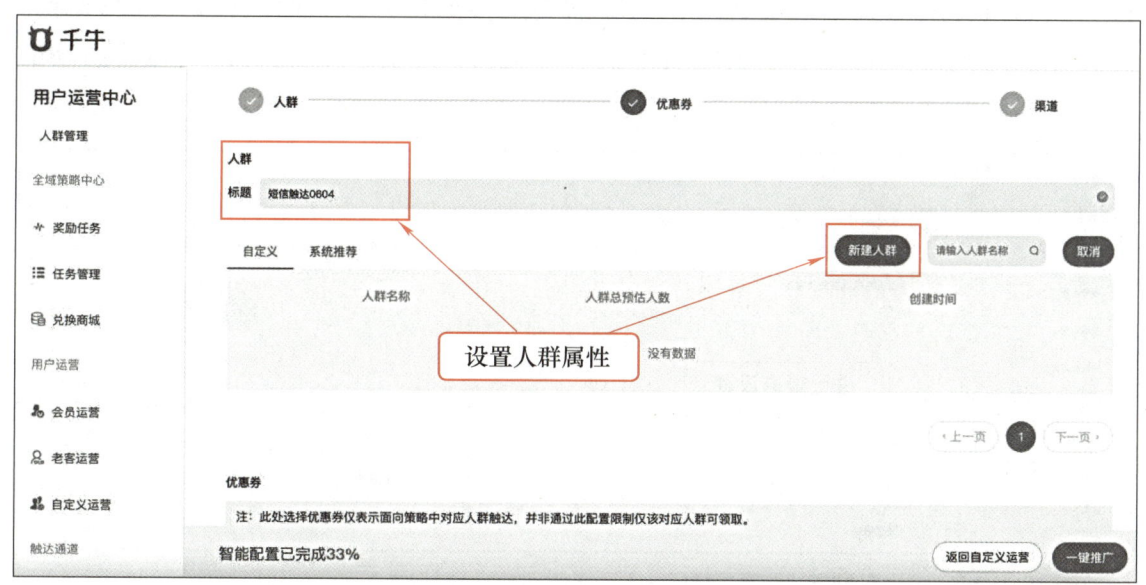

图 9-8　人群属性设置

步骤四：返回自定义运营，选择仅面向策略中对应人群触达的"店铺人群优惠券"。如图 9-9 所示：

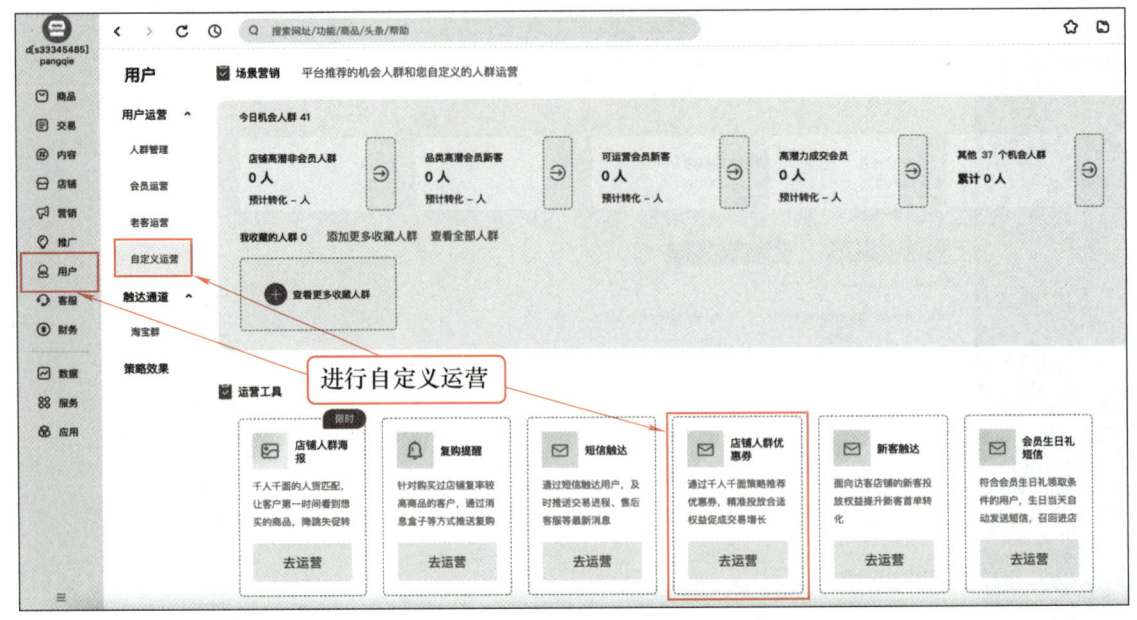

图 9-9　设置店铺人群优惠券

步骤五：设置渠道。渠道有短信推广、店铺海报两种，自选一种或两种方式。其中，短信推广对非会员仅允许发送服务通知类短信，短信内容可通过自定义短信模板或官方推荐模板进行设置。店铺海报渠道可以发布权益，自动将店铺首页以海报券的形式推送给客户，同时需要上传海报并设置时间段。完成人群、优惠券、渠道设置后，单击页面右下角"一键推广"按钮，完成会员运营活动的设置。如图 9-10 所示：

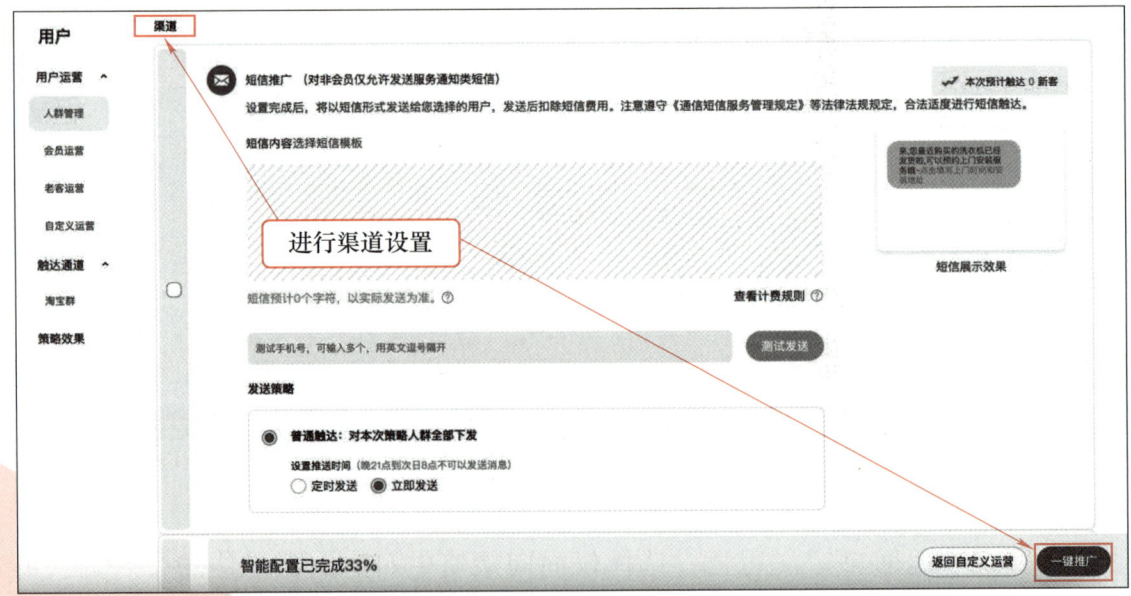

图 9-10　进行渠道设置

步骤六： 完成使用会员营销工具创建会员活动的操作之后，完成表9-2的填写。

表9-2　短信触达运营记录表

短信触达运营	详细内容
含义	
人群设置	
优惠券设置	
渠道设置	

知识延展 >>>>

店铺的会员维护技巧

1. 提供会员专享服务

例如：设置会员专享价，会员可获得一定折扣；设置会员日，当天会员下单可享受优惠；设置会员专区，部分商品只面向会员出售；新品上市时，会员可优先获得试用机会；会员可享受全场包邮服务等。

2. 培养会员黏性

例如：设置店铺签到功能，签到送积分，吸引会员定期来访；设置会员日，让会员形成习惯，固定时间到店访问；新品需要测款，可通过微淘、微博等渠道，邀请会员投票互动，选出会员最喜欢的款式作为主打。此外，还可以在店铺首页引导访客扫描二维码关注微淘，后期定期推送相关资信，与会员互动。

3. 及时激活休眠会员

任何一家开店时间超过商品使用周期的店铺都会有休眠客户的存在，可以按照商品的消耗期来界定休眠时间点。一般来说，客户休眠时间大于或等于最后一次购买时的该商品消耗期与件数的乘积，即算休眠会员。通过合理的营销活动激活休眠会员，可以形成会员的多次复购。

活动三　填写会员营销计划表 >>>>>

活动过程记录 1　完成会员等级、制度设置操作表的填写

目的： 完成对会员等级的设置、会员制度的设置以及在淘宝客户运营平台中完成会员的分类设置等操作。

内容：完成会员等级制度、设置操作。

要求：了解并学会使用会员关系管理工具，完成会员管理及会员运营活动的设置，同时完成表9-3的填写。

表9-3　会员等级、制度设置操作表

序　号	会员等级、制度设置操作		具　体　内　容
1	会员等级设置	普通会员	
		高级会员	
		VIP会员	
2	会员制度设置	普通会员	
		高级会员	
		VIP会员	

活动过程记录2 完成淘宝会员营销活动开展的体验报告的填写

目的：了解淘宝会员关系管理营销活动，并在实践操作后记录流程与步骤。

内容：开展淘宝会员营销活动。

要求：在对会员营销活动基本了解的基础之上，至少完成三种不同营销活动的设置，记录完整的操作流程，同时完成表9-4的填写。

表9-4　淘宝会员营销活动开展的体验报告

序　号	会员营销活动	体　验　感　受
1	定向优惠活动	
2	新人礼包	
3	专享折扣	
4	红包营销	
5	打折	
6	减现金	
7	包邮	

知识延展》》》

会员场景营销的类别

定向场景化营销工具有助于商家提高转化率，官方定制达40种场景，常用的场景有如下7种：

（1）店铺高潜非会员人群：在平台有入会偏好，且为非店铺会员，可邀请入会。

（2）高贡献会员人群：180天内成交2次（含）以上的会员，或近30天成交1次以上的会员。

（3）品类高潜会员新客：对本店类目偏好，且在本店未购买的会员，可通过入会礼包引导入会，再进一步营销转化。

（4）偏好会员：对大促活动高敏感的会员，通过营销活动召回客户并转化。

（5）可运营会员新客：店铺会员180天内未成交客户，通过营销活动召回客户并转化。

（6）会员高传播人群：偏好传播分享的会员人群，通过裂变等传播营销帮助店铺召回客户，再进一步营销转化。

（7）高潜力成交会员：180天内有成交但近30天无成交的会员，通过营销活动召回客户并转化。

活动四 实训测评

一、判断题

1. 淘宝会员营销是现在淘宝店铺需要重点开展的业务之一。（　　）
2. 可提供的会员专享服务有：设置会员专享价，会员可获得一定折扣；设置会员日，当天会员下单可享受优惠；设置会员专区，部分商品只面向会员出售。（　　）
3. 前期建立的会员关系、等级划分、专享特权，这些都是不完善的测试；而准确、有效地投放，就是得益于这每一次的数据反馈。（　　）
4. 合理的会员营销对于店铺的持续经营有着极其重要的作用。（　　）
5. 老会员的加入比新会员更具有挖掘价值。（　　）

二、选择题（可单选、可多选）

1. 淘宝店铺的会员营销活动不包括的步骤有（　　）。
   A. 吸引会员加入　　　　B. 设置会员的准入制度
   C. 会员的营销活动创建　　D. 会员的下线发展
2. 关于会员营销，其中说法不正确的是（　　）。
   A. 老客户的维护和营销最能影响店铺回头率
   B. 打折是让顾客回头的唯一方式
   C. 会员日属于老客户营销
   D. 老客户营销的成本更低，成交可能性更大

3. 买家办理退货后，客服不应该（　　　）。
   A. 提醒买家在网上填发货单
   B. 收到货后检查登记并办理退款
   C. 收到货后联系买家并推荐新款
   D. 询问退货原因，但不提示办理退货的手续
4. 下面哪一项不属于会员营销活动的内容（　　　）。
   A. 新手红包　　　　　　　　　B. 满就送活动
   C. VIP 专享　　　　　　　　　D. 店铺优惠券
5. 以下属于会员营销常用场景的是（　　　）。
   A. 店铺高潜非会员人群　　　　B. 高贡献会员人群
   C. 品类高潜会员新客　　　　　D. 偏好会员

三、简答题

1. 简述会员营销对店铺的好处。
2. 简述进行会员营销的步骤。
3. 如何建立良好的会员体系从而做好会员营销？
4. 淘宝网店老客户营销策略有哪些？

活动五　实训总结与评价 >>>>>

活动目标

➢ 能以小组形式对学习过程和实训成果进行汇报总结
➢ 完成对学习过程的综合评价

建议课时

➢ 0.2 课时

活动实施

一、任务总结

以小组为单位，选择演示文稿、展板、海报、录像等形式中的一种或多种，向全班展示、汇报学习成果。汇报的内容应包括：

（1）能完成淘宝会员的等级划分；
（2）能完成淘宝会员的制度设计；
（3）能根据不同的会员制订不同的营销活动；
（4）能开展淘宝会员营销活动实践。

二、综合评价

学习成果汇报完成后，请完成淘宝会员营销项目实训综合评价表的填写，见表9-5。

表9-5　淘宝会员营销项目实训综合评价表

评价项目	分值/分	自我评价	小组评价	教师评价	标　　准
淘宝会员的等级划分	20				熟练掌握：85～100分 基本掌握：75～84分 部分掌握：60～74分 没有掌握：60分以下
淘宝会员的制度设计	30				
根据不同的会员制订不同的营销活动	25				
开展淘宝会员营销活动实践	25				
合　　计	100				

学生姓名：_____　综合评价等级：_____　教师姓名：_____　日期：_____

项目十
店铺的运营与管理

项目导读

随着网店规模的不断壮大，网店内的日常运营，例如美工、客服、数据分析、运营推广等工作需要更为细致、科学的运营和管理能力。通过本项目的学习，学生将掌握店铺运营数据的查看与分析方法、了解网店团队的人员分工与标准化工作流程，为网店的做大做强打下坚实的基础。

建议课时

8课时

活动设计

- 活动一　查看运营数据
- 活动二　店铺的团队建设及管理
- 活动三　填写店铺运营管理操作实施表
- 活动四　实训测评
- 活动五　实训总结与评价

知识目标

- 了解查看、收集、管理、分析数据的方法
- 掌握如何利用数据管理和运营店铺
- 了解店铺人员组织结构的设置
- 知晓店铺运营团队各工作岗位的工作职责
- 掌握店铺运营各岗位标准化工作流程建立的方法

能力目标

- 能够借助平台工具查看店铺的运营数据
- 能够利用数据分析结果优化店铺运营状态
- 能够建立完善的店铺运营团队
- 能够为每个运营岗位制定岗位工作内容
- 能够通过岗位工作内容制定标准化工作流程

素质目标

- 弘扬社会主义核心价值观
- 树立负责任、肯钻研、能吃苦的职业素养
- 提升查看数据、分析数据、挖掘数据的职业能力
- 培养团结合作、互帮互助的团队意识

活动一 查看运营数据

活动目标

- 能够使用生意参谋获取经营数据
- 能通过查看运营数据了解店铺运营状态
- 能够利用数据分析结果优化店铺运营状态
- 树立数据化、标准化的职业意识

建议课时

- 2 课时

活动准备

- 教学设备准备：计算机、多媒体网络教室或电子商务实训室。
- 教学组织形式：将学生分组，2～4人一个小组，以小组学习为主。

活动说明

以数据驱动运营，是淘宝店铺持续高效运营的关键，也是店铺运营者每天开展运营活动的基础。在本活动中，我们将通过千牛卖家服务中心提供的"生意参谋"，来学习查看数据的方法。

活动步骤

步骤一： 登录千牛卖家中心后台，在"数据"选项下，找到"生意参谋"模块，在"生意参谋"界面，有实时概况、淘宝商家成长层级、店铺层级诊断、优化建议等模块。如图10-1所示：

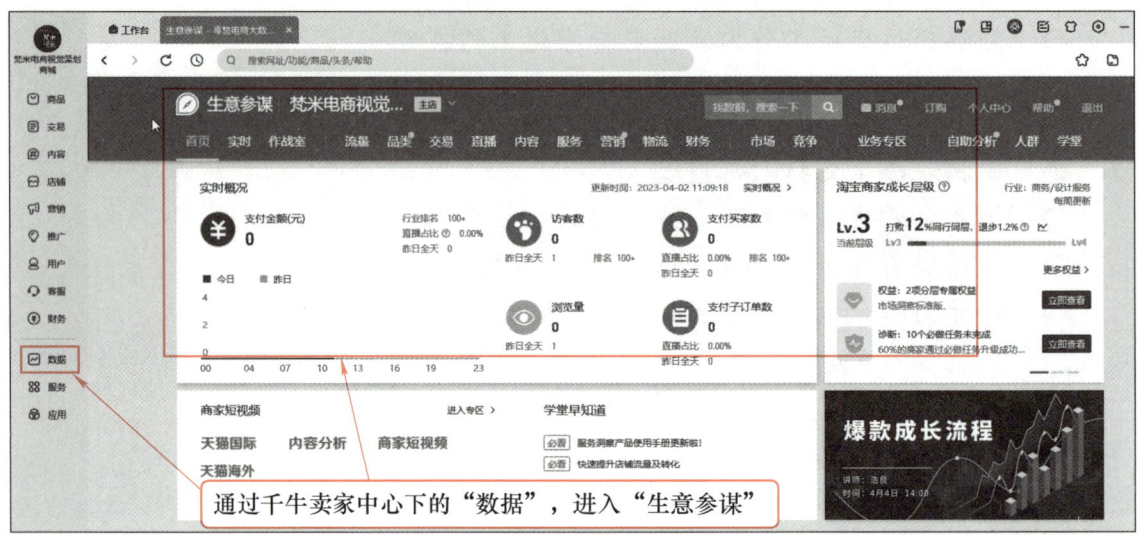

图10-1　登录生意参谋

步骤二： 单击"实时"按钮，可以查看实时概况、实时来源、实时榜单、实时访客、实时催付宝五个模块的实时情况。如图10-2所示：

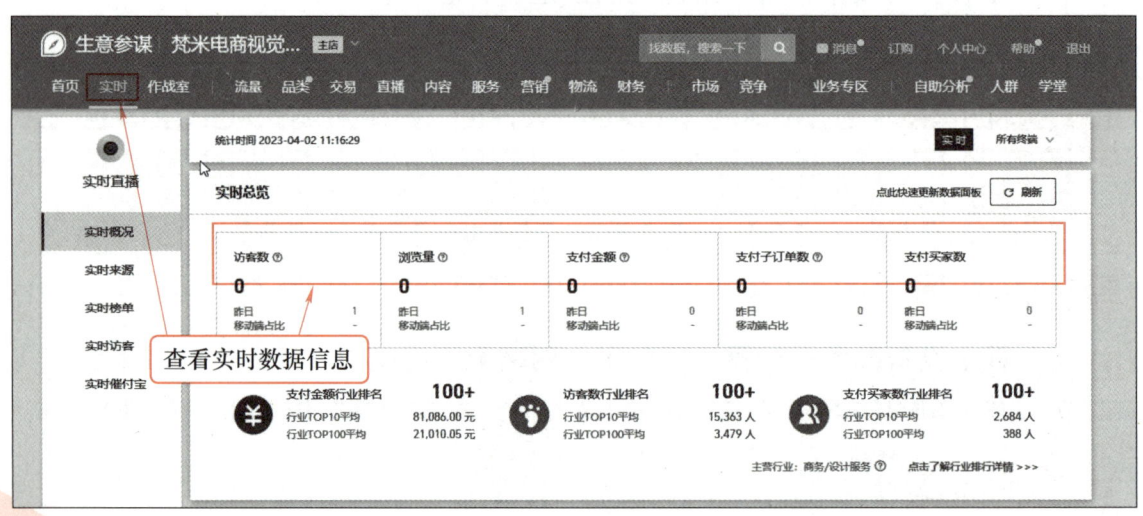

图10-2　进入实时分析页面

步骤三： 单击"作战室"，进入"数据作战室"页面，其中包括活动作战（活动分析、活动对比、活动沉淀）、大屏作战（大屏监控、大屏装修）、监控作战（商品监控、竞店监控）三个模块。数据作战室需要付款才能使用，分活动分析版、单店版、主店版三个版本。如图10-3所示：

图10-3　数据作战室页面

　　步骤四：单击"流量"，可以查看流量总览，其中包括访问店铺的访客数、访问商品的访客数、转化数据等。如图10-4所示：

　　步骤五：单击"流量"菜单下的"访客分析"，有时段分布、地域分布、特征分布、行为分布五个模块。如图10-5所示：

　　步骤六：单击"访客对比"，可以清晰查看消费层级、性别、年龄、地域TOP、营销偏好、关键词TOP等访客对比数据。如图10-6所示：

　　步骤七：单击"品类"→"商品排行"，可以选择实时、7天、30天等时间节点进行商品排行分析，特别是商品加购件数、商品访客数这两项参数。如图10-7所示：

　　步骤八：单击"交易"→"交易分析"，进入交易分析页面，包括交易概况、交易构成、交易明细三大模块。如图10-8所示：

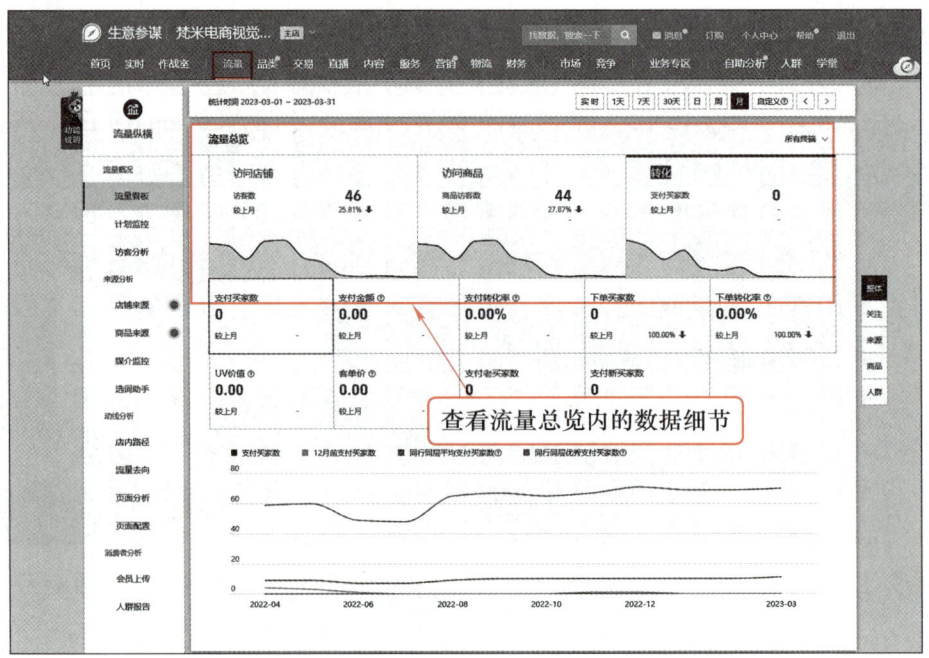

图 10-4　流量总览页面

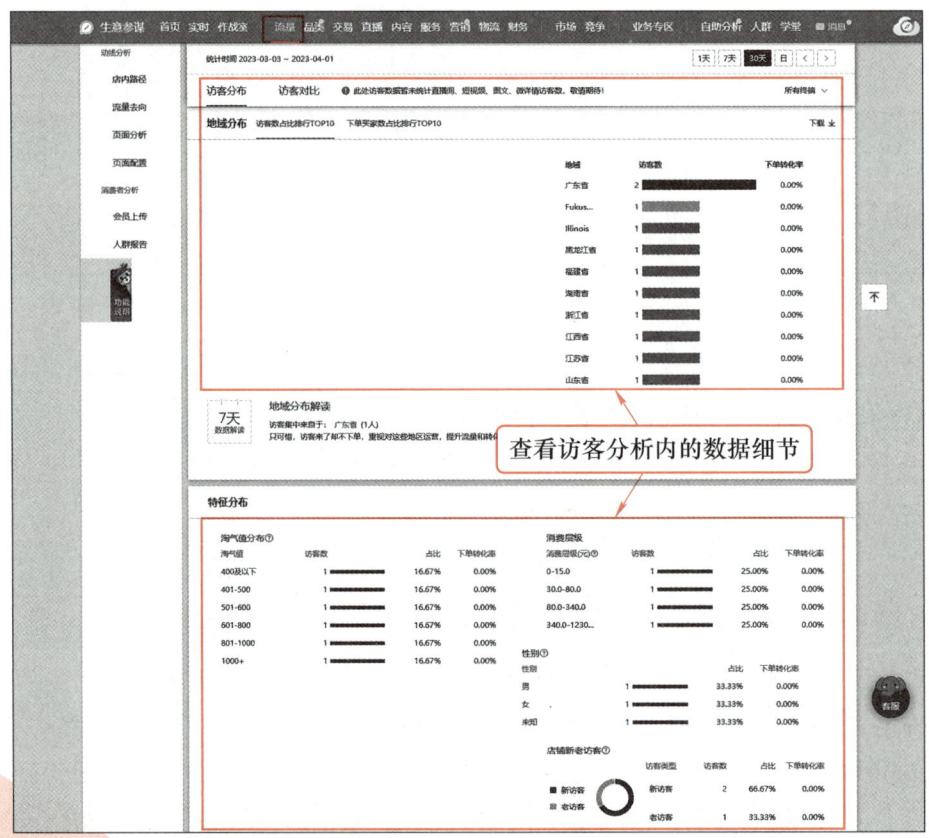

图 10-5　访客分析页面

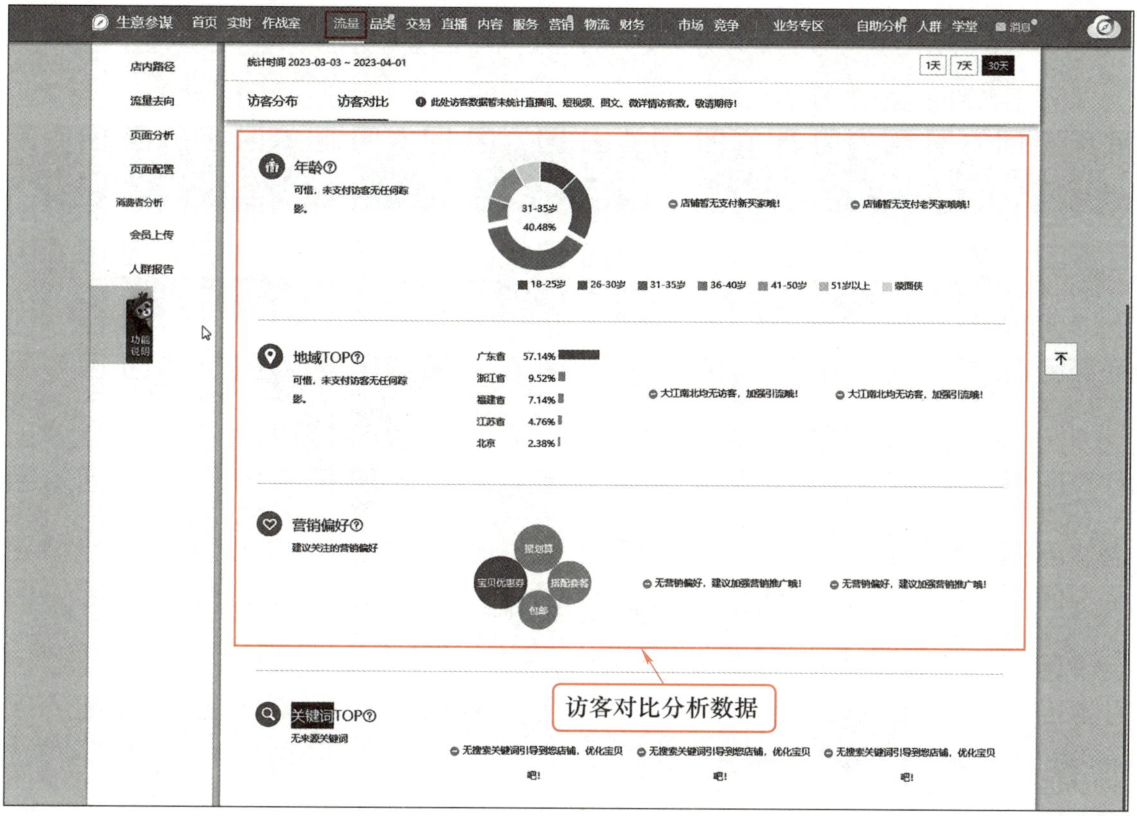

图 10-6 访客对比页面

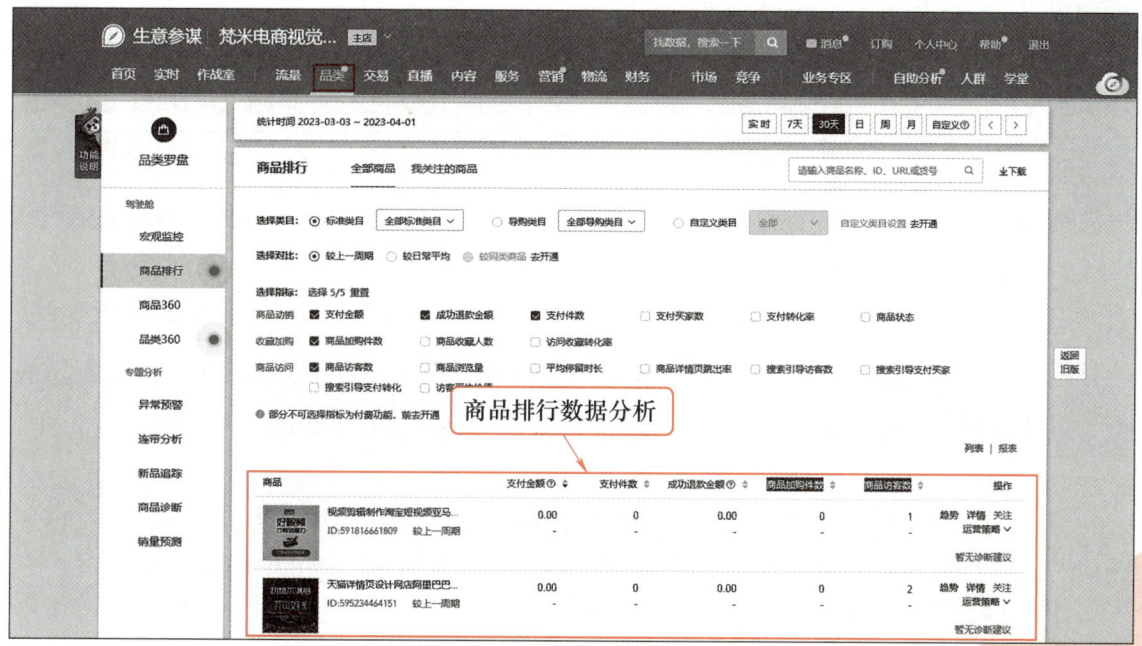

图 10-7 商品排行页面

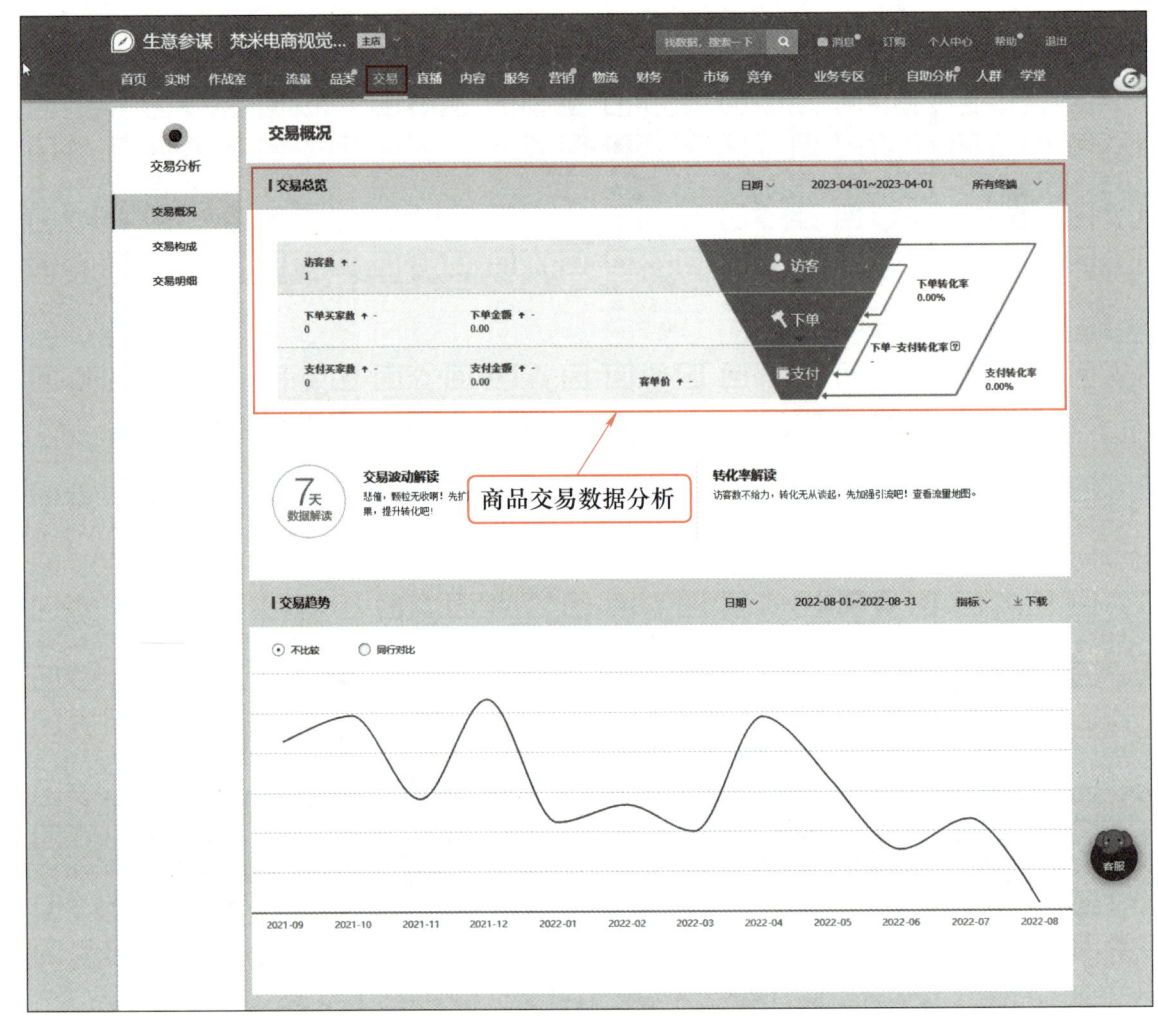

图 10-8 交易分析页面

步骤九：单击"直播"。直播模块包括直播概况、直播间业绩、本店商品成交、货品分析四项功能，同时可以查看直播的各类数据。如图 10-9 所示：

步骤十：单击"内容"。内容模块包括内容供给、内容专区、商业内容、内容沉淀四项功能，同时可以查看内容服务的各类数据。如图 10-10 所示：

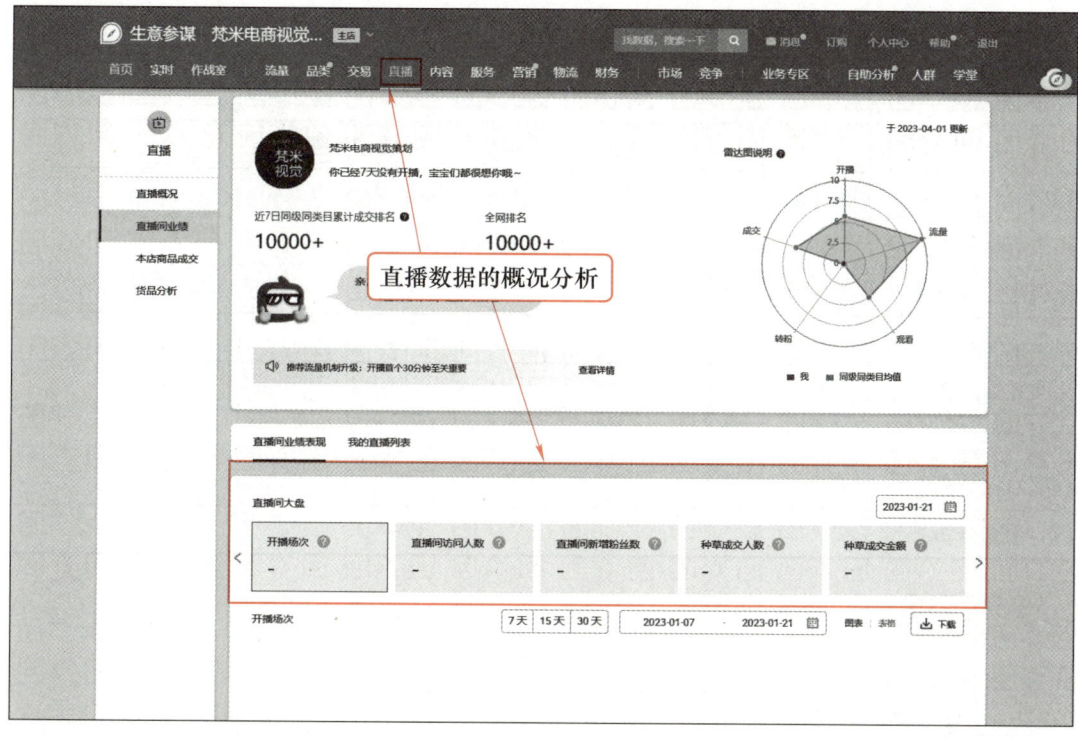

图 10-9　直播页面

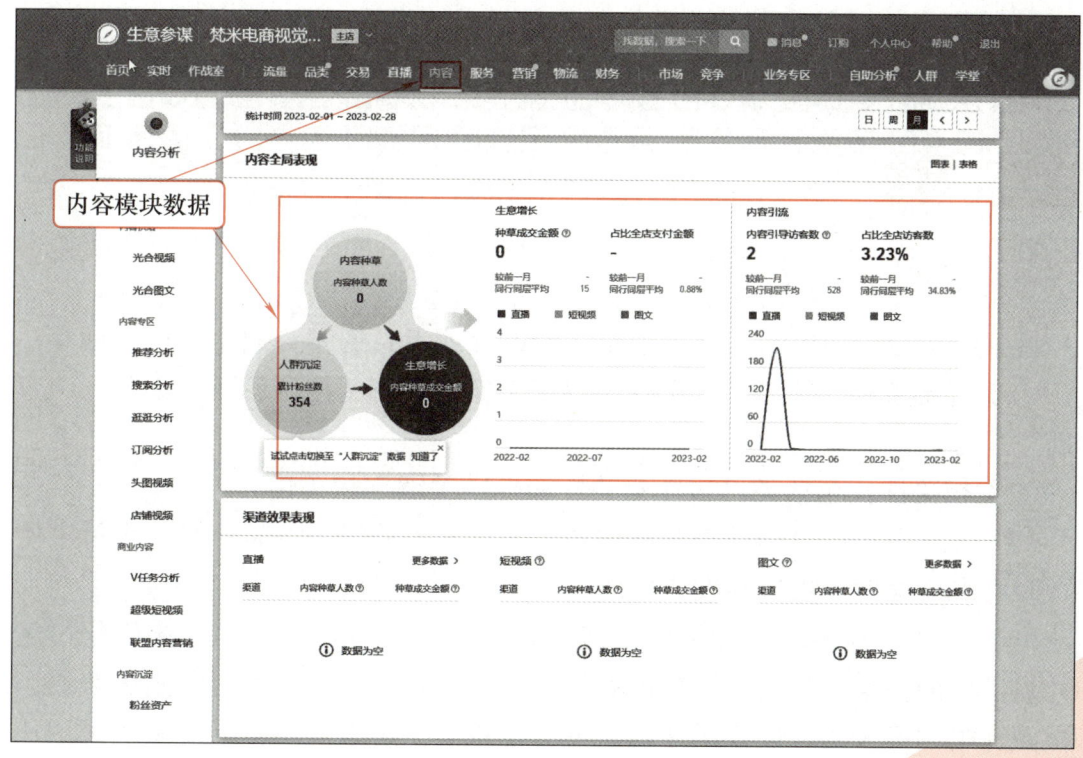

图 10-10　内容分析页面

步骤十一： 在数据查看完成之后，完成表 10-1 的填写。

表 10-1　店铺运营数据分析记录表

数据分析	详细内容
含义	
实时数据分析	
作战室数据分析	
流量数据分析	
品类数据分析	
交易数据分析	
直播数据分析	
内容数据分析	

> **小提示**
>
> **淘宝数据分析注意事项**
>
> 淘宝数据分析是一个长期的过程，从数据中可以看出商品和店铺的流量走向。可供分析的数据不仅可以从生意参谋中得到，还可以综合获取更多的数据，比如淘宝指数、竞争店铺的流量指数等数据。数据的来源越广、数据量越大，数据分析的结果越准确、可靠。读懂了数据，店铺的经营则更加得心应手。

知识延展 >>>>

一、搜索流量分析方法

搜索流量分析使用的工具为搜索诊断助理或者直通车，数据分析指标有：

（1）基础条件。不违规，可在"卖家工作台"→"搜索诊断助手"→"宝贝诊断"里检查。

（2）相关性。包括类目属性相关性和标题关键字相关性。

（3）人气分。取决于是否橱窗推荐、是否加入消保、DSR 评分、支付宝使用率、旺旺响应速度、拍货与发货的时差等。

（4）图片。很多卖家在优化主搜流量时，经常会忽略对图片的优化，然而图片点击率的差距，会直接影响最后的搜索流量。买家不是直接搜索进来的，而是被图片吸引进来的，优化图片就显得非常重要。可以利用直通车来测试图片的流量。

（5）价格与销量。销量相当的产品，价格高的有更多展示的机会；价格相同的产品，销量高的有更多展示机会。而检查该项指标的目的主要为了明确自己与直接竞争对手的差距，尤其是 7 天销量的差距，以做调整。

（6）标题优化。在销量相对低的时候多使用长尾词，销量高的时候多使用泛词、中心词，并反复测试，得出"搜索流量×搜索转化率"的最大值。

二、付费流量的数据分析方法

（1）直通车：诊断直通车主要看点击率和转化率这两个指标。

点击率直接影响淘宝直通车的收入，点击率越高，直通车本身的收入就越高，就会提供更好的位置给商品。

查看工具：行业解析报表。

优化办法：挖掘 USP。

转化率可以在一定程度反映出用户体验的好坏，直通车转化率要做到约等于或略低于该商品整体转化率才算比较健康。

查看工具：直通车转化报表、宝贝销售排行。

优化办法：在销量较低的时候重点优化长尾词，销量高时优化泛词和中心词。

（2）钻石展位：诊断钻石展位其实和诊断直通车的原理一致，也是优化图片，然后选择精准的店铺来定向。

查看工具：钻石展位广告位对应类目数据、钻石展位定向报表。

优化办法：总结同行优秀素材的构成因素和失败素材的特点，把收集店铺 ID 的维度做细。

（3）淘宝客：淘宝客诊断只要看自己与竞争对手的销量和佣金有何差距即可。

三、店铺运营相关数据分析及解决方案

1. 内页

商品内页主要查看商品销量、评价质量、单品转化率、页面停留时间和询单率。如果店铺的基础销量少、评价很差，那么转化率一定不好。再看单品转化率、页面停留时间和询单率是否不低于行业均值（或店内卖得好的宝贝），若低于，则一一优化 USP 卖点、逻辑顺序（是否都做到围绕 USP）、展现内容多样化（数据、图表、细节图、权威认证报告、大量实证、视频等）、展现方式（字体、字号、背景色、配色）。

2. 访问深度

商品内页是吸引流量的重要入口，优化内页可导流的位置，将商品流量引入店铺，将店招、宝贝页关联、宝贝页侧边栏、店尾进行优化，再优化首页，形成流量的深度访问。

3. 支付率

通过数据总览查看支付率是否达到 80% 以上，如果没有则需要催促客户付款，例如利用短信、电话、阿里旺旺联系客户，促成交易达成并完成付款。

4. 客户关系管理

主要查看老客户占比、老客户转化率、二次购买率、客户分组的 ROI（投入产出比），可使用的工具有会员关系管理、数云、客道等第三方软件。通过建立老客户分组，为老客户提供不同特权服务。

活动二　店铺的团队建设及管理 >>>>>

活动目标

- 能够规划一个小型的店铺运营团队结构
- 能够为各岗位制定标准化作业规范
- 能够理解店铺岗位标准化工作流程的含义
- 树立各尽其责、协同合作的团队精神

建议课时

- 3 课时

活动准备

- 教学设备准备：计算机、多媒体网络教室或电子商务实训室。
- 教学组织形式：将学生分组，2~4人一个小组，以小组学习为主。

活动说明

网店的持续扩大经营需要团队的合理分工与协作，重视团队的建设与管理是网店发展的关键之一。合理的团队分工能有效提升工作效率，从而使网店在市场竞争中更具竞争力。在本活动中，我们将学习一个淘宝店铺团队建设所需要的结构安排以及各岗位工作流程标准化建设的方法。

活动步骤

步骤一： 设计团队的整体组织架构，并绘制出一个小型淘宝店铺的人员组织结构，如图10-11所示：

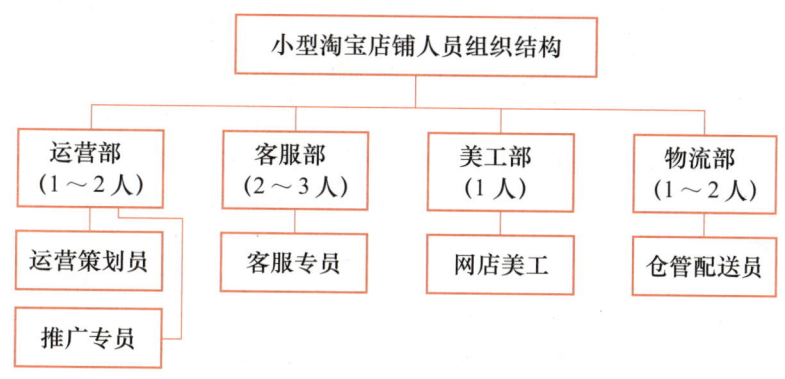

图 10-11　小型淘宝店铺人员组织结构图

步骤二： 明确团队的工作内容，并将各工作岗位的工作内容进行简要描述，见表10-2：

表 10-2　淘宝店各岗位工作内容描述

工作岗位	工作内容
运营策划员	负责选品、定价、推广活动的策划、店铺运营优化及数据分析等工作
推广专员	负责站内外推广活动的具体实施与执行
客服专员	负责处理客户咨询，处理售前、售中、售后的问题，以及一些常见问题解答；同时还负责对外宣传和活动推广等工作
网店美工	熟悉配色技巧，熟练使用文案描述商品，负责店铺装修、图片的拍摄与处理等
仓管配送员	负责商品入库、捡货、发货及库存管理等工作

步骤三： 细化各岗位工作内容，确定各岗位的工作职责，见表10-3：

表 10-3　淘宝店各岗位工作职责描述

工作岗位	工作职责
运营策划员	A. 负责产品上下架及标题优化 B. 负责网店日常维护，优化店铺及商品排名 C. 负责策划店铺营销活动方案 D. 负责收集每日数据并进行分析

（续）

工作岗位	工作职责
推广专员	A. 负责商品推广软文、论坛帖子、微博内容撰写 B. 利用网络上的免费资源进行推广活动 C. 负责在各大热门、时尚网站的论坛、QQ群、微博等开展推广活动 D. 通过邮件、QQ、微博等渠道向目标群体发布商品推广信息
客服专员	A. 通过在线聊天工具及客服软件与顾客沟通，解答顾客对产品和购买服务的疑问 B. 负责产品数据在线维护管理，在销售系统内部处理订单，制作快递单及整理货物等 C. 进行客户关系维护，在线沟通解答顾客咨询，引导顾客购买，促成交易 D. 负责疑难订单的追踪和查件，处理评价、投诉等
网店美工	A. 负责文字编辑及上传宝贝等工作，同时负责图片拍摄与制作 B. 根据主题需要对店铺进行整体的美化（包括公告栏和促销栏图片设计） C. 根据需求完成网页平面设计，完成网页内商品详情页的编辑 D. 产品图片的美化与编辑排版
仓管配送员	A. 负责网店备货和物资的验收、入库、码放、保管、盘点、对账等工作 B. 负责保持仓库内货品和环境的清洁、整齐和卫生 C. 按发货单正确执行商品包装工作，准时完成包装任务 D. 在网店后台输入发货单号、更改发货状态，对问题件能及时处理

步骤四：根据工作内容和岗位职责，明确各个岗位的工作流程，并由此形成一套完善的岗位标准化工作流程，见表10-4：

表10-4 岗位标准化工作流程描述

标准化工作岗位	标准化工作流程
运营	对产品进行上下架操作，优化宝贝标题→创建店铺活动并进行页面的优化→创建新的店铺活动，包括店内活动的创建与店外活动的引流指导→收集每日数据并分析，进行店铺的运营优化；及时调整方向，处理突发事件
推广	进行单品文字包装与描述→在各平台与渠道进行相关推广活动→季节性产品的推广与文案描述→在节假日进行主题活动策划与推广
客服	解答客户提出的问题，同时推荐相关产品，促成订单的成交→客户确认订单之后，告知发货时间，预计收货时间，提醒客户收藏店铺→成交完成之后，建立客户档案，进行会员关系维护→跟踪物流进度，引导客户确认收货并评价，同时推荐新的产品促成再次交易
美工	对店铺进行装修，设计安排页面模块使页面美观→对活动页面进行设计与更改，配合运营人员完成页面美工设计→完成店铺的整体装修风格与细节的设计→完善产品描述页图片的设计优化与修改工作
物流	**仓库管理**：定期检查库存→审核物品清单→对接新的采购清单→在采购后进行质检和进销存管理 **物流配送**：核查订购单据→进行物品捡货→对物品进行打包操作→发送快递，留存单据，并录入发货单号→及时处理问题件

> **小提示**
>
> **岗位标准化工作流程**
>
> 标准,是指依据科学技术和实践经验的综合成果,在协商的基础上,对经济、技术和管理等活动中,具有多样性的、相关性征的重复事务,以特定的程序和形式制定的统一规范。店铺的运营与维护是一个复杂的系统工程,仅靠某个人是难以长期维系运行的。针对店铺运营中普遍的和重复性的活动,可以总结形成一套标准的岗位作业流程,既可以避免工作疏漏,也方便工作人员之间的任务交接,提升店铺运营管理水平。

步骤五:完成对淘宝店铺团队建设后,完成表10-5的填写。

表10-5 店铺团队建设表

店铺团队建设	详 细 内 容
含义	
寻找合适的团队成员	
明确各岗位的职责	
建立各岗位标准化工作流程	
团队建设心得	

知识延展 >>>>

淘宝店铺优秀团队的打造

1. 提升服务人员技能

通过有针对性的培训,帮助和提升服务管理人员及一线人员对其角色的认识,掌握必要的工作技巧,如时间管理、有效沟通、团队建设、员工激励、授权、辅导等多方面的技能。

2. 明晰工作职责

通过工作分析,制定明晰的工作说明书,确定员工的工作职责和权利,避免由于职责不清而引发组织内的冲突。

3. 帮助员工进行职业生涯规划

通过职业生涯规划,帮助员工更客观地认识自己,抛弃不切实际的或期望值太高的目标,明确晋升途径,挖掘每个人的发展潜力。这样员工既不会因为定位过高而面临过度压力,也不会因为定位过低而缺乏工作积极性。

4. 适当的奖励机制

制定完善的绩效管理制度并及时给员工提供相应的培训、指导和反馈。通过培训，提高全体员工对压力管理的认识，使其掌握一定的压力管理技巧。同时还应制定合适的薪资发放制度，通过多种方式提升员工的工作热情与积极性。

5. 团队文化建设

通过团队文件建设，不仅能够有效地提高组织的凝聚力，而且可以创造一种轻松上进的工作氛围，使员工在努力实现自我目标的同时，有力地促进组织目标的实现。

活动三　填写店铺运营管理操作实施表 >>>>>

活动过程记录 1　完成店铺日常数据分析表的填写

目的：在店铺的日常运营中，完成对数据的查找与分析工作

内容：填写店铺日常数据分析表。

要求：了解需要查看的店铺数据及数据分析在店铺运营中的作用，形成每日查看数据并分析数据的习惯。完成日常的数据分析操作，并完成表 10-6 的填写。

表 10-6　店铺日常数据分析表

项　目	分　析　结　果
流量概况分析	
流量地域分析	
访客分析	
内容分析	
商品概况分析	
商品效果分析	
交易概况分析	
数据分析总结	
改进建议	

活动过程记录 2　完成店铺团队建设中岗位标准化工作流程表的填写

目的：了解淘宝店铺的岗位结构，完成各工作岗位的制度设置，并建立各岗位的职责标准。

内容：完成岗位标准化工作流程表的填写。

要求：熟悉淘宝店铺各岗位工作内容及工作职责，制定各岗位标准化工作流程，完成表 10-7 的填写。

表 10-7　岗位标准化工作流程表

岗　　位	标准化工作流程
运营	
推广	
客服	
美工	
物流	

知识延展 >>>>

一、运营经理及各部门主管的职责

（1）运营经理对公司下达的销售任务负责，分解销售任务给各团队主管并监督、指导各团队完成销售任务；负责考核各团队主管绩效；负责与重点客户沟通，争取资源。

（2）运营主管对运营经理下达的销售任务负责，分解销售任务给团队内部运营专员、推广专员，并监督、指导团队成员达成销售任务；负责考核团队内各成员的绩效；负责与店铺重点客户沟通，争取资源。

（3）客服主管对运营经理下达的销售任务负责，分解销售任务给团队内部客服人员，并监督、指导团队成员完成销售任务；负责考核团队内客服人员的绩效。

（4）美工主管负责店铺整体策划设计，根据公司品牌风格及设计理念进行整体形象设计、版面布局、装饰工作；负责审核美工团队的图片制作、店铺各页面布局及文字内容；负责美工团队业绩考核，带领美工团队完成工作指标。

（5）物流主管要保持账目清晰，定期计算在库产品金额，向运营经理汇报；建立仓库管理制度，完善相关单据和签字手续；组织人员定期盘点，做好库存监控，避免库存过多或者断货；保证日常发货工作的有序、准时、高效完成，配合客服人员进行退换货及紧急订单的处理；配合运营完成产品的促销设置；保持仓库的卫生、安全等。

二、设置绩效考核制度

考核制度由 KPI 指标、计算公式、评分标准、数据来源、分值、自评分、上评分和下评分组成。绩效考核目的不仅仅是为了考评，更重要的是反馈，以帮助员工提升工作效率和能力。对于经理或者主管来说，要时时刻刻给予团队成员指导，帮助团队成员做好阶段性提升计划，管理团队成员的个人发展目标，实现团队成员的个人价值。

活动四　实训测评 >>>>>

一、判断题

1. 淘宝店铺的营销活动中，维护老客户与开发新客户同样重要。对于淘宝卖家来说，不管是新店还是老店做好会员营销的活动要远比获取流量更重要，合理的会员营销对于店铺的持续经营有着极其重要的作用。　　　　（　　）
2. 在淘宝数据中，UV 的含义是关键词被搜索次数。　　　　　　　（　　）
3. 细节图片的目的和作用是为了让买家进一步了解产品的信息。（　　）
4. 以数据驱动运营，是淘宝店铺持续高效运营的关键因素，也是店铺运营者每天开展运营工作的基础。　　　　　　　　　　　　　　　（　　）
5. 团队标准化管理方式就是把所有的工作都按标准流程规范后，员工照做就可以，不需要过多思考。　　　　　　　　　　　　　　　　（　　）

二、选择题（可单选，可多选）

1. 运营在店铺里不需要起到的作用是（　　　）。
   A. 管理作用　　B. 监督作用　　C. 分工作用　　D. 客服作用
2. 付费流量的数据分析方法包括（　　　）。
   A. 直通车　　　　　　　　　　B. 行业解析报表
   C. 挖掘 USP　　　　　　　　　D. 优化泛词和中心词
3. 通过哪些数据指标不可以挖掘出客户需求（　　　）。
   A. 年龄　　　　B. 职业　　　　C. 生活　　　　D. 能力
4. 搜索流量分析方法包括（　　　）。
   A. 基础条件　　B. 相关性　　　C. 人气分　　　D. 标题优化

三、简答题

1. 付费流量的数据分析方法有哪些？
2. 店铺页面的访问深度该如何去优化？
3. 如何进行店铺运营相关数据的分析？
4. 怎样打造优秀的店铺运营团队？
5. 请试着根据本地的薪资水平，设置一个店铺运营团队的薪资结构。

活动五 实训总结与评价

活动目标

- 能以小组形式对学习过程和实训成果进行汇报总结
- 完成对学习过程的综合评价

建议课时

- 0.2 课时

活动实施

一、任务总结

以小组为单位，选择演示文稿、展板、海报、录像等形式中的一种或多种，向全班展示、汇报学习成果。汇报的内容应包括：

（1）能通过生意参谋查看并分析店铺运营的相关数据；
（2）能根据数据分析结果给店铺提供反馈意见；
（3）能根据店铺的运营情况选择合适的团队成员；
（4）能准确地分析各岗位人员需要的职业素质与基本能力；
（5）能建立岗位的标准化工作制度与工作流程。

二、综合评价

学习成果汇报完成后，请完成淘宝店铺运营项目实训综合评价表的填写，见表10-8。

表 10-8　淘宝店铺运营项目实训综合评价表

评 价 项 目	分值/分	自 我 评 价	小 组 评 价	教 师 评 价	标　　准
能通过生意参谋查看并分析店铺运营的相关数据	20				熟练掌握：85～100 分 基本掌握：75～84 分 部分掌握：60～74 分 没有掌握：60 分以下
能根据数据分析结果给店铺提供反馈意见	20				
能根据店铺的运营情况选择合适的团队成员	20				
能准确地分析各岗位人员需要的职业素质与基本能力	20				
能建立岗位的标准化工作制度与工作流程	20				
合　　计	100				

学生姓名：_____　综合评价等级：_____　教师姓名：_____　日期：_____